To Swifties everywhere.
Your passion, enthusiasm and joy are truly inspirational.

泰勒絲

聽她訴說歌曲背後的故事，
看她引領新時代音樂傳奇

安妮・扎勒斯基 Annie Zaleski ──著
林為正 ──譯

TAYLOR
SWIFT

CONTENTS

引言
Introduction ···································· 004

01 啼聲初試
THE DEBUT ERA ···························· 006

02 無懼的愛
THE FEARLESS ERA ······················· 032

03 愛的告白
THE SPEAK NOW ERA ···················· 066

04 紅色
THE RED ERA ································ 094

05 1989
THE 1989 ERA ································ 132

06 舉世盛名
THE REPUTATION ERA ···················· 166

07 情人
THE LOVER ERA ···························· 186

08 美麗傳說
THE FOLKLORE ERA ······················· 214

09 恆久傳說
THE EVERMORE ERA ······················ 236

10 午夜
THE MIDNIGHTS ERA ····················· 258

11 折磨詩人俱樂部
THE TORTURED POETS DEPARTMENT ERA ······· 286

註解
Note ··· 308

註：由於部分歌曲尚未翻譯或收錄於中文版專輯，歌曲標題標記「*」者，是由大都會文化編輯部所取用暫譯之歌名。

引言 INTRODUCTION

泰勒絲的歌曲已成為許多大學課程的主題，她也持續唱出許多世代 Swifties 的心聲，而這一切都有個極好的理由。她的歌曲，擁有高超的說故事技巧，記錄了成長茁壯與尋找自我的曲折心路歷程。其詞意擁有層次豐富的比喻、宗教典故、歷史與文學的指涉，以及精巧設計的橋段，充滿轉折且吸引人的情節發展。在許多例子裡，泰勒絲的歌曲往往以親身經驗為素材，並運用意象與詞句變換，以精心安排、似有若無的線索，把不同時期的專輯串連起來。

然而，有個讓人聽到耳朵長繭的錯誤觀念：泰勒絲的每一首歌曲都是報復信，是針對各個不同前男友來量身創作。老實說，她確實只需輕描淡寫兩句歌詞，渣男立刻會崩解毀滅。其實，她的歌同樣唱出感情中那些本來就剪不斷、理還亂的走調戀情、給人的凌遲、情侶吵架的揪心苦痛、內心因分手撕裂而無法癒合的傷口──還有情路上那些無法預測的路況，像是你每每想不透對方把你當成什麼。

隨著泰勒絲積累更多的人生歷練，她的歌詞也有更複雜的層次。它們精準呈現健康關係給人的無上喜樂、為盛名所累的掙扎，並透露了她與家人間的切身私事；而故事雖為虛構，人物卻也有血有肉。整體而言，她的歌隨處洋溢著堅定的樂觀精神。即使唱出人生最黑暗的角落，也會指出光明就在前方不遠處。這種樂觀的心態，是她在人生最艱難時的支柱。2019 年，為泰勒絲發行她出道之初的六張專輯的唱片公司，大機器唱片公司（Big Machine Label Group），被音樂經紀商斯庫特・布萊恩（Scooter Braun）擁有的控股公司收購。最終致使她無法買回這些歌曲的母

在《時代巡迴演唱會》巴西聖保羅站（Eras Tour set in São Paulo, Brazil.）的舞台上，光彩耀眼的泰勒絲。

帶錄音，這成為插在她心頭的一把刀，因為那些她用心血、靈魂灌溉創作的歌曲，淪為被別人操控的商品。

「我只能強忍劇痛，選擇斬斷過去。」泰勒絲寫道。

「那些音樂是我在自家臥室創作，那些影片是用我的夢想建構，每一毛經費，都是我辛苦用現場演唱賺來的；最早在酒吧，然後到俱樂部，最後進了體育館。」[1]

如她所言，這個損失讓她心痛不已，那些歌曲曾是她的一切。泰勒絲在過去幾年，重新錄製這些她珍愛的歌曲——這些泰勒絲全新版的熱門程度，往往超越其舊版——本書也秉持這個精神，找回她原創歌曲中的靈感並發揚光大，涵蓋她事業中的每一年、每一首歌。本書融合樂曲分析、歌迷見解以及精彩有趣的引言，讚揚她歌喉的力量、令人驚嘆的音樂成就——以及讓泰勒絲躋身最偉大詞曲作家之列的雄心與音樂才華。

005

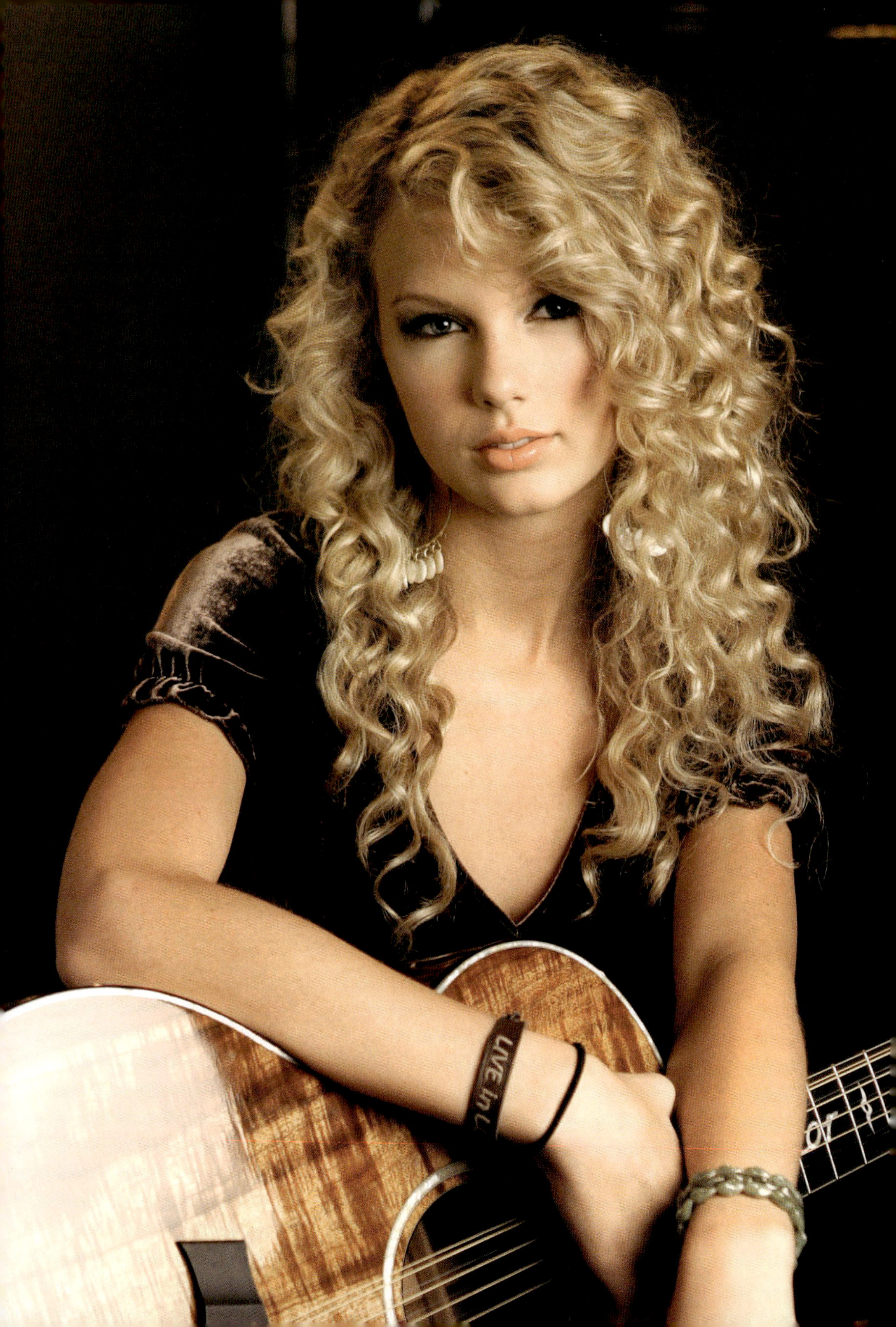
LIVE In

01 / 啼聲初試
THE DEBUT ERA

泰勒絲還是青少年時，便發行了同名的出道專輯。該專輯大放異彩，在《告示牌》鄉村歌曲排行榜高居第一達二十四週之久，並讓她提名葛萊美最佳新人獎。（當時敗給艾美・懷絲 Amy Winehouse）「我回顧十六歲時製作的唱片，快樂便會在心中油然升起，」泰勒絲說道。「我有幸讓那些感受永存，即使是滿心怒氣、憤世嫉俗的時候。就好像多年來都用錄唱片來寫日記，這真是天賜的福分。」[1]

提姆麥格羅
Tim McGraw

> 單曲

發行時間：2006 年 6 月 19 日（單曲）／2006 年 10 月 24 日（專輯）
詞曲作者：Liz Rose、Taylor Swift
製 作 人：Nathan Chapman
其他版本：電台編輯版、蘇活區的現場 iTunes 秀版

〈提姆麥格羅〉無疑是有史以來最佳的出道單曲之一。這首憂鬱的鄉村歌曲發行時，泰勒絲年僅十六歲，它融合感傷的木吉他與悠揚的提琴、斑鳩琴和 Dobro 吉他。她的嗓音既純真又自信，明顯有種適合懷舊氛圍的鼻音。

泰勒絲在高一時創作了〈提姆麥格羅〉。「我是在數學課堂上，想出這個旋律。」她在 2006 年說道。「我就在自己的坐位上，哼起這個旋律。」泰勒絲無心做數學題目，一心想著男友；因為他即將上大學，她知道兩人的緣分所剩無幾。「我逐一細數能讓他想起我的事情，」泰勒絲繼續說道。「沒想到第一個浮上心頭的，竟是我最喜歡的鄉村歌手提姆・麥格羅。」[2]

這首情歌，泰勒絲和莉茲・羅斯（Liz Rose）僅用了十五分鐘便完成，講述一段註定分手的短暫夏日戀情。（「這十五分鐘，可能是我一生中最美好的十五分鐘。」泰勒絲日後回想道。[3]）雖然分手令人心痛，但敘述者只留下他們倆在一起時的美好回憶──比如對方對她明亮雙眸的盛讚，或者夜晚兩人一起聽她最愛的提姆麥格羅的歌曲共舞。（泰勒絲後來透露，她指的是麥格羅在 2004 年的歌曲〈Can't Tell Me Nothin'〉。[4]）最後，還有一個重要細節：為了能有個了結，敘述者給她的前男友寫了一封信，表達她希望他也能同樣珍

2011 年，泰勒絲和提姆・麥格羅在納許維爾的普利司通體育館（Bridgestone Arena）演唱了麥格羅 1997 年的熱門歌曲〈Just to See You Smile〉。

2007 年，泰勒絲在鄉村音樂學院獎頒獎典禮上演唱〈提姆麥格羅〉後，見到了提姆・麥格羅。

視這段美好回憶，並永遠將她與〈提姆麥格羅〉聯想在一起。

〈提姆麥格羅〉成為泰勒絲首支在美國的熱銷金曲。2007 年初，這首歌在《告示牌》（Billboard）熱門鄉村歌曲榜衝到第六名，並在《告示牌》百大熱門歌曲榜上排名第四十位。說來也巧，提姆・麥格羅在現實中見證了這一項成功：2007 年，泰勒絲在麥格羅與其妻子費絲・希爾（Faith Hill）的 Soul 2 Soul 巡演部分場次上，擔任暖場嘉賓並演唱了這首歌。即使在當時，大家也看得出來，泰勒絲將是明日巨星。「費絲和我都知道，她氣勢如虹，」麥格羅在 2023 年說道。「她天賦異稟。」[5]

泰勒絲後來還不保留地公開對麥格羅表達感激之情。2018 年，在納許維爾的日產體育場（Nashville's Nissan Stadium）舉行的演唱會上，她不按原來安排，徑自走向鋼琴，當場演奏〈提姆麥格羅〉，距離泰勒絲上次演奏此曲已隔五年。在演奏當中，她介紹了兩位特別嘉賓：希爾和麥格羅本人。[6] 當泰勒絲唱到歌詞中麥格羅的名字，她指向站在她旁邊的麥格羅示意——這是個惺惺相惜的回報時刻，在場無人不為之感動。

泰勒絲抵達 2006 年納許維爾鄉村音樂電視音樂獎（CMT Music Awards）頒獎典禮

燒掉的回憶
Picture to Burn

單曲

發 行 時 間：2008 年 2 月 4 日（鄉村單曲）／2006 年 10 月 24 日（專輯）
詞曲作者：Taylor Swift、Liz Rose
製 作 人：Nathan Chapman
其他版本：電台編輯版、搖滾混音版、蘇活區的現場 iTunes 秀版

有關青少年時期需要面對的事中，最痛苦的莫過於感情受挫。然而，把這些心痛抒發出來，痛苦將不再讓人無法承受。在〈燒掉的回憶〉中，敘述者痛斥她的前任，稱他心中只有自己，滿口謊言，還表達他浪費她的生命，讓她火大。她揚言報復──使用諸多手段包括與他的朋友約會──並警告他離自己遠一點，因為他不會想要碰到她爸爸。而副歌則直擊要害，取笑他開什麼愚蠢的小卡車，並指出他對她已毫無意義，會將他的照片通通燒掉。

「每次唱這首歌之前，我都會告訴觀眾，我真的盡力做個好人，」泰勒絲曾說道，「但如果你讓我心碎，糟蹋我的感情，或者對我太刻薄，我會寫首報復你的歌。」泰勒絲接著笑了笑，緩和氣氛，免得像句氣話[7]，但每次當她現場演唱這首歌，她知道〈燒掉的回憶〉別具意義。「這首我在所有的巡演上都會演唱，」她說。「即使它還沒以單曲發行，但每次唱它，所得到的現場反應最多。」[8]

原因不難理解：不但歌詞唱出大家的心事，樂曲也能呈現大家心中的怒氣。〈燒掉的回憶〉當中有泰勒絲強烈的性格與獨特的鼻音，再加上斑鳩琴、踏板電吉他、小提琴和曼陀林，換言之，這是首情緒激動的鄉村流行歌曲，並是以搖滾樂般的粗獷方式演唱。泰勒絲說道：「我想女孩能對這首歌產生共鳴，是因為它基本上就是表達怒氣。兩人分手或者感情出問題，你完全可以生氣。這首歌毫不隱藏、不留情面。甚至有點搞笑，裡頭還有那麼一些火藥味。」[9]

這首歌裡的渣男，據傳聞就是泰

01 | THE DEBUT ERA | 啼聲初試

2006 年感恩節，泰勒絲在底特律雄獅隊對抗邁阿密海豚隊的 NFL 橄欖球賽上演唱美國國歌。

勒絲的高中男友喬丹，還好他後來與同班同學的雀兒喜結婚了；他聽得出歌中自我解嘲的幽默。多年後雀兒喜說：「喬丹當年的反應是，我又不是老粗，她讓我看起來像個老粗！除了這點以外，我們只覺得這首歌有點好玩。」[10]

〈燒掉的回憶〉再次成為跨界暢銷曲，登上《告示牌》鄉村歌曲榜第三名，及《告示牌》百大熱門歌曲排行榜第二十八名。後來，泰勒絲改寫了一句可能被曲解為恐同的歌詞。「〈燒掉的回憶〉談論到『我恨你的卡車』、『我恨你忽視我』，以及『我恨你』」她解釋，「如今，我能以大不相同的方式，表達那種話語，以及感受那種心痛。」[11]

013

淚灑吉他
Teardrops on My Guitar

單曲

發行時間：2007 年 2 月 20 日（鄉村單曲）／2007 年 11 月 9 日（流行單曲）／2006 年 10 月 24 日（專輯）
詞曲作者：Taylor Swift、Liz Rose
製 作 人：Nathan Chapman
其他版本：原聲版、流行版、Joe Bermudez 電台混音版、Cahill 加長版、Cahill 電台混音版、國際版、電台單曲版、蘇活區的現場 iTunes 秀版。

泰勒絲早期的歌曲，有時對歌中涉及的真實人物，未必會加以隱藏掩蓋；有時甚至會使用真實的名字。就如〈淚灑吉他〉這首傷心歌曲提到的那個傢伙德魯，他曾說他深愛某人。

然而，讓泰勒絲苦惱的是，德魯愛的這個人不是自己——儘管她已深深愛上對方。雖然她表面上強顏歡笑，但這份絕望的愛凌遲著她，也是她強忍淚水的原因。就音樂而言，〈淚灑吉他〉運用煎熬的踏板電吉他、抑鬱的斑鳩琴、蕭穆的木吉他以及電吉他等，傳達她難以抑制的悲傷。她的唱法也同樣壓抑，但明顯藏著情感，彷彿她勉強忍住的淚水。

泰勒絲的這首歌發行後，又再創輝煌佳績，包括《告示牌》百大熱門歌曲排行榜第十三名——有一天，德魯看似碰巧（而且出乎她意料之外）出現在她家門口。他們已兩年半沒連絡，所以泰勒絲不太清楚他的來意，儘管她有她的猜想。「也許他想向人們證實，歌中唱的那位男生真的是他，」她說道。「或許他覺得他們還可以做朋友，也許他以為我依然日日為他傷心哀嘆。隨他吧！」[12]

2009 年，紐約市邀請泰勒絲蒞臨 NBC《今日秀》演出。

一席之地
A Place In This World

專輯歌曲

發行時間：2006 年 10 月 24 日
詞曲作者：Robert Ellis Orrall、Angelo Petraglia、Taylor Swift
製 作 人：Nathan Chapman
其他版本：蘇活區的現場 iTunes 秀版

　　人在青少年時期，不免會迷惘、寂寞，特別是當你正努力開創自己職業歌手的事業時。這點在〈一席之地〉裡清楚可見，這是一首充滿苦悶的歌曲，靈感來自鄉村及 90 年代的另類搖滾。泰勒絲在十三歲時便寫了這首歌，那時她在納許維爾是個新人，決心找出自己歸屬的領域。「找到前往自己目標的道路，是件難事，」她後來說道。「我知道自己的目標是什麼，只是不知道怎麼抵達。」[13] 而到最後，〈一席之地〉並沒有為這些大哉問提供答案──泰勒絲在歌詞裡，還接受自己在這個過程裡犯的錯。話雖如此，這首歌依舊相信正確的道路終究會清楚浮現。幾年之後，泰勒絲快樂地證實自己的猜想是沒錯的。「我真心慶幸這首歌能收錄在這張專輯，」她說，「因為我覺得自己終於想明白了。」[14]

冷漠如你
Cold As You

專輯歌曲

發行時間：2006 年 10 月 24 日
詞曲作者：Liz Rose、Taylor Swift
製 作 人：Nathan Chapman

　　泰勒絲曾說過，她在這張出道專輯裡最喜愛的歌──至少就歌詞而言──就是這首憂鬱的鋼琴民謠〈冷漠如你〉。說得更明確些，她讚賞歌曲帶了一個利刺，令人聽完後心中波濤洶湧：「我喜歡歌曲裡有些話，你聽了以後一陣子才……煎熬不已。」[15] 而〈冷漠如你〉的其他部分，也不出預料地同樣直白：孤獨的提琴穿梭、交織著曲樂，恰如歌中敘事者精細準確的敘述，她領悟她的前男友根本不愛她──並承認是自己傻，才為他付出那麼多感情。「這首歌說的就是那夢醒時刻，原來你愛的人根本不是你以為的那樣，」她說，「而你還一直為他找藉口脫罪，他根本不配你這麼做。」[16] 泰勒絲唱出了她最具有鄉村歌曲風的嗓音──而歌聲中的哀愁，把歌曲表現的淋漓盡致。

01 | THE DEBUT ERA | 啼聲初試

外面
The Outside

專輯歌曲

發行時間：2006 年 10 月 24 日
詞曲作者：Taylor Swift
製 作 人：Nathan Chapman、Robert Ellis Orrall

　　看著今天的泰勒絲，怎麼樣也無法想像她不是個世界巨星。然而在甜中帶苦的〈外面〉裡，描述的是她早年不愉快的校園生活，她被大家排擠在外，完全打不進任何圈子；她跟同儕對於什麼是當務之急及人生規劃的想法截然不同，其他方面也一樣，於是她顯得格格不入。「我比別人高，週末還在卡拉 OK 酒吧以及各種節慶活動演唱鄉村歌曲，其他女孩則玩過夜派對。」[17] 寫這首歌時她十二歲，〈外面〉反映出遭到排擠的悲哀，副歌充滿無奈的頹廢、甜中帶苦的鄉村搖滾吉他迴旋樂句。「大家在人生中總會走到一個瓶頸，覺得天天都是壞日子，」她說。「你可以隨之沉淪，也可以想辦法克服，加以超越。我最後有個結論，周遭所有的人也許都會把我拋棄，但音樂始終會支持我。」[18]

用一個微笑做自己
Tied Together With a Smile

專輯歌曲

發行時間：2006 年 10 月 24 日
詞曲作者：Liz Rose、Taylor Swift
製 作 人：Nathan Chapman

　　專輯裡最悲傷的一首歌〈用一個微笑做自己〉，是一首內省式的鄉村歌謠，談的是泰勒絲的朋友，那女孩表面上在各方面都春風得意。「選美比賽無往不利──是高中裡受眾人歡迎的大美人，」泰勒絲說。「每個男生都想約她，每個女生都想成為她。」[19] 然而在私底下，她得隱藏她的飲食障礙症。泰勒絲的歌詞沒有明講這位朋友人生的其他層面，但在詞句間卻表現出能對朋友痛苦人生的感同身受。這位朋友顯然急切希望有人愛她（然而可能的追求對象只會糟蹋她），她只看到自己身體的缺點。然而她想辦法隱藏這一切失望與不安全感，只是一味地強顏歡笑──這個方法也許可以撐一陣子，但是卻沒辦法防止她人生裡其他部分崩潰瓦解。

永遠俊美
Stay Beautiful

發行時間：2006 年 10 月 24 日
詞曲作者：Liz Rose、Taylor Swift
製 作 人：Nathan Chapman

專輯歌曲

泰勒絲歌中故事的細節寫得十分細節，人們往往會以為這是她的親身經歷。儘管有許多地方確實如此——但絕非每每如此。就以〈永遠俊美〉這首歌來看，這首甜美的鄉村歌曲，是跟一位名叫柯瑞的男生，在幻想中談一段完美戀情。「很多人聽完我的歌總會問，你到底交往過多少個男朋友？」泰勒絲說。「我總告訴他們，我的歌曲大半來自觀察別人，而非親身經歷。換句話說，不需要真的跟某人約會，才寫得出那段關於交往的歌曲。」[20]

沒錯，〈永遠俊美〉不是在寫她的親身經歷，但依據的卻是她對某人的遠距單戀。「這首歌寫的是某位我覺得容貌帥氣的男生，從來沒跟他講過幾句話，」她說。「他有種特別的氣質，給了我這首歌的靈感，只要看著他就夠了。」[21] 難怪，在樂曲中過渡的部分會揭露這一切只是一場白日夢，也讓副歌中的祝福聽起來更讓人心疼。

泰勒絲與眾鄉村音樂明星參加 2007 年 CMA 音樂節

01 | THE DEBUT ERA | 啼聲初試

早該拒絕
Should've Said No

單曲

發行時間：2006 年 10 月 24 日（專輯）／2008 年 5 月 19 日（單曲）
詞曲作者：Taylor Swift
製 作 人：Nathan Chapman
其他版本：Alternate Mix 版、International Mix 版、蘇活區的現場 iTunes 秀版

〈早該拒絕〉是「在最後一刻」才收錄在這張專輯中，泰勒絲告訴《滾石》雜誌（Rolling Stone）——之所以會這麼緊迫，她解釋是因為「剛好有件超誇張又瘋狂的事情發生在她身上，非用音樂來表達不可。」[22] 而這一點真的沒誇大：泰勒絲發現她當時在交往的男友劈腿——她爆發了二十分鐘的怒火與靈感，用靈感灌注寫成這首歌，告訴那個渣男為什麼他這麼做是大錯特錯。其歌詞毫無意外充滿了義正嚴詞的憤怒，令人肅然起敬，把負心的人教訓得體無完膚。泰勒絲痛斥其行為，祭出凡人無法承受的罪惡感，並清清楚楚地斬斷兩人的關係。她的唱腔有著同樣強大的力道，彷彿她想像自己正在使用歌詞對他怒吼，在旁助陣的還有活力十足的伴奏，可以聽到生龍活虎的提琴與斑鳩琴。在〈早該拒絕〉的曲末，歌曲超越了說教的格局，她說的是：「我們之間，不只是說說我愛你、我們曾是天造地設的一對，誰叫你把事情搞砸，要不然我們還在一起。」[23] 而泰勒絲也得到了甜美的復仇果實：〈早該拒絕〉勇奪《告示牌》熱門鄉村歌曲排行榜第一名，以及熱門百大歌曲第三十三名。

瑪麗之歌（我的老天）
Mary's Song (Oh My My My)

專輯歌曲

發行時間：2006 年 10 月 24 日
詞曲作者：Brian Maher、Liz Rose、Taylor Swift
製　作　人：Nathan Chapman
其他版本：蘇活區的現場 iTunes 秀版

　　假如泰勒絲決定轉換事業，她應該會是個嗆到爆的小說家。即使還是青少年時，她就有這個天賦，能創造面相豐富的人物與起伏跌宕的故事線。就以〈瑪麗之歌（我的老天）〉為例，故事中人物的原型是一對住在她家隔壁的可愛老夫妻。「他們結婚超級久了，有一天晚上他們來我家吃晚飯，真是好甜蜜的一對。」她回憶道。「他們談起怎麼墜入愛河，然後結婚。還有兩人都還是孩童時，是怎麼相遇的。」[24] 她用這段故事做素材，創作了一段由曼陀林纏繞的旋律交織成的溫柔床邊故事，講述這對老夫妻悠長幸福的共享人生。當歌曲先唱到他們倆還是在院子裡爬樹的小孩時，泰勒絲的眼神散發光輝，接著長大成開著小貨車亂逛的青少年，最後這對情侶在眾人祝福裡舉行婚禮。〈瑪麗之歌（我的老天）〉曲末，故事也恰如其分地走入兩人的老年生活，即便他們都已經八十多歲了，但依然深愛著對方。「我想這真的是會讓人感覺很溫馨的，因為你們倆可以一起逛雜貨店、聽聽八卦、看看誰分手、有誰出軌。」泰勒絲說。「我若想要有好心情，只需回家，看看住在我家隔壁的，那對在一起天長地久的模範夫妻。」[25]

2007 年 CMT 音樂獎典禮，泰勒絲以〈提姆麥格羅〉一曲，奪下年度創新音樂獎（Breakthrough Video of the Year）。

我們的歌
Our Song

單曲

發行時間：2007 年 9 月 10 日（單曲）／ 2006 年 10 月 24 日（專輯）
詞曲作者：Taylor Swift
製 作 人：Nathan Chapman
其他版本：國際版、Pop/Rock Remix 版、電台單曲版、蘇活區的現場 iTunes 秀版

這首歌是泰勒絲在國三參加的一個選秀活動，她花十五分鐘寫成，這首鼻音中有粗糙質感的〈我們的歌〉，本來就是要有活潑的節奏；它自然而然運用了勁嗆的提琴與宛如邁步前進的節奏。樂曲可謂展現了泰勒絲近乎超自然的樂感，能預知她想要的音樂成果。「當我創作歌曲時，我能在腦中聽見整個樂團的演奏，」她解釋。「我甚至聽得到斑鳩琴的輪音。別人說這有點詭異，但我只知道這種創作歌曲的方式。」[26]

〈我們的歌〉在歌詞方面，一樣健康光明，它談的是一對男女朋友，正好想以他們日益升溫的美好感情為題材，寫一首專屬他們的「歌」。「我想要寫寫音樂怎麼影響人們，而這個題材寫來有趣極了，因為，它談的是正缺一首專屬歌曲的情侶，」泰勒絲說。[27] 說到曲中祕辛，這對情侶恰好是泰勒絲與她當時交往的男生──因此嚴格來講，她算是為她自己寫〈我們的歌〉。這首歌後來在她同學間造成轟動。「幾個月後，大家遇到我都會說這類話，我們喜歡妳演出的那首〈我們的歌〉，接著他們會對我唱上幾句。他們都只聽過一次而已，我不禁覺得，這首歌一定有什麼特別之處！」[28] 而泰勒絲想得沒錯：〈我們的歌〉是她的第一首熱門鄉村歌曲排行榜的冠軍曲，而且蟬聯冠軍六週之久。

2007 年 4 月的道奇球場（Dodger Stadium），洛杉磯道奇隊（Los Angeles Dodgers）與科羅拉多落磯隊（Colorado Rockies）的開賽日，泰勒絲在開賽前唱國歌。

01 | THE DEBUT ERA | 啼聲初試

美麗的雙眼 *
Beautiful Eyes

《美麗的雙眼迷你專輯》
發行時間：2008 年 7 月 15 日
詞曲作者：Taylor Swift
製 作 人：Robert Ellis Orrall

　　泰勒絲寫〈美麗的雙眼〉這首歌時才十三歲，一首觸動內心、平緩中速的鄉村歌曲，談的是在深情對看時發現，兩人有更深刻的關聯，聽完會讓人感動不已。後來〈美麗的雙眼〉成為 2008 年迷你專輯（EP）發行時的主打歌，讓歌迷在數年後，《無懼的愛》發行之前，有泰勒絲的歌曲可聽。「我只准許唱片公司做少量發行，」她當時說。「我最不希望大家以為我們發歌氾濫。我才不想一天到晚打歌，因為我不想讓大家搞不清楚，這到底算不算是第二張專輯。我收到好多人的 Email，說他們等著聽我的新歌，我想這樣做，至少可以暫時給他們解饞，讓他們好撐到我秋天才發行新專輯的時候。」[29]

我的心 *
I Heart?

宣傳單曲／《美麗的雙眼迷你專輯》
發行時間：2008 年 6 月 23 日（宣傳單曲）／
　　　　　2008 年 7 月 15 日（迷你專輯）
詞曲作者：Taylor Swift
製 作 人：Robert Ellis Orrall

　　泰勒絲十三歲時還寫了另一首歌，是樂觀開朗的〈我的心〉，它的曲風雖然樂觀，卻是一首分手歌。她快刀斬亂麻似的結束一段想斷掉卻捨不得的感情──歌名是以馬克筆寫在手心裡，彷彿臨時動念，要問她前男友到底想怎樣──因為她覺得自己雖未心碎，卻已為情所傷。隨著歌曲流淌，泰勒絲運用了巧妙的文字遊戲，點出她終於接受分手的事實，明白前男友待她如垃圾一般──然後運用同一種話語，講述前男友也會明白他們之間的感情是斬得乾乾淨淨了。〈我的心〉在收錄到《美麗的雙眼迷你專輯》之前，曾出現在 2004 年的試聽專輯（裡頭還包括了〈你的臉〉（Your Face）與〈外面〉），同時也是泰勒絲出道專輯豪華版的額外附贈曲。

023

泰勒絲在 2007 年鄉村音樂學院新人獎
所辦的慈善派對上演唱

01 | THE DEBUT ERA | 啼聲初試

在你身邊時 我只是我
I'm Only Me When I'm With You

彩蛋音軌（《泰勒絲》豪華版）

發行時間：2007 年 11 月 6 日
詞曲作者：Robert Ellis Orrall、Angelo Petraglia、Taylor Swift
製 作 人：Robert Ellis Orrall、Angelo Petraglia

如果有人還懷疑，泰勒絲是否真的從她踏進音樂圈的第一天，就完全知道自己要什麼，那可以看看〈在你身邊時 我只是我〉的創作過程，當時她才十三歲。她與兩位經驗豐富的寫歌老手一起合作，即羅伯特・埃利斯・奧拉爾（Robert Ellis Orrall）與安傑洛・佩特拉利亞（Angelo Petraglia），但她完全能掌握自己的歌路。

「泰勒絲說：『我要寫類似艾薇兒・拉維尼（Avril Lavigne）的曲風，但是是鄉村歌曲版。』」奧拉爾多年後回顧說[30]。儘管這兩個靈感泉源，似乎相互排斥，但〈在你身邊時 我只是我〉中充滿跳躍式的節拍與迴旋不盡、層層展開的提琴節奏，把兩個風格結合得水乳交融。奧拉爾還把這首歌製作得輕盈快樂，伴隨著品味高尚的踏板鋼棒吉他，這是因為「他要保持鄉村風格」[31]。

泰勒絲還對歌詞精雕細琢。「過程中我們遇到瓶頸，而安傑洛還沒有任何貢獻，」奧拉爾回顧。「他好不容易丟了兩句……她看著他，然後說，『我不知道，這有點老套……』，然後她說，『我不覺得我的歌迷會唱這樣的歌詞。』」[32]

而最後的完成版，也確實忠於泰勒絲作為一位詞曲作家的風格。她描述身邊能有一位了解你的人相伴，是一種上天賜予的快樂——跟他們待在一起即使不說話，也能完全自在（一起聆聽靜夜裡屋外的蟋蟀聲！），他們讓你覺得

025

2006 年 5 月 23 日，泰勒絲抵達在拉斯維加斯舉行的鄉村音樂學院獎頒獎典禮。

安心，能放心跟他們訴說你心中的不安全感與祕密。有時候，這個人也會挑她毛病，不過她寧可跟他，而不跟別人在一起。泰勒絲錄製這首歌時，是在她過完十四歲生日後的一個月[33]，簽下 RCA 唱片合約的那幾天。但誰敢相信，唱片公司竟然不喜歡這首歌的形式。「（他們最初聽到帶子時）並不喜歡這首歌，他們說這首歌太流行了，我不覺得大家還想聽這種東西，」奧拉爾回顧道，「我的回應是，才怪——一點問題也沒有。」RCA 的損失是大家的收穫，然而〈在你身邊時 我只是我〉最後成為泰勒絲出道專輯的彩蛋音軌，沒必要再重新混音。「他們不曾拿到版權，」奧拉爾說。「我們就是直接抽回，最後放在第一張專輯裡，連重新混音都沒有進行。完全跟我交給 RCA 的 A&R（註：Artist and Repertoire，藝人與製作部）部門同仁的那張試聽帶一模一樣，沒改動半個音符。」

01 | THE DEBUT ERA | 啼聲初試

隱形
Invisible

彩蛋音軌（《泰勒絲》豪華版）

發行時間：2007 年 11 月 6 日
詞曲作者：Robert Ellis Orrall、Taylor Swift
製 作 人：Robert Ellis Orrall

泰勒絲在成長過程中，夏天都會跟全家去澤西海岸渡假。她後來回想，在那段平靜的日子裡，也充滿無厘頭而輕鬆的趣事——用望遠鏡偷窺對街鳥兒常聚的角落；用水氣球擲向年度大遊行裡的船隻；還有，寫一部小說。

「小時候，大人放任我搞怪、彆扭並發揮想像力，那是我到那邊渡假時最愛的部分，」泰勒絲說。[34] 澤西海岸也啟發了我們這位剛啟蒙的詞曲作家，寫出好幾首歌，包括一首試聽曲〈煙濛暗夜〉（Smokey Black Nights），以及她出道專輯裡的這首〈隱形〉。這首以提琴為主要伴奏樂器的揪心歌曲，是以她父母朋友的兒子為題材撰寫。「他們天天來我家，他們的兒子年齡與我相仿，也總是告訴我他喜歡哪個女孩，」她回憶。「我覺得，呃，我就像個隱形人。毫無疑問。」[35] 就如同〈淚灑吉他〉，〈隱形〉的敘述者希望她心儀的人，能看見、了解的人是她，而不是其他女孩。歌詞毫不保留地道出心中因遭到忽視所帶來的渴望與孤寂。「我只是個一般人，只求能與另一個人有心靈上的連結，」泰勒絲說。「而音樂便是那終極的連結。」[36]

2007 年，泰勒絲為布萊德・派斯里（Brad Paisley）的 Bonfires & Amplifiers 巡迴演唱會做暖場表演，包括 2007 年 5 月 11 日在堪薩斯州邦納斯普林斯的那一場。

027

完美心腸
A Perfectly Good Heart

彩蛋音軌（《泰勒絲》豪華版）

發行時間：2007 年 11 月 6 日
詞曲作者：Brett James、Taylor Swift、Troy Verges
製 作 人：Brett James、Troy Verges

〈完美心腸〉這首經典「很好哭」的心碎歌，是泰勒絲與暢銷歌寫手布雷特・詹姆斯（Brett James）與特洛伊・福吉斯（Troy Verges），合寫並共同製作。他們倆曾聯手寫出許多攻上鄉村歌曲排行榜頂端的歌曲，像是瑪蒂娜・麥克布萊德（Martina McBride）的〈Blessed〉以及潔西卡・安德魯斯（Jessica Andrews）的〈Who I Am〉。他們就算各自創作，也一樣佳作連連。

詹姆斯與其他人合寫的〈Cowboy Casanova〉以及葛萊美得獎歌曲〈Jesus, Take the Wheel〉，都被卡麗・安德伍（Carrie Underwood）唱紅——這也是肯尼・薛士尼（Kenny Chesney）的暢銷曲，而與福吉斯共同創作的〈Wanted〉，則為杭特・海斯（Hunter Hayes）造就一首轟動歌壇的熱門歌曲，也為由葛妮絲・派特洛（Gwyneth Paltrow）演唱的〈Coming Home〉贏得奧斯卡金像獎提名。

因為有他們這樣的創作伙伴，〈完美心腸〉毫無意外是首曲藝精純的鄉村熱門歌曲，其特色是編曲四平八穩，完美烘托出泰勒絲深情款款的嗓音。那無端遭棄的心碎痛苦，深深令人感同身受——這也能解釋這首歌最後能收錄到她出道專輯的豪華版中的原因。「我的歌迷就像我，」泰勒絲說。「我們其實生性相似。我覺得，要是有哪首歌必須錄進專輯，我能感受到歌迷與我有同感。」[37] 儘管泰勒絲承認這種假設也許不公平，但她隨即補充，她只是滿心感激歌迷們能接受她的「音樂品味」以及「了解我的初衷。能身處這樣的狀態真的很幸福，你能感受有一大群人都了解你。」[38]

01 ｜ THE DEBUT ERA ｜啼聲初試

《泰勒絲聖誕特輯》*
Holiday EP

《節日之聲：泰勒絲聖誕特輯》
（或稱《泰勒絲聖誕特輯》）

發行時間：2007 年 10 月 14 日
詞曲作者：多位創作者
製 作 人：Nathan Chapman

泰勒絲超愛聖誕節。也許這是命中註定，畢竟她生在 12 月 13 日。「真希望全年都是聖誕節，每天大家都能共享歡樂的節慶氣氛，」她曾說。「大家都會為彼此選購禮物，交流感情。」[39] 不過她特別關注的，是聖誕節中分享禮物與傳播善意的部分。「聖誕節給我的首要激勵因素，就是看著家人拆封禮物，」泰勒絲曾說。「我酷愛尋找完美的禮物——還有，完美的包裝紙——獻給我人生中的每個人。」[40]

在賓夕法尼亞州的懷俄明郡，駐點的泰勒絲為 Reading Phillies 棒球賽演唱開場國歌。

2007年,泰勒絲為她的歌迷們找到一個完美的禮物:六首歌的聖誕迷你專輯,名為《節日之聲:泰勒絲聖誕特輯(Sounds of the Season : The Taylor Swift Holiday Collection)》。(其後再發行的版本有相同的曲目清單,但有新的名稱《泰勒絲聖誕特輯(The Taylor Swift Holiday Collection)》)專輯發行之初,她還是個新人,這個迷你專輯以鄉村風的聖誕經典歌曲為主選——開場的是以她特有而輕鬆的唱腔表現的 Wham! 的〈Last Christmas〉;充滿懷舊心情,以小提琴與曼陀林熱鬧伴奏的〈White Chrismas〉;另外還有一首輕快迴旋版的〈Santa Baby〉。泰勒絲把〈Silent Night〉的人聲部特別另外編曲,將旋律變得柔美而帶有一種淡淡的感傷。

然而泰勒絲心知自己並不只是想翻唱舊歌。「當我們決定製作一張聖誕專輯,我的心情是,裡頭一定要有完全創新、截然不同的什麼,不這樣就想都別想了。」她說。[41] 兩首她原創的歌曲,有一首也恰如其分地名為〈聖誕節應該不止如此〉(Christmas Must Be Something More)。這也許是她曲目裡最具宗教目的的一首歌,指出耶穌的誕生是整個節日的由來。

另一首原創歌曲〈我們倆在一起時的聖誕〉(Christmases When You Were Mine),則是與莉茲·羅斯和內森·查普曼(Nathan Chapman)合寫,「濃厚的不插電音樂風格,它是一種新創類型的耶誕歌曲,」泰勒絲說——聖誕節讓人回想往日曾有過的戀情,渴望逝去的美好能再返回。「你們知道的,我最喜歡寫的題材就是心碎與分手這類事情,」她說。「而節日假期往往最會讓人回想起過往的這些日子,也許當時身邊的人,已經離你而去了。」[42]

《節日之聲:泰勒絲聖誕特輯》於 2009 年重新發行,登上《告示牌》兩百大熱門專輯的第二十名——並在 2010 年初,蟬聯該雜誌最熱門聖誕專輯排行榜冠軍長達兩週。

第七十五屆洛克菲勒中心聖誕樹點燈儀式上，泰勒絲帶起豐沛的節慶氣氛。

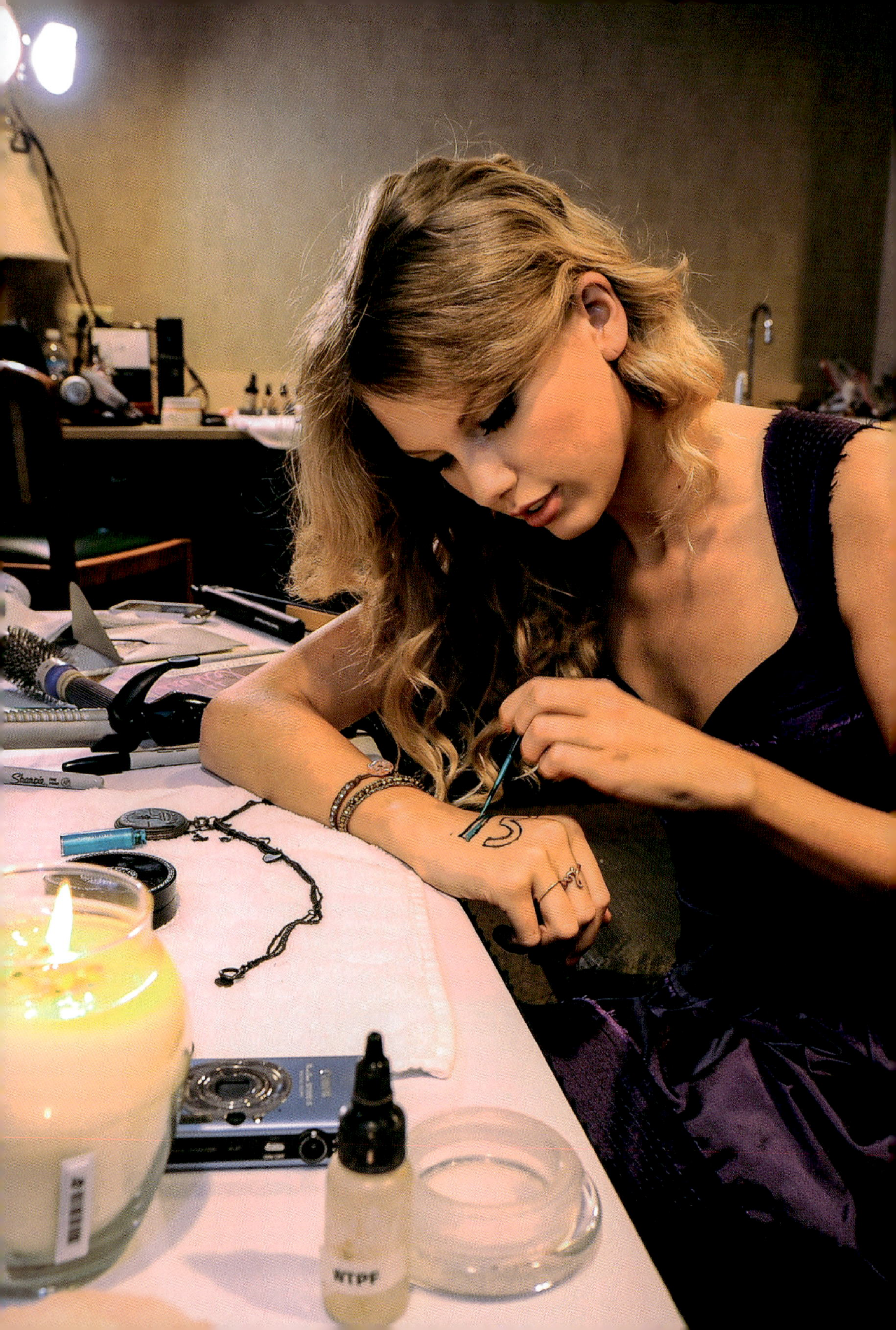
Sharpie
NTPF

02 / 無懼的愛

THE FEARLESS ERA

《無懼的愛》於 2008 年 11 月 11 日發行，標誌著泰勒絲的許多第一。這張專輯不僅是她首次參與共同製作，還讓她贏得了她的第一座葛萊美獎，其中包括年度專輯和最佳鄉村專輯獎。〈愛的故事〉（Love Story）也成為她首支在《告示牌》百大單曲排行榜中進入前五名的流行歌曲，並且是第一首在《告示牌》主流 Top 40 電台播放榜上登頂的鄉村歌曲。泰勒絲並不是通過重塑自我來達成這些成就，而是透過精進和提升她卓越的歌曲創作能力。《無懼的愛》結合了編曲高超的鄉村流行音樂，與敞開真心的犀利歌詞。

無懼的愛
Fearless

單曲

發行時間：2008 年 10 月 14 日（宣傳單曲）／ 2010 年 1 月 4 日（鄉村單曲）／ 2008 年 11 月 11 日（專輯）
詞曲作者：Hillary Lindsey、Liz Rose、Taylor Swift
製　作　人：Nathan Chapman、Taylor Swift
其他版本：Edit、泰勒絲全新版

泰勒絲以「無懼的愛」一詞作為自己第二張完整專輯的名字，對她而言，這個字涵蓋了專輯中的許多主題。「我真心想過這個詞對我的意義，」她說。「對我而言，無懼不只是指什麼都不怕，也不是說你刀槍不入。它是指，就算心中再怎麼怕，也要奮力一搏。」[1]

縱觀專輯中十三首歌曲，泰勒絲探索不同達到無懼的境界，或過無懼人生的方法。專輯同名歌曲關注的是心的勇氣──更明確地說，就是在談一段新感情時，拋開擔心害怕，勇敢去愛。歌詞細述一段追愛的過程，以一個愛火四射的吻作為高潮，捕捉到約會時渾身流竄的興奮，希望這段約會永遠不會結束。泰勒絲在全歌各處妝點詳盡的細節，創造鮮活的場景，有如暴風雨過後，閃著明亮水光的人行道。

說來也令人難以相信，這樣一首啟發心靈的歌曲，竟然沒有以任何真實經驗為依據。這是泰勒絲在巡迴演唱路上寫下的樂曲，那時她單身一人，根本沒有任何約會的機會。（「連個可能的約會機會，都看不到。」泰勒絲指出。[2]）為因應這個困境，她發揮天馬行空的想像力，幻想各種迷人大膽的浪漫舉動──停車場的隨興舞會、穿得美美的在雨中嬉戲、放下緊張好好享受完美的初吻。「有時候，你寫情歌並不會寫當時的真實情況──你寫的是你願望裡的情況，」泰勒絲說。「這首歌寫的是我

晶瑩閃爍的短禮服是泰勒絲在《無懼的愛》時期的註冊商標

2008 年在威斯康辛州雙子湖,第十六屆 Annual Country Thunder 上演唱。

心中想像的完美約會,可惜還不曾經歷過。」[3]

〈無懼的愛〉屬於輕快的鄉村流行風格,有慵懶的鼓點漫步,與如同金色亮片撒落的吉他掃弦指法。可別以為泰勒絲就沒拿出中氣十足(或該說是無懼)的演唱方式,中間有個橋段做了大幅度的轉調,用來強調熾熱的吻。而歌迷們完全接受了泰勒絲的膽識:等到發行的時候,〈無懼的愛〉成為她出道以來最火紅的歌曲之一,在《告示牌》百大熱門歌曲排行榜上,高居第九名;而在熱門鄉村歌曲排行榜上也有第十名的佳績。

02 ｜ THE FEARLESS ERA ｜ 無懼的愛

十五歲
Fifteen

單曲

發行時間：2009 年 8 月 31 日（單曲）／ 2008 年 11 月 11 日（專輯）
詞曲作者：Taylor Swift
製 作 人：Nathan Chapman、Taylor Swift
其他版本：Pop Mix 版、泰勒絲全新版

〈十五歲〉這首歌直截了當地指出，十五歲是個動盪不定的年紀，充滿飄飄然的高亢（跟有車的男孩成功約了第一次會、找到閨蜜），以及不見天日的低潮（被小團體排擠、被狠心拋棄）。這首歌的編曲也恰如其分有十足的爆發力。細膩的曼陀林與哀怨的大提琴在樂曲裡浮現又淡出，似乎描述了感情脆弱的青少年；而音色豐富的木吉他與電吉他混奏，則強而有力地此起彼伏。

這首歌在兩個觀點間擺盪：一位焦慮的青少年探索她高一的生活，以及長大成人之後的她來回顧這段往事。基於這樣的概念，難怪〈十五歲〉的歌詞會顯得字字珠璣。跟一位足球隊員約會，算不上什麼人生中的閃光點。因為你還不知道自己人生要怎麼過，就算你以為自己知道，但也只是在自欺欺人而已。付出真心一定要小心。更重要的是，大家都經歷過這段所謂成長的痛苦。「你十五歲時以為你孤獨無伴，」泰勒絲說。「你以為這世界上只有你經歷這種感受。但你錯了。」[4]

沒錯，這首歌的內容基礎，是泰勒絲本人的人生以及她在高一時的經驗。在副歌裡，她溫柔起伏的歌聲，唱出十五歲少女的生活；她顯然對那年輕時候的自己，能深刻地感同身受。「我覺得高中那年，我成長得比之前的任何一年都多。」[5]

〈十五歲〉的連接段尤其椎心刺骨。在其中，泰勒絲想起一段痛苦的回憶，牽涉到她一位摯友 Abigail。是泰勒絲在高一英文課堂上遇到的一位紅髮

037

由於《無懼的愛》寫出心靈脆弱的一面，捕捉到成長過程中人的高低起伏，
這首歌將泰勒絲提升到流行歌壇中明星級的地位。

02 | THE FEARLESS ERA | 無懼的愛

女孩，Abigail 後來與一個男孩交往，那個男孩卻劈腿了。泰勒絲承認在錄〈十五歲〉時，因為這件事哭了。「自己所愛的人受到傷害，總是會讓我傷心落淚，」她說。然後說像是她這位朋友的心碎就是一例。「每次唱這段，我每次哭。」⁶

〈十五歲〉裡的故事也都過了幾十年了，泰勒絲與 Abigail 兩人回顧這段痛苦的青少年歲月，心中交織著懷舊與自豪。在 2023 年納許維爾的演唱裡，泰勒絲坐在鋼琴前，把這首歌獻給她這位「美麗、紅髮的高中閨蜜」——這裡不需要提名字，歌迷都知道是 Abigail——她也碰巧在台下的觀眾群裡。泰勒絲在歌詞中加了幾個字，讓這場演唱變得更特別，用來表示她們都為 Abigail 青春時期的心碎流淚。這一點是沒關係的。藉由這個小巧的舉動，她是在向年輕時候的她們，溫馨地致敬。

2009 年 2 月 7 日，麥莉・希拉（Miley Cyrus）與泰勒絲排練她們要在葛萊美獎裡進行的表演。

愛的故事
Love Story

單曲

發行時間：2008 年 9 月 15 日（鄉村單曲）／2008 年 10 月 14 日（流行單曲）／2008 年 11 月 11 日（專輯）
詞曲作者：Taylor Swift
製　作　人：Nathan Chapman、Taylor Swift
其他版本：國際 Mix 版、Digital Dog Remix 版、Pop Mix 版、泰勒絲全新版、泰勒絲全新版（Elvira Remix）

《無懼的愛》的泰勒絲，浪漫得自命不凡又無可救藥，就像是那種永遠不放棄愛的人──或不錯過任何愛的機會。「無論愛給你什麼難題，你都要相信它，」她曾說。「你得相信愛情故事不假，王子公主最終能夠幸福快樂一輩子。正因如此，我才寫這些歌曲。因為我認為，愛什麼都不怕。」[7]

〈愛的故事〉作為放諸各個時代皆準的愛情故事，是當之無愧的；畢竟這首歌是以莎士比亞的苦命戀人羅密歐與茱麗葉為範本。但泰勒絲並沒有讓他們以悲劇收場，歌曲裡提出不同的結局：在羅密歐與茱麗葉克服難關之後，後來他們的愛情會如何發展？

她提醒大家，這不表示這對情侶就必然有修成正果的免死金牌。「對我而言，這首歌不是唱不食人間煙火的王子和公主的故事。我要講的，還要再單純一點。我只是要說愛值得追求。」[8]

在2008年11月12日，第四十二屆年度鄉村音樂協會獎上，泰勒絲演唱〈愛的故事〉史詩版，並有美麗的舞蹈襯托，以及童話故事般的浪漫結局。

相信在世上一定會找到屬於你的愛情，這個念頭本身就有著強大無比的力量。事實上，好多戀人就是在泰勒絲的演唱會上，在〈愛的故事〉的歌聲裡求婚成功，大部分的原因是歌曲裡故事的結局，包含了一個高貴的關鍵轉折與一個豪爽的大動作：羅密歐向茱麗葉求婚。

「當我寫這首歌的結局時，我覺得這是所有女孩對她們的愛情故事想要有的結果，」泰勒絲說。「這也是我要的結局。你要的男孩不在乎別人怎麼想、怎麼說。」9

而這個平行宇宙裡的結局，說來也奇妙，竟是來自泰勒絲的情史裡的不如意，當時她「交往的男生並非大家眼中的理想對象，」她這麼說。「他有些複雜的狀況，不過我不在乎。」10（後來她澄清了說法：她的父母與朋友都不喜歡這個人。）然而泰勒絲最終以這個奇幻的念頭作為〈愛的故事〉的元素。「許多素材來自我看過的電影，像是莎士比亞，好像我把讀過的故事跟我生活裡的東西結合在一起。」11

〈愛的故事〉就像泰勒絲早期的許多單曲，有幾個不同的混音版本：其中一個是復古的鄉村風格，因為裡頭運用了音色靈動的鋼弦吉他、活潑的斑鳩琴與高雅的提琴，另一個則是流行曲風，把節奏調整得柔軟一些，並加入輕快的電吉他。〈愛的故事〉的原始版本及 2021 年重錄的〈愛的故事〉（泰勒絲全新版），兩首歌都各自登上《告示牌》熱門鄉村歌曲排行榜冠軍寶座。世上還有誰能讓自己歌曲的原版與改版都有這樣的成就呢？只有桃莉・巴頓（Dolly Parton）。

泰勒絲在發行《無懼的愛》後，第一個同名巡迴演唱，大獲成功。

02 ｜ THE FEARLESS ERA ｜ 無懼的愛

給史蒂芬
Hey Stephen

專輯歌曲

發行時間：2008 年 11 月 11 日
詞曲作者：Taylor Swift
製 作 人：Nathan Chapman、Taylor Swift
其他版本：泰勒絲全新版

這首節奏輕快，兼具民歌及流行風格的〈給史蒂芬〉，是講述一位在泰勒絲音樂事業的歷程中，她偶遇並且煞到她的人。「這個人為我的表演暖場，他從不知道我喜歡他。」她說。[12]

由於運用了迴旋曲勢的哼唱，再加上泰勒絲的感性氣音，〈給史蒂芬〉對這段單向的浪漫，抱持著一種沒結果也樂觀的心情。於是歌曲與其說感傷，不如說是在自我解嘲。在歌詞裡，泰勒絲羅列了在諸多事情中，他們該在一起的理由──她還調皮地逗他說，說不定會為他寫首歌──還表達想吻他的心願，誰叫他帥得像天使。而既然泰勒絲已暗示這個令她傾心的人，真名就是史蒂芬，人們也迅速領悟，這個人應該就是 Love and Theft 合唱團中的史蒂芬・巴克・萊爾斯（Stephen Barker Liles），他們曾與泰勒絲一起巡演過一次。儘管史蒂芬當時不曉得自己煞到泰勒絲，但她後來倒是調皮地點醒他。「我的專輯發行後，我傳了一則訊息給他：嗨，聽聽第五首。」[13] 好在，現實世界中的史蒂芬覺得又驚又喜，──甚至在 2011 年發行了他這邊的回應，一首獻給泰勒絲的讚頌歌曲〈Try to Make It Anyway〉。

043

白馬王子
White Horse

發行時間：2008 年 12 月 8 日（鄉村單曲）／ 2008 年 11 月 11 日（專輯）
詞曲作者：Liz Rose、Taylor Swift
製　作　人：Nathan Chapman、Taylor Swift
其他版本：電台編輯版、泰勒絲全新版

假如雨天有背景音樂的話，那一定是〈白馬王子〉。這首舒緩感人的民歌曲子，用淒涼的大提琴與鋼琴領奏，女主角漸漸發現，那所謂從此快樂幸福的故事，只是個騙局。

「在我看來，〈白馬王子〉觸及的是分手裡最教人心痛的部分：也就是在夢醒的那一刻，你領悟到你過去珍愛的美夢，一切你夢想跟心上人過的人生，全都消失不見，」泰勒絲說。「過了那一刻，你得放下一切。」[14]

說來也難以教人相信，〈白馬王子〉差一點點就沒有收錄在《無懼的愛》裡。主要是，泰勒絲覺得這張專輯中已經有夠多悲傷的歌曲了。然而有個轉機出現：《實習醫生》（Grey's Anatomy）這個影集想在某一集播放這首歌，對泰勒絲而言這是夢想成真的一件事，因為她也是這個影集的鐵粉。（她以影集中的角色 Meredith Grey，來當她愛貓的名字，可不是沒有原因的，該角色是由艾倫‧龐貝歐 Ellen Pompeo 飾演。）「那首歌當時要是沒在節目中出現，我們也就沒打算放進這張專輯裡了。」她說。[15] 然而，令泰勒絲高興的是，〈白馬王子〉這首歌最終確實受到錄用——它出現在影集第五季首播中——並且登上《告示牌》百大熱門歌曲排行榜的第十三名，更贏得兩座葛萊美獎。

02 ｜ THE FEARLESS ERA ｜ 無懼的愛

在 2008 年美國音樂獎典禮上，泰勒絲演唱〈白馬王子〉——並奪得最受歡迎女鄉村歌手獎。

天生一對
You Belong with Me

發行時間：2008 年 11 月 4 日（宣傳單曲）／2009 年 4 月 20 日（電台單曲）／2008 年 11 月 11 日（專輯）
詞曲作者：Liz Rose、Taylor Swift
製　作　人：Nathan Chapman、Taylor Swift
其他版本：流行重混版、電台混音版、泰勒絲全新版

這首歌曲是現代歌曲中，描述愛上一個得不到的人的最佳情歌之一。〈天生一對〉結合高超的斑鳩琴演奏與躍動的合唱及情感爆表的嗓音。要說這首歌背後的故事，感覺就像是從青春電影中借來的，一點也不為過。

歌中的主角是位不時髦、被排擠的女孩，她單方面暗戀一位好友；他們有同樣的幽默感，相處時舒服自在，但他已經有正在交往的對象：一位顏值很高的啦啦隊長，但其實把他當垃圾糟蹋。我們這位局外人女主角無法理解他們為什麼還能在一起——天天祈禱她的好友能清醒過來，轉而把自己當成談感情的對象。

泰勒絲在〈天生一對〉寫的是「有這麼一位男孩，他跟另一個女孩在一起，我只是從旁觀者的角度來看，真的、真的好嫉妒，而且……想要跟那個男孩在一起，」她說。「就好像在說，你為什麼跟她在一起，她待你又不好。」[16] 泰勒絲又討人喜歡地對這種情況進行補充，「是我以前也吃過的苦，因為我也當過那位鄰家女孩，男生只是把你當朋友，如此而已。」[17]

泰勒絲還在別處發揮這個靈感，有一次無意間聽到她的朋友正在電話上跟女友爭論什麼，這首歌的想法便冒了出來；事實上，朋友只是辯解，大吼大叫的是電話裡的女生。泰勒絲同情這個

2008 年 2 月 27 日，泰勒絲在 MTV 的 TRL 演唱〈淚灑吉他〉。

在 2010 年，泰勒絲與共同作詞人莉茲・羅斯，以〈白馬王子〉贏得葛萊美最佳鄉村歌曲獎。

男性朋友，於是「就在這樣的故事線裡，加上一位暗戀男生的我，表示他應該跟我在一起而不是她。」[18] 她創作了這段標誌性極高的歌詞，呈現歌中主角與那個渣女的差異，如：是迷你裙與 T 恤的對抗，高跟鞋與運動鞋的決鬥。

泰勒絲與另一位共同作詞人莉茲・羅斯一起完成這首歌。羅斯回憶當時的情況說：「她應該是在某個週五打電話給我，告訴我，嗨，唱片我已經快製作完成，現在還缺一首歌。你能在週日多寫一首嗎？」羅斯自然一再強調她十分樂意。[19] 而泰勒絲也早已有所準備，她已經寫出該歌曲的一些片段，包括那段不同的服裝選擇。那些形象讓羅斯提議把場邊看台的內容也寫進去——讓這對情敵開始較量。[20]「對泰勒絲而言，那是合作創作，但其實對我來說，大半是在編輯，」羅斯說。「我拼命把她丟出來的材料寫下，然後從中擷取精華，她簡直算得上是意識流作家。」[21]

泰勒絲稱〈天生一對〉是一首改變人生的歌。從這首歌獲得的無數肯定來看，一點都不誇大：〈天生一對〉在熱門鄉村歌曲排行榜上蟬聯兩週冠軍，還落在《告示牌》百大熱門歌曲排行榜第二名的位置上，睥睨第一名，黑眼豆豆（Black Eyed Peas）的〈I Gotta Feeling〉。這首歌還獲得三項葛萊美獎提名，包括年度歌曲獎及年度製作獎。

048

02 ｜ THE FEARLESS ERA ｜無懼的愛

呼吸
Breathe (with Colbie Caillat)

宣傳單曲

發行時間：2008 年 10 月 21 日（宣傳單曲）／
2008 年 11 月 11 日（專輯）
詞曲作者：Colbie Caillat、Taylor Swift
製 作 人：Nathan Chapman、Taylor Swift
其他版本：泰勒絲全新版

冥想曲風格的斑鳩琴聲，讓〈呼吸〉這首歌的沉思更華美，「歌中主角要向曾經關心過的人告別，但不想傷害對方的心，無奈情緣已盡，無論是愛情、友情都已不可能。」泰勒絲說。[22] 她沒有明講她交談的對象是誰，合寫此曲的蔻比・凱蕾（Colbie Caillat）為此曲編寫裝飾性合唱部與和聲，特別是那段渾厚的副歌──後來在一場訪談中她透露本歌靈感來源的祕辛，泰勒絲「寫的是當時與樂團裡某位成員間的糾葛，她可是把心掏出來給大家看。」[23] 這個說法只是冰山一角：〈呼吸〉裡有深刻的歉意，這樣的分手向來都千絲萬縷，複雜而揪心──並承認放下再出發原本就不容易做到，儘管成長就是一連串的放下再出發，全曲處處表示感情原本就脆弱的。〈呼吸〉獲得葛萊美獎最佳流行歌曲對唱獎提名。

告訴我為什麼
Tell Me Why

專輯歌曲

發行時間：2008 年 11 月 11 日
詞曲作者：Liz Rose、Taylor Swift
製 作 人：Nathan Chapman、Taylor Swift
其他版本：泰勒絲全新版

在感情世界裡，應付那些把你耍得團團轉的無心的人，最讓人痛苦跟沮喪──泰勒絲就親身學會這痛苦的一課，她曾經愛上一位只會畫餅，卻從不實際行動的傢伙。「這是因為他不知道自己要什麼，只會玩一些心機把戲，」她說。[24] 雖然泰勒絲不但沮喪而這個狀況又讓人不勝其擾──還要忍受被對方糟蹋──還好莉茲・羅斯願意聽她告白談心。「我就一路發牢騷、漫罵這個渣男是個沒用的東西，有時根本是個混蛋，有時又酷得不得了，」她回想。「莉茲，我不知道這傢伙是怎麼搞的！」[25] 於是，兩人就在〈告訴我為什麼〉這首歌裡，一起捕捉到泰勒絲的憤怒與迷惑──有如一位對你又愛又恨的愛爾蘭女孩，要求你把那忽冷忽熱的行為說明白。跳躍式的提琴聲，叮咚清脆的斑鳩琴，以及欲言又止，90 年代另類搖滾啟發的電吉他，讓她的抱怨發洩得更理直氣壯。

049

道歉
於事無補
You're Not Sorry

宣傳單曲

發行時間：2008年10月28日（下載版）／2008年11月11日（專輯）
詞曲作者：Taylor Swift
製 作 人：Nathan Chapman、Taylor Swift
其他版本：CSI Remix版、《愛的告白》（世界巡迴演唱會LIVE版）、泰勒絲全新版

〈道歉於事無補〉是首發聵振聾的民歌，結合起伏婉轉的鋼琴、哀怨如泣的提琴，以及超然在上的電吉他，烘托出歌詞中如強風暴雨的控訴。泰勒絲發現她與一位不誠實的男生發生感情糾葛——並決定分手，不再跟他玩這感情遊戲了。「起初他以白馬王子的姿態出現，」她說。「誰知道這個白馬王子有許多祕密沒對我說。而我還是一個一個想通了。」[26]

這種偵探式的思考方式，跟另一個泰勒絲歌唱事業裡較罕見的舉動有關：2009年，泰勒絲在長年播出的警探辦案影集CSI，客串了一集，這等於是她在戲劇界的處女秀。有一次她開玩笑地說：「我的朋友都知道，我的夢想就是在CSI裡被殺害。」[27]

而最終，夢想也達成了：在「Turn, Turn, Turn」這集的客串演出中，她飾演一位名叫海依，擁有複雜背景的女孩，其死法悽慘（而不幸）。就在該集播出的同時，她發行這首陰森而夾雜白噪音的電子混音版〈道歉於事無補〉，展現她的音樂才華也有不同的一面。

愛你的方式
The Way I Loved You

專輯歌曲

發行時間：2008年11月11日
詞曲作者：John Rich、Taylor Swift
製 作 人：Nathan Chapman、Taylor Swift
其他版本：泰勒絲全新版

〈愛你的方式〉了解戀情的基本道理：你的心要什麼，你無法控制。換言之，儘管你希望的感情生活是跟一個好男人建立穩定關係，但有時這樣還是沒辦法讓你感到快樂。泰勒絲注意到，「跟他在一起的每一天，你都想著另一個難搞、沒條理而讓人傷腦筋的男人」[28]——就如歌詞裡所寫的那樣，跟這種人，你也許會在深夜的雨中跟他來一場激烈的「肉搏戰」。

泰勒絲在鄉村歌曲雙人組大富豪樂隊（Big & Rich）裡找到絕佳的共同作詞人選，約翰·里奇（John Rich）。「他能理解這點，因為他就是男女關係裡的那個難搞、沒條理而讓人傷腦筋的男人，」泰勒絲說。「我們從不同角度創作這首歌曲。」[29]

〈愛你的方式〉為了展示這些像是在感情中拉鋸的想法，副歌結合了迴旋演奏的弦樂器及掃點明顯的電吉他，充分表達了這個有罪惡感的渴望。

02 ｜ THE FEARLESS ERA ｜無懼的愛

直到永遠
Forever and Always

專輯歌曲

發行時間：2008 年 11 月 11 日
詞曲作者：Taylor Swift
製 作 人：Nathan Chapman、Taylor Swift
其他版本：鋼琴版本、泰勒絲全新版

分手可以有很多種好聚好散的方式──不過，喬・強納斯（Joe Jonas）顯然沒有用其中任何一個，來告訴泰勒絲他們的關係結束了：只用了一通簡短的電話。

結果也毫無意外，泰勒絲因為被強納斯這樣對待而氣炸了，一有機會就與人訴說強納斯對她所做的事。

2008 年 11 月，泰勒絲上了艾倫談話秀，她甚至稱對方「就是那個我十八歲時，在電話上只用了二十五秒就跟我分手的男孩。」[30]（好狠），並且泰勒絲自然不是省油的燈，立刻一揮手就寫成這首療傷鄉村歌曲〈直到永遠〉，在《無懼的愛》這張專輯蒐歌封關前擠進收錄之列。[31]

這首歌曲交揉了怒火、悲傷與背叛──儘管泰勒絲常用雨的意象作為傳達浪漫情懷的慣用詞語，但在〈直到永遠〉中，它表達的卻是過去完美整齊的一切，現在似乎全變成一片爛泥。還

好時間治癒了泰勒絲大半的傷痛。2019 年她再次登上艾倫秀談起這事，甚至為此做了更正聲明，「上次在節目裡痛批喬・強納斯實在是一時怒火攻心啦，說得太過分了，」並承認，「我們現在還會一起笑談這段往事，我當時是失言囉──沒錯，就是小孩子鬧脾氣。」

泰勒絲與她的前男友喬・強納斯，在 2008 年 MTV 音樂錄影帶大獎上合影。

051

完美的一天
The Best Day

專輯歌曲

發行時間：2008 年 11 月 11 日
詞曲作者：Taylor Swift
製 作 人：Nathan Chapman、Taylor Swift
其他版本：泰勒絲全新版

除了泰勒絲本人，她家裡最受大家喜愛的就是她母親了，安德莉亞（Andrea）。大家都叫她 Mama Swift，是泰勒絲音樂會上的一道陽光，充滿驕傲地照著她女兒的成就——其他時間她都在和歌迷擁抱、交換友情手環或暗中挑選能與泰勒絲本人見面交談的幸運粉絲。

泰勒絲自然也毫無意外與母親極為親近。當她在製作《無懼的愛》時，她忽然十分懷念昔日母女相處的「神奇時光」。畢竟她母親在她的事業上，一路走來都全力支持，「從我童年到巡迴演唱，一起窩在出租車後座做作業，好讓我能同時兼顧學業及時畢業。我們共享了一段神奇的旅程，我常常回味那些往事。」[32]

泰勒絲深入過往，汲取回憶裡的精華，寫成這首感人肺腑的歌曲，曲風屬於民歌搖滾，充滿對家人的感恩之情，並講述他們為她創造的美好人生。她特別感謝媽媽是這幾年來的支持主力（帶來無數值得回憶的日子）。泰勒絲甚至發揮她寫歌的功力，回想那些人生裡各個年紀的事——像是五歲時跑過南瓜田，然後親密地抱住母親的腿，或十三歲時跟朋友鬧彆扭而失落傷心，母親忙著安慰她。

她的母親「在許多方面，是我的避難所，」泰勒絲說。「她會帶我去冒險，開車帶我去我從沒去過的城鎮。」當泰勒絲進入青少年，開始探索友情裡

02 | THE FEARLESS ERA | 無懼的愛

2010 年美國音樂獎典禮上，泰勒絲與心愛的母親安德莉亞同框。

的難題，母親的支持就顯得格外重要了。「在那段日子裡，有時她會帶我進行一趟冒險之旅或有時帶我一走了之，眼不見難題為淨──雖說一走了之也不是應付困難的方法，但我當時只有十三歲，當你的朋友不跟你說話，你一坐到他們的午餐桌上，他們便換桌的時候，母親帶我逃離這種問題的痛苦，我覺得那樣也是個辦法。」[33]

泰勒絲寫作並錄製〈完美的一天〉，並沒有事先讓母親知道，而是當做一份耶誕禮物送給她，把歌曲編輯放入舊家庭影片的配樂。「歌唱了半首了，她還完全沒意識到那歌聲就是我，」泰勒絲說。「然後當她領悟歌是我唱的，這一切是要送她的一個驚喜，她直接就哭了出來。」[34]

2023 年的母親節，正值《時代巡迴演唱會》，那天她為在現場的母親播放這首歌，又再度讓母親淚水潰堤，她聽著女兒的歌聲，感到人生真美好。

053

泰勒絲長久以來與鄉村音樂協會獎特別有緣,她不但贏得協會專為鼓勵新人所設的尊榮的地平線獎(右),還在頒獎典禮上演唱她〈十五歲〉這類的歌曲(左)。

02 ｜ THE FEARLESS ERA ｜無懼的愛

改變
Change

宣傳單曲

發行時間：2008 年 8 月 8 日（AT&T 北京奧運會美國隊宣傳原聲帶）／2008 年 11 月 11 日（專輯）
詞曲作者：Taylor Swift
製 作 人：Nathan Chapman、Taylor Swift
其他版本：泰勒絲全新版

2007 年 11 月，泰勒絲贏得她首座由美國鄉村音樂協會（CMA）頒發的獎項：備受推崇的地平線獎（Horizon Award），它表揚的是當年樂壇表現最傑出的新人。「這無疑是我高三的最精彩的時刻，」這位十七歲的得主在領獎致詞中俏皮地說。

據報導，得獎的第二天，泰勒絲就寫了這首〈改變〉，歌中的她反省音樂產業本身，以及她在其中所處的位置，當時她所屬的唱片公司，大機器唱片（Big Machine Records）規模還不算大。「我明白，這家公司旗下沒有任何熱門歌手，這方面沒有人可以幫我，」她解釋。「這將是一場上坡賽跑，我得鼓勵自己，總有一天情況會有所改變。」[35] 歌詞中描述有一位輸家，以充滿意象的方式去審視如何打這場艱難的仗——歌詞提到贏得對抗、與強敵抗衡、加強戰力與抵抗力——這是泰勒絲在〈改變〉中誓言她將領導一場音樂革命。歌曲中的聲音：電吉他豪闊地即興演出，人聲高昂而堅定地飆高，充滿骨氣與自信，傳達一項宏大的願景。

〈改變〉絕對預告了《愛的告白》中的結尾歌曲〈直到永遠〉（Long Live）——它也適合作為《無懼的愛》最初版本的總結歌曲，這首曲子具體呈現泰勒絲堅韌的個性與對音樂的雄心壯志，並甚至預告了有更宏大的發展即將來臨。

055

墜入情網
Jump Then Fall

專輯歌曲（《無懼的愛》Platinum 版）
發行時間：2009 年 10 月 26 日
詞曲作者：Taylor Swift
製 作 人：Nathan Chapman、Taylor Swift
其他版本：泰勒絲全新版

　　即使是擁有充足安全感的人，有時候也需要知道他們的另一半能在他們落下時，接住他們，而且無論情況好壞，都能一起度過。這就是這首朗朗上口的俏皮鄉村歌曲想要傳達的信息，泰勒絲親評這首歌「實在是充滿了律動、快樂、可愛」。[36] 樂曲方面，泰勒絲也愛上其中「酷得不得了的斑鳩伴奏，真的是充滿律動，我也說不出來啦，聽下去之後心情就會好起來。」

遙不可及
Untouchable

專輯歌曲（《無懼的愛》Platinum 版）
發行時間：2009 年 10 月 26 日
詞曲作者：Cary Barlowe、Nathan Barlowe、
　　　　　Tommy Lee James、Taylor Swift
製 作 人：Nathan Chapman、Taylor Swift
其他版本：泰勒絲全新版

　　泰勒絲上電視節目「Stripped」時，他們請她唱節目開場歌。她選擇演唱〈遙不可及〉，但只用一把木吉他自彈自唱，這首歌的風格鬱悶，原本由搖滾樂團 Luna Halo 發行。「天底下歌多的是，她原本可以選擇唱別首，但是卻選了這首，」樂團的領唱歌手 Nathan Barlowe 說，他還提到：「一開始還沒聽出是這首歌的旋律，以及一些編曲方式，」不過還是覺得，泰勒絲在演唱副歌時「依然忠於原唱」。[37]

風雨見真情
Come In With the Rain

專輯歌曲（《無懼的愛》Platinum 版）
發行時間：2009 年 10 月 26 日
詞曲作者：Liz Rose、Taylor Swift
製 作 人：Nathan Chapman、Taylor Swif
其他版本：泰勒絲全新版

　　泰勒絲說，這首是《無懼的愛》（Platinum 版）額外加入的歌曲，「是我十四、十五歲時寫的，最近才重新錄製。把我人生不同時期的歌混錄重組在一起，也是好事。」[38] 這首祈求愛的民謠〈風雨見真情〉正好完全符合這個描述：2006 年，她曾在 MySpace（註：一個社群網路服務平臺）發了這首歌的試唱版──後來精緻的錄製版本，加上優美蕩漾的提琴、斑鳩琴與踏板鋼棒吉他伴奏。

056

大明星
SuperStar

專輯歌曲（《無懼的愛》Platinum 版）
發行時間：2009 年 10 月 26 日
詞曲作者：Liz Rose、Taylor Swift
製 作 人：Nathan Chapman、Taylor Swift
其他版本：泰勒絲全新版

　　我們都渴望有人能注意自己，覺得自己與眾不同——特別是那些我們感到痛苦的時候。而這點正是〈大明星〉裡所想要建構的一個奇幻情節，一首低調柔情的搖滾歌曲，講述有個女孩想像她默默暗戀的超帥搖滾巨星，真的變成了她的戀人。

　　歌詞敘述女孩如何在收音機上聽著巨星的音樂，不小心聽到睡著——而即便這一切只是一場白日夢，但是這類浪漫的想法，能讓人堅強地活下去。

愛就在門外
The Other Side of the Door

專輯歌曲（《無懼的愛》Platinum 版）
發行時間：2009 年 10 月 26 日
詞曲作者：Taylor Swift
製 作 人：Nathan Chapman、Taylor Swift
其他版本：泰勒絲全新版

　　〈愛就在門外〉是首充滿動感的鄉村搖滾歌曲，感覺就像是溫暖的夏日，是泰勒絲最佳的彩蛋歌曲之一。歌詞裡唱的是「男女關係裡的跌宕起伏，就像有時候你嘴上說，我恨死你了、永遠都不要跟你說話，然而其實真正的心意卻剛好相反，」她說。[39] 換句話來說，就像你對另一半生氣，但其實你想聽的是對方請求你的原諒，並向你表白對你的愛。

今天是一場童話*
Today Was a Fairytale

單曲
發行時間：2010 年 1 月 19 日（單曲）／ 2010 年 2 月 9 日（原聲帶專輯）
詞曲作者：Taylor Swift
製 作 人：Nathan Chapman、Taylor Swift
其他版本：泰勒絲全新版

　　〈今天是一場童話〉是在《愛的告白》時期創作的歌曲，它原本被閒置在檔案櫃裡，直到泰勒絲被邀請出演 2010 年的浪漫喜劇電影《情人節快樂》（Valentine's Day）。「我從舊作品裡把它撈出來，覺得恰好很適合作這部電影的原聲帶，我也希望真的是如此。」[40] 她說。

　　而泰勒絲的直覺很準確：這首節奏輕鬆、運用吉他掃弦指法的鄉村流行風歌曲，用和暗戀對象共度的完美的一天，比喻成神奇又完美的體驗。

057

你仍在我心裡 *
You All Over Me
(ft. Maren Morris)

私藏曲（《無懼的愛》泰勒絲全新版）

發行時間：2021 年 3 月 26 日（下載版）／
　　　　　2021 年 4 月 9 日（專輯）
詞曲作者：Scooter Carusoe、Taylor Swift
製 作 人：Aaron Dessner、Taylor Swift

　　前男友的鬼魂在分手後依然糾纏不放。你可以這樣解讀這首低調、美國民謠風的〈你仍在我心裡〉，歌曲像在提醒我們，即使你以為你已放下過往並向前走了，但總有一些料想不到的事情——像是看著車子的輪胎在碎石路上留下泥痕——一下子讓往事的回憶都湧上心頭。

　　泰勒絲與成就斐然的鄉村歌曲作家 Scooter Carusoe 共同創作這首歌，Carusoe 曾為戴利斯・路克（Darius Rucker）、布雷特・埃爾德雷奇（Brett Eldredge）及肯尼・薛士尼（Kenny Chesney）等歌手，創作許多暢銷歌曲。「我記得我們絞盡腦汁修改歌詞，才寫出這麼豐富的象徵意象，來形容心碎後的感受，就好像整件事把你徹底壓垮，」泰勒絲回憶。「這是心碎最讓人難以處理的地方，這種感受帶給你感情的傷害，而這樣的傷害到頭來竟然還會成為你要背負的重擔。」[41] 泰勒絲的老朋友瑪倫・莫里斯（Maren Morris）為這首歌演唱和聲部分，她溫柔的低音唱法讓主旋律聽來具有撫慰功用，讓歌曲哀而不怨。

2008 年 5 月 17 日，泰勒絲在拉斯維加斯米高梅大酒店（MGM Grand Las Vegas）的 ACM All-Star 上即興演出。

058

02 ｜ THE FEARLESS ERA ｜無懼的愛

完美先生 *
Mr. Perfectly Fine

私藏曲（《無懼的愛》泰勒絲全新版）

發行時間：2021 年 4 月 7 日（下載版）／2021 年 4 月 9 日（專輯）
詞曲作者：Taylor Swift
製 作 人：Jack Antonoff、Taylor Swift

　　〈完美先生〉是《無懼的愛》私藏歌曲裡的傑作，彷彿是泰勒絲音樂的未來指標。歌迷立刻能注意到，這首歌裡有些尖銳的語句，後來也出現在〈回憶太清晰〉（All Too Well）裡。不過音樂的部分，這首疾拍快奏的美式文化歌曲，更為接近以流行曲風來表達事情，特別是它那合成的音色與強烈的副歌。「〈完美先生〉算是在初期就顯示我已逐漸轉向流行風的感性創作，」泰勒絲同意這點，然後說，「即使《無懼的愛》是張鄉村歌曲專輯，但裡頭也有流行曲調的旋律歌曲。」〈完美先生〉也是一首痛斥渣男的分手歌：敘述者淌著心碎的血，以高超的口才指責一位冷血無情的男生，完全不反省自己糟蹋了她，把她像用過的面紙丟棄。「歌詞罵得大快人心，又充滿青少年的焦躁，是你們會在我十七或十八歲間那種不大不小時寫的歌裡聽到的曲風。」[42]

2009 年，與歌迷自拍的泰勒絲，那天她在 NBC 今日現場秀（NBC's Today Show）演唱。

我們曾幸福 *
We Were Happy

發行時間：2021 年 4 月 9 日
詞曲作者：Liz Rose、Taylor Swift
製 作 人：Aaron Dessner、Taylor Swift

> 私藏曲（《無懼的愛》泰勒絲全新版）

泰勒絲對於私藏歌曲的演唱佳賓，總是經過精心考慮後才邀約的。

鄉村歌曲巨星齊斯・艾本（Keith Urban）就是一個好例子，他加入《無懼的愛》（泰勒絲全新版）是因為泰勒絲「在《無懼的愛》這個階段時，也正好擔任他的暖場歌手，而他的音樂敞開了我的眼界。」[43]

事情是這樣發生的，艾本用簡訊的方式接受了合作邀約，當時他正在購物中心為耶誕節採購。「她說，我有幾首歌需要你一起唱，你要不要聽聽看？」艾本說。「於是我坐在購物中心的美食街裡，聆聽這兩首尚未發行的泰勒絲歌曲。」[44]

儘管艾本的參與是作為泰勒絲在〈就在那時〉（That's When）的二重唱的伙伴，然而他卻無意間影響了〈我們曾幸福〉，除了與領唱的女聲旋律互別苗頭外，他也為歌曲加入了他帶有標誌性的靈活流動的電吉他樂聲，讓泰勒絲佩服得五體投地。也因為多了這個層次，更適合〈我們曾幸福〉的主旨，這是一首哀悼因分手失去一切的歌——相伴看夕陽、幻想一起買座家庭農場、結婚——裡頭甚至還有鋼棒電吉他與大提琴，讓人就像身處在一片豐富的音色中。最讓人心痛的是，儘管這是一段快樂的戀情，但兩人最終卻還是分手了；歌曲的反轉點在其中一人不再愛對方了，而分手才是最仁慈的解決方式。

02 ｜ THE FEARLESS ERA ｜無懼的愛

就在那時*
That's When (ft. Keith Urban)

私藏曲（《無懼的愛》泰勒絲全新版）
發行時間：2021 年 4 月 9 日
詞曲作者：Taylor Swift、Brad Warren、Brett Warren
製 作 人：Jack Antonoff、Taylor Swift

〈就在那時〉是一首憂鬱中帶著獨立製作風格的二重唱民歌，還特邀齊斯・艾本與她一起演唱，這首歌是泰勒絲十四歲時寫成，在她所謂的「經典的納許維爾創作時期」（Classic Nashville Songwriting Session），當時幾個人圍坐著、彈著吉他就把歌寫出來了。[45]（她提到與她合寫的伙伴 Warren Brothers，聽到事隔十七年她當真要錄製這首歌，他們如何表達對這件事情的驚訝，她說：「我永遠也忘不了他們說，這是我們這輩子等得最久的一次。」）[46]

這首歌的主題講的是一對男女朋友，他們之間的主要關係（與愛情），基本上堅定牢固，只不過需要一些修補。為了改善關係，他們決定給彼此一點空間，彌補過去犯的錯誤，以帶來更光明的未來。音樂的部分用了十分聰明的手法，表現出他們的感情的根深柢固。泰勒絲跟艾本交替輪流獨唱，兩者配合得天衣無縫；這個結構要暗示的是，在這段感情中的雙方，都既能獨立生活，也能合而為一。

為何你不*
Don't You

私藏曲（《無懼的愛》泰勒絲全新版）
發行時間：2021 年 4 月 9 日
詞曲作者：Tommy Lee James、Taylor Swift
製 作 人：Jack Antonoff、Taylor Swift

與前任不期而遇，總讓人不知所措——尤其是當你還忘不了他們的時候，而這不期而遇的邂逅又會把傷口揭開。這就是這首私藏歌曲〈為何你不〉裡主角遇到的煎熬。主角雖然心碎卻毫不認輸，即使見到前任的心情是既心痛又渴望，但一聽到對方愉快的問候語，還是一時無法自持。不只是因為這些對方的禮貌回應有點虛假，更因為這些回應似乎會營造一種好像有機會能復合的令人期待的假象。

〈為何你不〉以簡約的流行曲風，把電子音樂的節拍、柔美長笛的點綴、溫潤暖心的 Rhodes 電鋼琴，交織成一片蕩漾撫慰的能量，把這種傷痛化為一種心靈的美感。

鄉村明星歌手齊斯・艾本與泰勒絲同台演唱，在《無懼的愛》（泰勒絲全新版）中其他兩首私藏歌曲兩人也一同合作。

再見愛人 *
Bye Bye Baby

私藏曲（《無懼的愛》泰勒絲全新版）

發行時間：2021 年 4 月 9 日
詞曲作者：Liz Rose、Taylor Swift
製 作 人：Jack Antonoff、Taylor Swift

「這首〈再見愛人〉會永遠留在我腦中」泰勒絲說。

泰勒絲說：「這裡要表達的想法是，有那麼一天，你真心關愛的人，讓你失望；那個大挫折在你成長過程中發生，而你正在學習如何信任別人、如何愛別人等等，但忽然領悟到，有時候你也得學會放手。」[47]

沒錯，就像〈再見愛人〉的第一句歌詞，就承載著沉重的失望：真實生活並不像電影。歌曲中的角色在感情受波折時，索性冒雨把自己淋個濕透，讓雨水的冰冷，深浸至心中。

在歌中的世界裡，主角驅車離去——表面上又濕又冷又孤獨——並了解他們曾經的感情已經化為泡影。接下來唱的便是他們如何處理這個令人吃驚的失望，並漸漸接受沒有天長地久的真實結局。〈再見愛人〉樸實的曲風，類似 2000 年初受到歡迎的多莉·艾莫絲（Tori Amos）：撥掃琴弦的節奏，有如沉穩的老鐘齒輪，滴答、滴答穩定的轉動，而小提琴、Wurlitzer 管風琴及長笛則營造了憂鬱的情懷。

062

02 ｜ THE FEARLESS ERA ｜ 無懼的愛

找到回家的路 *
You'll Always Find Your Way Back Home

原聲帶

發行時間：2009 年 3 月 24 日（原聲帶專輯）
詞曲作者：Martin Johnson、Taylor Swift
製 作 人：Matthew Gerrard

〈找到回家的路〉是泰勒絲另一首與 Boys Like Girls 的 Martin Johnson 合寫的歌曲，曲風是熱鬧狂放的搖滾樂，像是在保證生活中的那些夢想家、旅行家與叛逆創新的人們，總能找到回家的道路。流行歌手孟漢娜（Hannah Montana，也就是麥莉・希拉 Miley Cyrus）在其同名電影中演唱這首歌：在電影結尾，她在關鍵收尾戲中掏心掏肺地演唱，圍繞著她的是一群保護當地居民心愛公園的熱情群眾。

即使唱著心痛的歌曲，泰勒絲在演唱時也總是活力四射。

063

再瘋一點 *
Crazier

原聲帶

發行時間：2009 年 3 月 24 日（原聲帶專輯）
詞曲作者：Robert Ellis Orrall、Taylor Swift
製 作 人：Nathan Chapman、Taylor Swift

　　泰勒絲私藏曲中佳作連連，讓拍攝《孟漢娜電影版》（Hannah Montana）的電影製片人到其中尋寶，他們發郵件給泰勒絲，「他們需要一首能讓人一聽就愛上的歌曲，帶點鄉村華爾茲的味道。」泰勒絲心中正好有首理想歌曲，就是暖心的〈再瘋一點〉。
　　泰勒絲還連買帶送地在電影中現身演唱，烘托男女主角那場關鍵的定情戲。

二大於一 *
Two Is Better Than One
(Boys Like Girls ft. Taylor Swift)

單曲

發行時間：2009 年 10 月 19 日（單曲）／ 2009 年 9 月 8 日（專輯）
詞曲作者：Martin Johnson、Taylor Swift
製 作 人：Brian Howes

　　Boys Like Girls 的〈二大於一〉在美國、加拿大都衝上排行榜前二十名，描述的是當你發現你找到能廝守一生的真命天子（或真命天女）時的閃光時刻。泰勒絲與強生輪流並合唱，強調永恆的感情必然是需要相互交流的。「泰勒絲顯然是不二人選，因為她的歌聲自然而美麗，」強生說。「我們真的好想跟她合作這首歌。」[48]

獨白歌（啦、啦、啦）*
Monologue Song (La La La)

週六夜現場

發行時間：2009 年 11 月 7 日
詞曲作者：Taylor Swift

　　泰勒絲受邀主持「週六夜現場」（Saturday Night Live）時，她自然地在開場獨白中唱一段原唱、不插電的歌曲，用來反譏八卦報紙喜歡挖她的隱私——包括她提到喬・強納斯跟她分手所用的彆扭方式，提到她跟泰勒・洛納（Taylor Lautner）交往的傳言，以及提起肯伊・威斯特（Kanye West）在 MTV 音樂錄影帶大獎打斷她致詞的事——還裝作害羞說她才沒有要談這一些。
　　前「週六夜現場」的班底演員賽斯・梅爾（Seth Meyers）甚至讚美這段稱得上是「完美的週六夜現場開場獨白」。[49]

02 ｜ THE FEARLESS ERA ｜無懼的愛

美國女孩 *
American Girl

> 單曲

發行時間：2009 年 6 月 30 日
詞曲作者：Tom Petty

　　泰勒絲很少把錄音室錄製的其他作曲家寫的歌刪掉，但這首是個不幸的例子──儘管是湯姆・佩蒂（Tom Petty）與 The Heartbreakers 寫的歌。應該很少有像這首〈美國女孩〉一樣，在主題上與泰勒絲如此契合；這首 1976 年令人朗朗上口的歌曲，唱的是一位愛作夢的年輕女子，心中苦戀著某位前任。泰勒絲以豐富的感情訴說這位心懷希望的女子的故事，活力充沛的嗓音，在平易的草根搖滾伴奏音樂上別具特色。

泰勒絲和麥莉・希拉、演員盧卡斯・提爾（Lucas Till），在 2009 年的《孟漢娜電影版》合照。

065

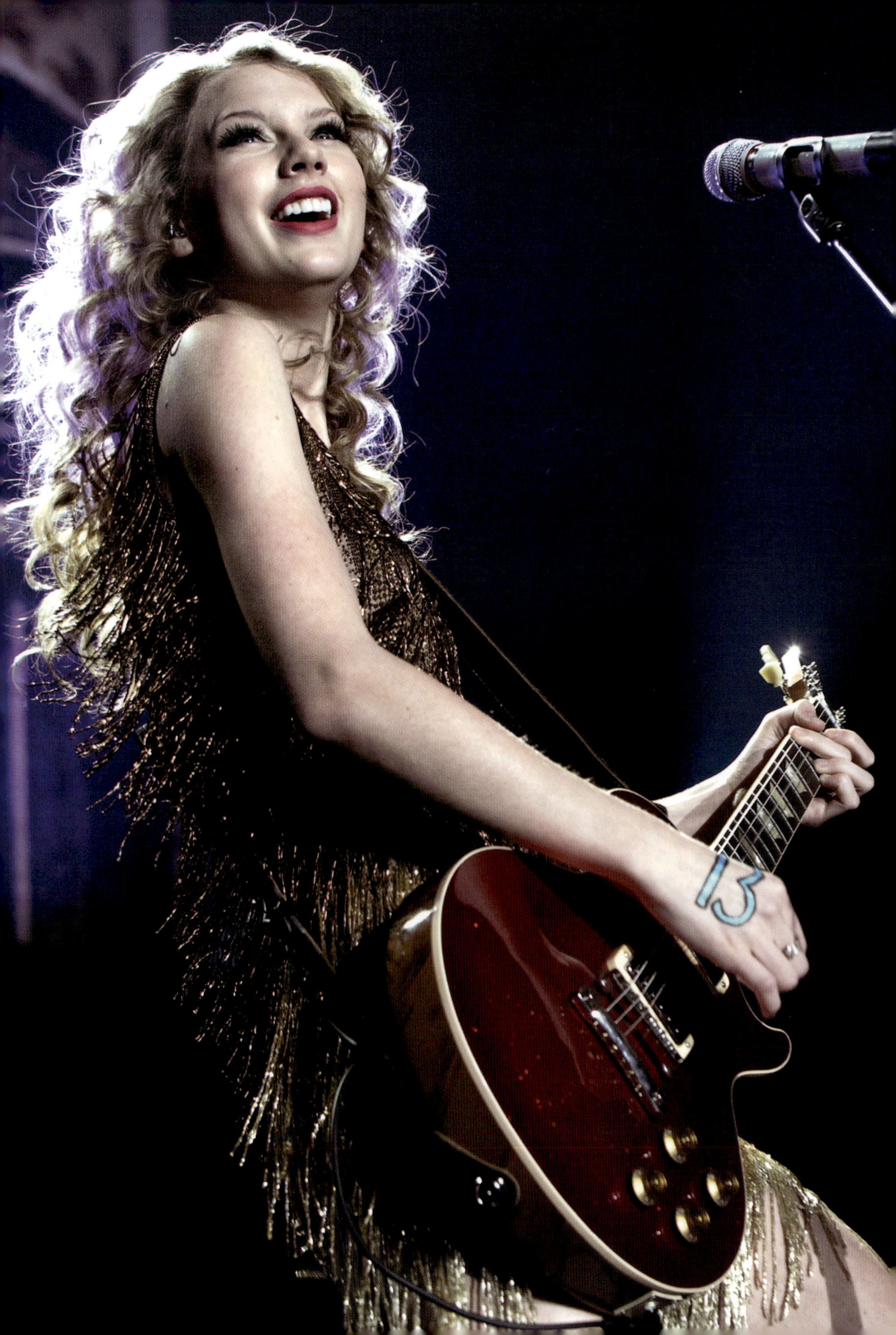

03 / 愛的告白

THE SPEAK NOW ERA

《愛的告白》中的每一首歌,都是泰勒絲本人所寫,雖然對她來說,寫歌不是一件需要挖空心思、嘔心瀝血的事情,卻是她值得驕傲的閃光時刻。「我絕佳的歌曲靈感,是在凌晨三點的亞肯薩州發生的;四下只有我獨自一人,沒有創作伙伴,只能獨自完成。」她說。「這樣的情況,會在紐約發生,然後在波士頓,然後又在納許維爾。」[1] 而這一切的辛勞所收穫的成果斐然:這是她個人專輯在《告示牌》及鄉村歌曲排行上,連續兩年蟬聯冠軍。

我的最愛
Mine

單曲

發行時間：2010 年 8 月 4 日（鄉村單曲）／2010 年 8 月 24 日（流行單曲）／2010 年 10 月 25 日（專輯）
詞曲作者：Taylor Swift
製 作 人：Nathan Chapman、Taylor Swift
其他版本：流行混音版、《愛的告白》世界巡迴演唱會 LIVE 版、泰勒絲全新版

在《愛的告白》那一段日子裡，泰勒絲以沉重的心情審視自己的情感紀錄，她指出：「我眼前看得到的每一段男女關係，都以再見和分手告終。」[2]

話雖如此，〈我的最愛〉這首歌的開頭，風格明亮，一如過往充滿樂觀和希望，這首歌曲處處迴響著鄉村吉他的即興指法、風采迷人的嗓音以及中氣十足的副歌。歌曲以她當年經驗為基礎，她這樣描述某位曾出現在她過往的男士，「我們才略見幾次面，卻有一種共享未來的感覺。我們坐在水邊，他伸過手臂攬著我，我似乎看到我們的未來閃過眼前，就像那奇異的科幻片場景。」[3]

然而那段關係並沒有發展出認真的感情，不過泰勒絲將這段過往化為創作靈感，信手拈來，並添上有血有肉的角色與細節完備的故事情節，把這段邂逅寫成這首歌。歌曲中的女主角出身在父母婚姻不和諧的家庭裡，在歌曲開頭，她對感情保持著戒心，對浪漫感到懷疑。然而當〈我的最愛〉這首歌唱到後面，她發現眼前的這位男友是她的忠實伙伴，就算兩人有衝突也不會拋棄她。這首歌在《告示牌》上成績亮眼，勇奪熱門鄉村歌曲第二名以及百大熱門歌曲排行榜第三名。

火花飛舞
Sparks Fly

單曲

發行時間：2011 年 7 月 18 日（鄉村單曲）／2010 年 10 月 25 日（專輯）
詞曲作者：Taylor Swift
製 作 人：Nathan Chapman、Taylor Swift
其他版本：《愛的告白》世界巡迴演唱會 LIVE 版、泰勒絲全新版

每一部愛情片都會有其閃光輝煌的時刻，男女主角間的緊張關係，化為心心相印的眼神，然後深情擁吻。這個吻無法避免地帶出更多疑問——也就是，這樣逾矩違規的舉動是個好主意嗎？

這就是充滿活力的流行搖滾歌曲〈火花飛舞〉想要營造的氛圍，泰勒絲說這首歌是關於「愛上了你也許不該愛上的人，但你無法自拔，因為你們之間兩心相印，如此投緣。」[4]實際上，這意味著這首歌的主角願意對自己的心不負責任，因為她無法抗拒一個放蕩不羈（但可能在情感上具有危險性）的綠眼帥哥。泰勒絲在十六歲時寫下了〈火花飛舞〉，當年她剛開始做現場表演，在她還「為四十或五十人表演，並且為了有這麼多人來聽而感到興奮」的時期。[5]

這首歌曲的早期版本自然被貼到了網路上；歌迷們非常喜愛這首歌，以至於他們敦促泰勒絲為《愛的告白》錄製它。經過歌詞的修修改改之後，泰勒絲給了〈火花飛舞〉應得的大膽表現方式，用鋸齒般的吉他和震撼的鼓聲增強了她帶有鄉村色彩的歌聲。這首歌最終成為美國前二十名的流行歌曲，並在《告示牌》熱門鄉村歌曲榜單上排名第一。

在《時代巡迴演唱會（愛的告白）》時期，泰勒絲曾表演過〈愛情魔力〉（Enchanted）和〈直到永遠〉（Long Live）。

單曲

重回十二月
Back to December

發行時間：2010 年 11 月 15 日（鄉村單曲）／ 2010 年 11 月 30 日（流行單曲）／ 2010 年 10 月 25 日（專輯）
詞曲作者：Taylor Swift
製 作 人：Nathan Chapman、Taylor Swift
其他版本：原聲版、國際版、《愛的告白》世界巡迴演唱會 LIVE 版、泰勒絲全新版

當感情破裂時，能夠承認是自己做錯了，是自己的話語及行為深深傷害了對方，這是成熟的表現。〈重回十二月〉是一首有著流暢並以弦樂烘托的深情民謠風歌曲。泰勒絲在這首歌時，已有如此修養──她的嗓音也更淬鍊精純，泰勒絲說這也是她的第一首道歉歌，對方是她曾狠狠傷害過的一位前男友。

「我完全應該為他寫這首歌，」她說。「這首歌談的是，人家待我好得沒話說，對我貼心又順從，但我卻沒有把他的好放在心上，因此，我有些話要對他說──他也有資格聽我細述。」[6] 僅管泰勒絲有避免說出誰是這首歌的靈感來源，但〈重回十二月〉中的男生幾乎可以確定是演員泰勒・洛納（Taylor Lautner），他們在 2009 年交往過。（「tay」一字被安插在歌詞裡，而洛納本人也在 2016 年確認了歌中人就是他。[7]）幸好泰勒絲與洛納兩人的關係如今已轉變成好友。演員洛納還出現在泰勒絲〈我看見你了〉（I Can See You）的 MV 裡，並出席了 2023 年在堪薩斯城市的《時代巡迴演唱會》上的 MV 首播。洛納做了幾個高難度的空翻讓在場觀眾為之驚豔，他也在現場說了關於泰勒絲的，感人肺腑的一段話。[8]

兩泰勝過一泰！洛納與泰勒絲，在 2012 年 MTV 音樂錄影帶大獎（MTV Video Music Awards）後台合照，他們曾經是男女朋友，如今是摯友。

03 | THE SPEAK NOW ERA | 愛的告白

愛的告白
Speak Now

宣傳單曲

發行時間：2010 年 10 月 5 日（宣傳單曲）／2010 年 10 月 25 日（專輯）
詞曲作者：Taylor Swift
製 作 人：Nathan Chapman、Taylor Swift
其他版本：《愛的告白》世界巡迴演唱會 LIVE 版、泰勒絲全新版

泰勒絲在〈愛的告白〉縱情發揮她自信又意有所指的寫歌功力。歌曲中的主角得知自己的前男友即將娶的是一個糟糕的對象，一時為他心急如焚，於是主角決定打斷婚禮，把他追回來。
歌詞可謂句句斃命——說新娘的婚紗不好看，還有可怕的家庭和粗魯的行為——卻使用了幽默好笑的說法；主角躲在婚禮現場的窗簾後面，然後酸溜溜地說她並未受到邀請。在歌曲的最後，新郎做出了正確的選擇，他在神聖的婚禮上英勇地狠甩新娘，跟前一個（也更好的）女友跑了。

這首歌的「靈感來自我的一位朋友，她從孩提時代就愛上的男生，即將娶的是別的女生，」泰勒絲說。「而我當下就想告訴她，妳應該立刻向他告白。」[9]（泰勒絲總是為朋友兩肋插刀，只要她的朋友打算去告白，她隨時拿起吉他，前往教堂給朋友支持。）接著，泰勒絲夢見自己某一任前男友要步入結婚禮堂——她就當這是天意，指示她必須要把這個故事寫成一首勇闖婚禮的歌。[10]

就音樂而言，〈愛的告白〉時而搞笑的不插電樂音，時而華麗、多層次的副歌，讓人不禁聯想到 2000 年的抒情流行歌團體 Eisley。

泰勒絲 2010 年在紐奧良 NFL 開球典禮上演出

071

穿得美美的，是最好的報復，這是泰勒絲在《愛的告白》世界巡迴演唱會上所穿的服裝，是華美奪目而金光閃閃的舞會禮服。

03 | THE SPEAK NOW ERA | 愛的告白

親愛的約翰
Dear John

專輯歌曲

發行時間：2010 年 10 月 25 日
詞曲作者：Taylor Swift
製 作 人：Nathan Chapman、Taylor Swift
其他版本：明尼亞波利斯 LIVE 版、《愛的告白》世界巡迴演唱會 LIVE 版、泰勒絲全新版

經歷慘痛分手後，我們總會絞盡腦汁想想怎麼好好報復這個負心的人，特別是明確告訴他們，他們哪裡對不起自己或讓自己心痛。泰勒絲這首抑鬱的〈親愛的約翰〉正是在講這件事，以精準、犀利的語言來批判前男友。

「它有點像是你會寫給曾與你相戀的人的最後一則 Email，」泰勒絲這麼形容這首歌，它運用了慵懶的藍調吉他來表現像是在氣憤踱步的鬱悶心情。「通常人們會在最後一封洩憤的 Email 上，把一切要對這個人講的什麼話全都打上去，然後又留著沒寄送出去。」但這不是泰勒絲的行事作風，她補充：「我猜我把這首歌收錄到這張專輯裡，就像是按下那個寄出鍵。」[11]

〈親愛的約翰〉一點都不含蓄。歌曲中的主角先悲鳴自己早該聽別人的勸告，遠離那個渣男，然後描述這個前任的缺失：他玩心理遊戲、個性教人捉摸不定，讓她傷心落淚，又欺負她年輕不懂事。最後她決定不能再讓對方偷走自己的自信，畢竟可悲的人是他。泰勒絲在歌曲中的表現恰如其分，分寸拿捏得剛剛好，聲音流動卻又堅強決絕，一直到最後一段：到那個階段，她漸漸變得激動，而強忍在內心的痛苦終於爆發，化為哀號，搭配的是狂野的電吉他。

「我想那首歌說中了許多女孩的心事，她們受夠渣男的辜負，並找到甩

2009 年在麥迪遜廣場花園的 Z100's Jingle Ball 上，約翰・梅爾與泰勒絲演唱〈Half of My Heart〉。

掉他們的方法，」泰勒絲說。「我在演唱時抬頭望向觀眾，從來沒有別首歌會看到這麼多哭泣的女孩。」[12]

泰勒絲絕口不提歌中這個渣男是誰，不過許多人能在字裡行間看出端倪，並猜測可能是約翰・梅爾（John Mayer）——梅爾本人說他被這首歌「著實地羞辱了一頓」，並表達這首歌讓他「難過透頂……如果我有做錯事，我一定負責任，但是我才沒有那麼渣咧。」他還加上一句，「那只是首廉價的分手歌。」[13]

當泰勒絲聽到梅爾說歌裡的約翰就是他自己，她則回應，「別給自己臉上貼金了！我從來不透露歌中人物的真實身分。」[14]

直到今日，〈親愛的約翰〉都讓歌迷產生強烈共鳴——甚至發表後過了十一年，到了 2023 年 6 月，演唱《愛的告白》（泰勒絲全新版）時，她這樣介紹這首歌曲，「我才不在乎我十九歲那年發生什麼事，只在乎當時寫下的歌曲……我發行這張專輯，不是要大家保護我免受歌中那個渣男傷害，拜託，那是好幾百年前的事了。」[15]

074

03 ｜ THE SPEAK NOW ERA ｜ 愛的告白

單曲

太刻薄
Mean

發行時間：2011 年 3 月 13 日（鄉村單曲）／ 2010 年 10 月 25 日（專輯）
詞曲作者：Taylor Swift
製 作 人：Nathan Chapman、Taylor Swift
其他版本：《愛的告白》世界巡迴演唱會 LIVE 版、泰勒絲全新版

敢惹一位歌曲創作者？小心你會死得很慘。看看卡莉・賽門（Carly Simon）那首〈You're So Vain〉裡指涉的對象吧，從沒有哪首歌可以用最厲害的語言，把一個自我中心的爛人，攻擊得體無完膚。這樣說吧，其實也有不少人惹毛了我們的泰勒絲。

其中便包括〈太刻薄〉這首歌所指的對象──儘管泰勒絲說歌中被她怒斥的對象，完全是罪有應得，「這首歌想說的是，有人寫了那麼多刻薄的話，好毀了我的日子，」她說。「我讀完的第二天的確難過死了。而且這樣的攻擊會使我倒下許多次，我會覺得，只要這個人坐在電腦前，就好像有人又一次在打我的臉。」[16]

然而泰勒絲不讓對方聽出她生氣了。她反而用甜得膩人的特殊鼻音，把心事全挖出來──溫柔的歌聲像一把刀，彷彿要將對方凌遲──並以混人耳目的輕快鄉村樂風，加上活潑的提琴與斑鳩琴合奏，把她令人揪心的批判，說得悅耳動聽。

「有的批評讓人成長，」泰勒絲說。「有的是專業要求，然而有的純粹就是刻薄。踰越了某個限度，你就只是在做人身攻擊而已。」[17]

一般廣為流傳的說法是，〈太刻薄〉唱的是音樂產業裡的名師鮑勃・雷夫塞特茲（Bob Lefsetz），他在他的新聞稿裡批評泰勒絲。在 2010 年葛萊美

獎上，泰勒絲獨自先演唱〈今天是一場童話〉，然後史蒂薇・妮克絲（Stevie Nicks）加入與她合唱〈天生一對〉以及音樂團體佛利伍麥克（Fleetwood Mac）的〈Rhiannon〉——雷夫塞特茲寫道，「她有多糟糕呢？嚇死人，」然後補充，「現在誰不知道泰勒絲沒歌喉可言。」[18]

泰勒絲對於〈太刻薄〉歌中的靈感是誰同樣保持沉默，好笑的是，雷夫塞特茲主動跳出來說那首歌唱的就是他本人。他還發了一則文章，把歌詞一行一行逐一解讀，後來有位記者向泰勒絲質問〈太刻薄〉是不是在談雷夫塞特茲，甚至（雷夫塞特茲）還說「她到現在也還是沒什麼歌藝可言，成熟一點，承認就是了嘛？把那內心裡的高中女孩踢走，像個女人吧，別像個小女生到處無的放矢？[19]」2023 年，雷夫塞特茲又再次天天在貼文裡帶上幾句話，說泰勒絲的〈太刻薄〉寫的就是他。[20]

然而到了最後，勝利的笑容卻是屬於泰勒絲的，而不是那位身分成謎的霸凌者：〈太刻薄〉贏得兩座葛萊美獎，最佳鄉村歌手以及最佳鄉村歌曲，並且勇奪《告示牌》熱門鄉村歌曲排行榜第二名。

2010 年 1 月在葛萊美獎頒獎典禮上，泰勒絲演唱〈天生一對〉，並與史蒂薇・妮克絲合唱 Fleetwood Mac 的〈Rhiannon〉。

2011年4月的鄉村音樂學院獎頒獎典禮上，泰勒絲演唱〈太刻薄〉——並且贏得年度最佳藝人獎，狠狠把那些酸民打臉。

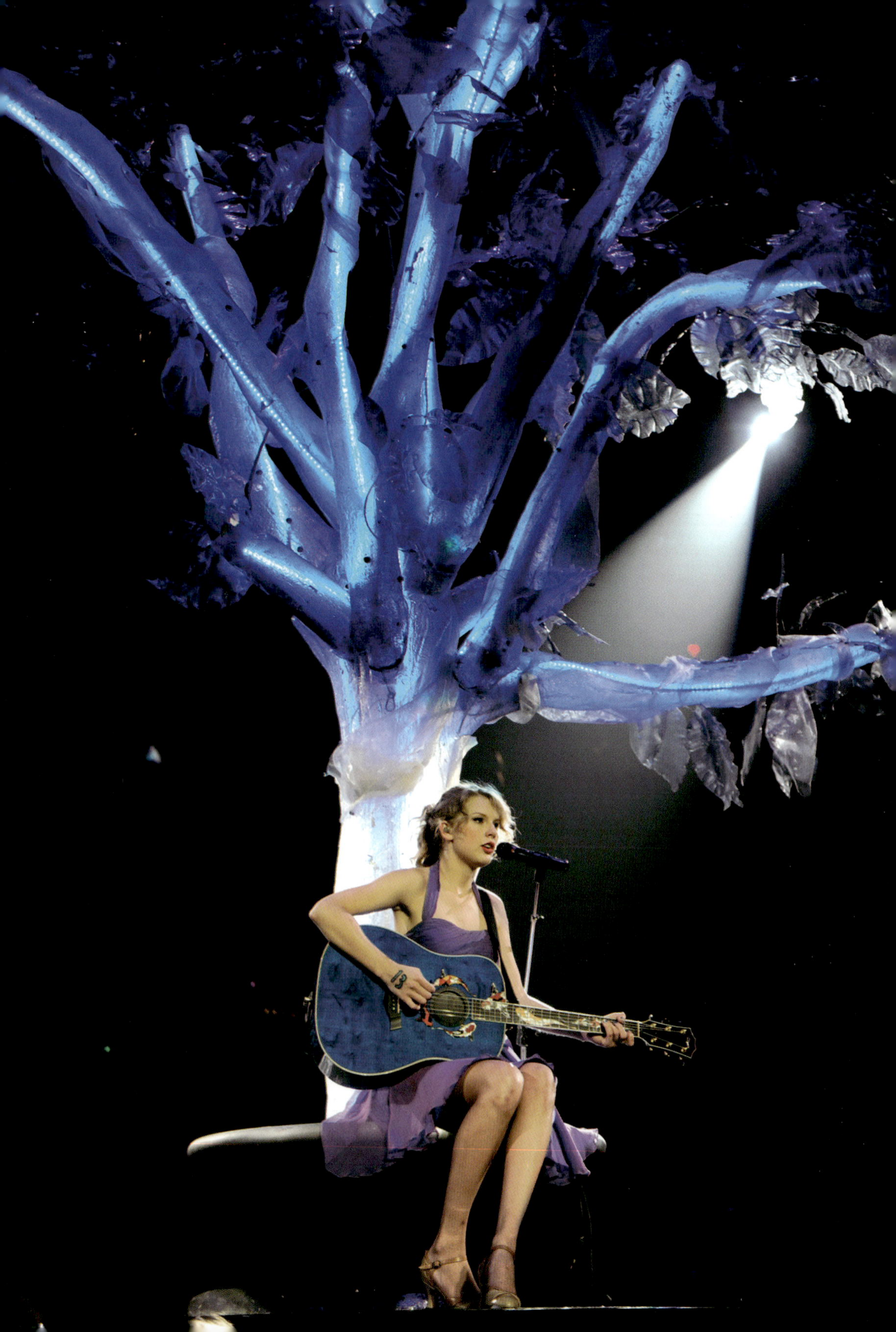

03 | THE SPEAK NOW ERA | 愛的告白

我們的故事
The Story of Us

單曲

發行時間：2011 年 4 月 19 日（單曲）／ 2010 年 10 月 25 日（專輯）
詞曲作者：Taylor Swift
製 作 人：Nathan Chapman、Taylor Swift
其他版本：國際版、《愛的告白》世界巡迴演唱會 LIVE 版、泰勒絲全新版

從現在看來，泰勒絲會決定開拓除了鄉村歌曲以外的歌路，擁抱其他類型的歌曲，沒有人會感到意外。畢竟她自己對各式各樣的音樂，都愛得像個無法滿足的粉絲──即使她早期的專輯，已經實驗過各種聲音與歌路。就拿這首〈我們的故事〉為例，它就結合了跳躍般的節奏與粗獷的電吉他即興奏法，以及靈巧的曼陀林。整首歌給人的氛圍就像參加一場搖滾音樂盛典，或是像典型 Warped Tour 的音樂。

說來也奇怪，〈我們的故事〉在美國各個重要的排行榜上，只是小有成績──在美國《告示牌》百大熱門流行歌曲排行榜上，連前四十名都擠不進去，最好的排名只得了個第四十一名。但這可不能代表這首歌的品

泰勒絲的巨星氣勢隨著《愛的告白》世界巡迴演唱會日漸高升。例如 2011 年 7 月在紐澤西州的紐華克市普天壽中心（Prudential Center arena），她連續四場演出門票皆售罄，有五萬兩千位歌迷進場聆聽──工人皇帝布魯斯·史普林斯汀（Bruce Springsteen）還是特別嘉賓，演唱了新編的〈Dancing in the Dark〉。

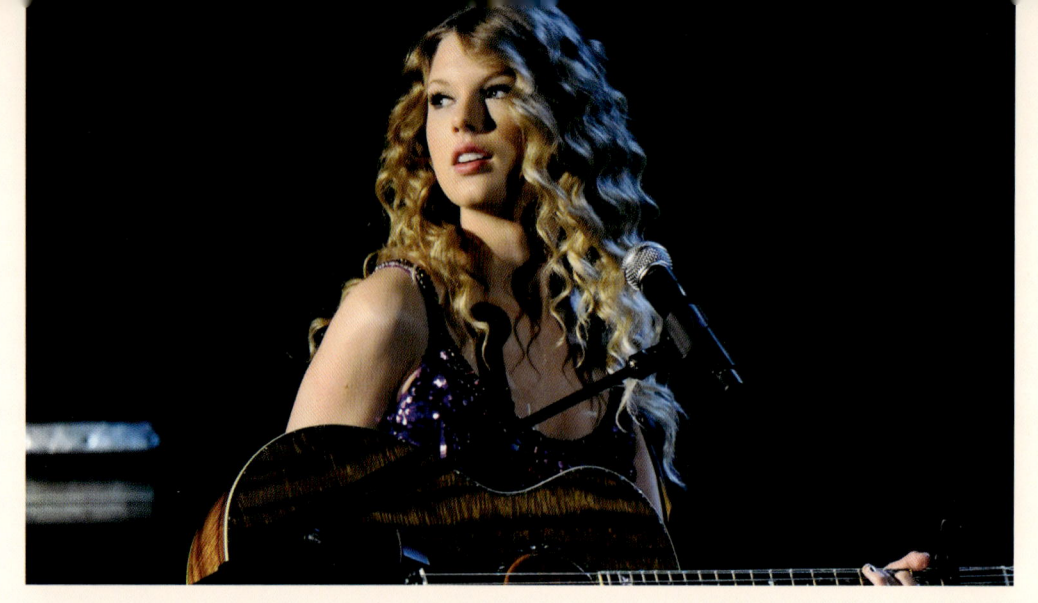

2010 年 4 月 19 日在拉斯維加斯，泰勒絲在音樂團體 Brooks & Dunn 的電視節目「The Last Rodeo」中，演唱該團體的歌〈Ain't Nothing 'Bout You〉。

質。〈我們的故事〉當中的故事根據，是泰勒絲與某位前男友，在一個未透露名稱的某獎項頒發典禮上偶遇的事。（在《愛的告白》的歌詞本裡，隱藏著這首歌的祕密線索，就是「CMT 音樂獎」——泰勒絲曾告訴某位採訪者，這首歌裡的前男友，與〈親愛的約翰〉中的那位是同一個人[21]——所以，各位可以自己去猜猜泰勒絲說的是誰。）「我跟這傢伙曾大吵一架，」她回憶，「那天我們兩個人都有許多話要說，可惜兩人之間隔了六個座位，只是表面表現得平靜無波，內心卻在痛苦吶喊，我才不在乎你也來了、你也不在乎我也來了。真是糟糕又揪心。」[22]

那晚泰勒絲的心情跌到谷底，回家後在廚房裡跟母親重述整個過程。談心的過程裡，她想出副歌的第一句——說她雖然身處在群眾之間，卻非常寂寞——於是整首歌都浮上心頭。「我衝回臥室，這種事我媽媽已經看多了。她大概認為我想出了什麼好歌詞，而情況確實如此。」這是她為《愛的告白》所寫的最後一首歌，她還補充，「寫完那首歌，我知道那段感情真的結束了。」[23]

聽聽這首歌的歌詞，就不難理解為什麼了。〈我們的故事〉把一段感情比喻成一本書，並把逼近的分手比喻成某個章節斬釘截鐵的結束。敘述者以刀刀見骨的細節，敘述跟自己曾經鬧翻的人同處一室，有多麼困難（而且尷尬）。儘管敘述者說她願意和解並復合，但分手的結果卻似乎無法避免；其中一句歌詞甚至點明，兩人不可能和解的原因是因為對方的固執。說來也不幸，這對即將分手的情侶，他們之間身體與心的距離，看起來就像隔著一片遼闊的海。

03 ｜ THE SPEAK NOW ERA ｜ 愛的告白

長不大
Never Grow Up

專輯歌曲

發行時間：2010 年 10 月 25 日
詞曲作者：Taylor Swift
製 作 人：Nathan Chapman、Taylor Swift
其他版本：泰勒絲全新版

如歌名所暗示的，這首哀傷的〈長不大〉只用不插電的自然聲樂器，展示泰勒絲面對長大這件事既愛又怕的心情。「長大總是悄悄發生，難以察覺，」她說。「長大是個瘋狂的概念，因為你小時候還常常希望自己年紀大一些。」[24]

這首歌是從一位看著小孩入睡的父母視角來寫，第一句歌詞希望某個年幼的孩子永遠純真。接下來幾句，則接連唱出這個小孩在不同年齡時的經歷：從渴望擁有更多自主權的十四歲孩子到離家、搬入新公寓的成年大人。泰勒絲想要告訴這個青少年，不要失去純真的心與對人生的熱誠──或忘記她父母的感受，要記得關照父母──因為獨立之後的生活，未必會如想像中的光鮮亮麗。

從頭到尾，泰勒絲希望大家能活在當下，珍惜每一段回憶。「每晚我望著台下的群眾，我看到許多與我年齡相近的女孩，她們經歷的難題，與我經歷的一模一樣，」她說。「時不時我也會看到那些只有七、八歲的小女生，我真希望我能親口教她這一切的道理。因為她們終究會長大成人，成為她該成為的人，建構她自己的想法、夢想與意見。這首歌我是為那些小女生而寫的。」[25]

081

愛情魔力
Enchanted

專輯歌曲

發行時間：2010 年 10 月 25 日
詞曲作者：Taylor Swift
製 作 人：Nathan Chapman、Taylor Swift
其他版本：《愛的告白》世界巡迴演唱會 LIVE 版、泰勒絲全新版

2000 年代後期與 2010 年代初期，貓頭鷹城市（Owl City）以殷切、吸引人的電子流行風歌曲，迷住了聽眾，像是在全球各大排行榜奪冠的〈Fireflies〉。在那段期間，這個來自明尼蘇達州的團體中的唯一成員，亞當・揚（Adam Young），進入了泰勒絲的活動範圍，兩人立刻以 Email 通信。經過幾個月的信件往來，他們終於在紐約市貓頭鷹城市的表演場上見面。

「等待與泰勒絲相見的那幾分鐘，是我這輩子最緊張的時刻，」揚坦承。「當我們碰面那一刻，她彷彿在發光，而我也一樣。」[26] 泰勒絲一樣在這次見面裡為對方深深著迷。「我記得，回家的路上，我心想，希望他現在沒有心上人，」她說。「這種感覺，真是美好。我的天啊，他有跟誰在一起嗎？他喜歡我嗎？還是他喜歡別種類型的人？我在想什麼呀？」[27]

這場會面讓泰勒絲靈感有如泉湧，於是一回到自己下榻的飯店，就動手創作〈愛情魔力〉，把一切希望與夢想都灌注到這首歌裡，在歌裡有兩個人在房間的兩端看著彼此，感受到某種真實的連繫。週遭世界都溶化、消失不見，兩人眉來眼去、發射愛的電波；後來兩人各走各路，她不禁要想，這樣的機緣巧遇，有機會可以發展成戀情嗎？〈愛情魔力〉的音樂也十分恰當地讓人覺得，故事地點在一個如夢似幻、粉彩畫風的幻想國度中。簡潔的編曲以木吉他為主導，泰勒絲起先運用舒緩的唱法，逐漸展開成一片

03 | THE SPEAK NOW ERA | 愛的告白

泰勒絲在 2010 年全美音樂獎（American Music Awards）頒獎典禮上，接受最受歡迎鄉村歌曲女歌手獎（The Favorite Country Female Artist Award）。

眾音雲集原野，有交響樂團伴奏及旋律糾纏的電吉他。

以泰勒絲的標準來看，這首歌寫的是誰，算是說得夠清楚的了。揚在一場午夜拍賣會裡買了一張《愛的告白》，並注意到歌詞裡藏了一則祕密訊息，把它解開後答案就是「ADAM」。假如這還不夠明白，他還注意到泰勒絲寫進歌詞的一句話──「心中悸動」（wonderstruck）──這是他曾經在一封寫給泰勒絲的 Email 裡用到的話。「（泰勒絲）說她好像從來沒有對其他人講過這句話，因此，在歌詞發現這句話時，我心想，這首歌肯定寫的是我。」[28]

貓頭鷹城市發行了自己重編的〈愛情魔力〉回應泰勒絲的原曲，在改過的歌詞裡放進「Taylor」，並提到那場相見是快樂的經驗。

〈愛情魔力〉是《愛的告白》中唯一一首，在每場《時代巡迴演唱會》中，每一晚都有被選唱的歌曲。泰勒絲自然、稱職地在演唱時，換上各種帶有王室風範的華麗禮服──有些綴滿成排的閃亮珠寶，有些則掃著如夢似幻的蓬蓬裙襬──彷彿要讓這童話故事般的結局，化為現實。

083

2009 年 MTV 音樂錄影帶大獎上，饒舌歌手肯伊‧威斯特，在泰勒絲領最佳女歌手錄影帶獎時，上台鬧場。

03 | THE SPEAK NOW ERA | 愛的告白

復仇女王
Better than Revenge

專輯歌曲

發行時間：2010 年 10 月 25 日
詞曲作者：Taylor Swift
製 作 人：Nathan Chapman、Taylor Swift
其他版本：《愛的告白》世界巡迴演唱會 LIVE 版、泰勒絲全新版

〈復仇女王〉是一首怒吼咆哮的搖滾歌曲，有火花四射的電吉他演奏，與扭曲的層次歌聲，這是一首不像泰勒絲風格的憤怒歌曲，是針對某個偷走泰勒絲男友的女孩。歌詞裡有白熱化的憤怒與沒有明講的報復威脅，同時還痛罵對方是個無恥綠茶；例如副歌裡，提到一張破踏墊，是在暗示那個女的跟任何人都可以好上。

不過說來也奇怪，那個決定拋棄泰勒絲的負心漢，最後竟然逃過一劫，沒被怒火燒到。多年後，泰勒絲解釋，那沒頭沒腦的攻擊，單純是年輕時候不懂事，寫歌時她畢竟才十八歲。「那正是一個人總疑心別人要偷走你男友的年紀，」她說。「後來你也長大了，知道沒有人能偷走你的人，除非那個人自己想走。」[29]

泰勒絲為證明自己已經比過去更加成熟，因此在《泰勒絲全新版》的歌曲裡，刪掉那句講床上運動的歌詞，改成更有說服力的說法，而不是責怪誰對誰錯。

純真年代
Innocent

專輯歌曲

發行時間：2010 年 10 月 25 日
詞曲作者：Taylor Swift
製 作 人：Nathan Chapman、Taylor Swift
其他版本：泰勒絲全新版

泰勒絲選擇在 2010 年 MTV 音樂錄影帶大獎上，首次演唱這首曲風抑鬱的〈純真年代〉並非偶然。前一年的同一個活動裡，當她因〈天生一對〉這首歌，接受最佳女歌手錄影帶獎（The Best Female Video award）時，肯伊·威斯特（Kanye West）在眾人眼前，跳上舞台打斷她的致詞。泰勒絲寫了這首〈純真年代〉以回應那個事件，歌詞中她原諒威斯特的錯誤行為，並跟他保證，他的行為並不能被定義成身為一個人的價值。「我想很多人大概料到我會寫一首關於他的歌曲，」泰勒絲說。「但對我而言，重要的是，我寫這首歌是為他好。」[30]

而接下來的幾年，泰勒絲和威斯特之間還有更多衝突風暴即將要降臨——不過她這首〈純真年代〉展現的是如此寬宏和感同身受，呈現一個成熟（且誠實的）形象，這成為泰勒絲往後專輯的一貫風格。「說到製作專輯的話，如果你把一切都寫得很籠統，掩飾真實的感受，這對任何人都沒有好處。」她說。

085

心神不寧
Haunted

專輯歌曲

發行時間：2010 年 10 月 25 日
詞曲作者：Taylor Swift
製 作 人：Nathan Chapman、Taylor Swift
其他版本：原聲混音版、《愛的告白》世界巡迴演唱會 LIVE 版、泰勒絲全新版

　　這首類似美國搖滾樂團（Evanescence）風格的〈心神不寧〉，歌名聽起來有點不祥卻又充滿戲劇性。這首歌反映了泰勒絲寫歌時的心情──她在半夜意外驚醒，然後開始塗鴉寫作──而這個創作靈感也反映了她的苦惱。

　　〈心神不寧〉是一首關於你意識到與你相愛的人正在漸行漸遠的那一刻的歌……，而這一切都取決於你們最後的簡訊內容，你意識到他已經不再愛你了。這是一件令人心碎的悲劇，因為你一直試著告訴自己，這一切都不是真的。[31]

　　為了錄製弦樂的部分，泰勒絲向傳奇作曲兼編曲家保羅·巴克馬斯特（Paul Buckmaster）求助，他曾和艾爾頓·強（Elton John）、大衛·鮑伊（David Bowie）和滾石樂團（Rolling Stones）等藝人合作過。「我希望歌曲和管弦樂的部分，能反映出這首歌的強烈情感。」泰勒絲說，「錄製這一整個大型現場弦樂時是一次奇妙的經驗，我認為最後有真的捕捉到了我所尋找的強烈、混亂又迷惘的感覺」。[32]

最後一吻
Last Kiss

專輯歌曲

發行時間：2010 年 10 月 25 日
詞曲作者：Taylor Swift
製 作 人：Nathan Chapman、Taylor Swift
其他版本：堪薩斯市 Live 版、《愛的告白》世界巡迴演唱會 LIVE 版、泰勒絲全新版

　　一段感情的結束，總會令人感覺像是經歷一趟情緒的雲霄飛車，情緒起伏不止──包括憤怒、苦惱與絕望──也許其中最痛心的是「絕對的悲傷，」泰勒絲承認。「那是指失去一個人的悲傷，失去所有回憶裡的一切，以及失去你原先以為存在的未來。有那麼一些時刻，你領悟一個真相，那就是必須承認，自己還放不下這一切。」[33]泰勒絲說，正當她在寫〈最後一吻〉那首歌時，她正處於哀悼期，那首歌「寫得像是一封給某人的信」，回憶兩人共度共享的好時光。歌詞裡有明確的心碎細節：敘述者懷念他們在感情裡心愛的小細節──包括他們握手，還有帶他去見她父親的那天──並害羞地祝福他未來幸福。然而〈最後一吻〉也強調撫平失去摯愛之痛，是一件難事；故事中的敘述者甚至承認，她會故意穿上前男友的衣服，好享受那不復存在的親密。

03 | THE SPEAK NOW ERA | 愛的告白

直到永遠
Long Live

專輯歌曲

發行時間：2010 年 10 月 25 日
詞曲作者：Taylor Swift
製 作 人：Nathan Chapman、Taylor Swift
其他版本：《愛的告白》世界巡迴演唱會 LIVE 版、ft. 保拉・費爾南德斯（Paula Fernandes）版、泰勒絲全新版

　　泰勒絲不是一個會炫耀的人，雖然她總是免不了要隨時表達感激之情，並提及明顯的成就。像是有好幾次，她在《愛的告白》世界巡迴演唱會上，演唱氣勢磅礴的流行搖滾國歌〈直到永遠〉：演唱結束時，她與一同演出的團隊樂手全站成一排，趾高氣揚地放聲合唱。「這首歌完全可以視為我寫給我團隊的第一首情歌，」泰勒絲說[34]，這也是泰勒絲為了紀念團隊們在《愛的告白》發行的兩年前，他們一同所經歷的成功而寫的。「這一切全靠我的樂團、製作人，以及所有幫助我們完成這一切的人。還有歌迷，我覺得（他們）從始至終都跟我站在一起。」[35]

　　〈直到永遠〉的歌詞勾勒出共享的成功與榮耀，就像是一個新時代的開始，主角化身谷底翻身的弱者或是一起屠龍的勇士，隨著樂聲愈發高亢強烈，歌曲的情緒也跟著起飛，這真是讓人感到溫暖的回顧時刻。

　　泰勒絲將〈直到永遠〉加入《時代巡迴演唱會》的歌單中，呼應《愛的告白》巡演最初的演唱歌單。《時代巡迴演唱會》的舞台與場地都更大，看到泰勒絲與她的團隊聚在一起，一同演出，以慶祝他們過往共享的時光及所獲得的音樂里程碑——真是讓人感動得落淚。

2011 年 8 月 6 日，泰勒絲在費城林肯金融球場（Philadelphia's Lincoln Financial Field）的全售場次為觀眾演唱——這是《愛的告白》世界巡迴演唱會中，在美國的八場體育館演唱會中的其中一場。

有你有我
Ours

單曲（《愛的告白》豪華版）
發行時間：2011 年 12 月 5 日（單曲）／ 2010 年 10 月 25 日（專輯）
詞曲作者：Taylor Swift
製 作 人：Nathan Chapman、Taylor Swift
其他版本：《愛的告白》世界巡迴演唱會 LIVE 版、泰勒絲全新版

　　泰勒絲二十歲時，寫了這首很有吸引力的鄉村流行歌曲〈有你有我〉。「當時我正與人交往，我知道親友們不會覺得我們速配，我們的戀情也像紙快要包不住火，」她說。「與某人交往的初期，是一個脆弱的階段，如果再加上新聞雜誌的八卦或傳言攪局，情況更是危險。」[36]

　　因此泰勒絲要的，就是一個專屬兩人的定情信物而已──也許是一首屬於他們倆，幫助他們共渡難關的一首歌。她的嗓音也和歌詞的意思十分貼近，堅定而平靜，背景的伴奏有烏克麗麗、電子鋼琴，還有弦音甜美的木吉他。「為他唱歌，是我記憶中最窩心的時刻，」泰勒絲說，並拒絕透露對方的姓名，只另外強調，這首歌能獻給全天下身處相同處境的情侶。「對我而言，這首歌唱的不只是我自己，唱的是『我愛的是你』，我不在乎別人怎麼想。」[37]

　　〈有你有我〉的歌曲氛圍讓人平靜，打動人心深處，讓這首歌勇奪《告示牌》熱門鄉村歌曲排行榜第一名。

超人
Superman

宣傳單曲（《愛的告白》豪華版）
發行時間：2010 年 10 月 25 日（專輯）／ 2011 年 11 月 8 日（宣傳單曲）
詞曲作者：Taylor Swift
製 作 人：Nathan Chapman、Taylor Swift
其他版本：泰勒絲全新版

　　這部漫畫是 1938 年由作家傑里・西格爾（Jerry Siegel）與畫家喬・舒斯特（Joe Shuster）所創造，漫畫中的主角超人體現出經典超級英雄的原型──英俊、成功、強壯而仁慈──還有，理想戀愛對象的形象。因此泰勒絲說她創作〈超人〉時，對照的是當時她熱戀的對象，這一點也不讓人意外，她還補充，歌名出自一次她不經意的讚美。「當時他走出房間，我轉向身旁友人說，這好像看著超人飛了出去。」[38]

　　泰勒絲巧妙得讓後續的歌詞繞著一個想法展開：主角只是暗戀著超人，並沒有真的跟他在一起；此外，主角強烈渴望有一天這位英雄會從天而降，帶她飛上天去。從音樂的角度來看，〈超人〉的伴奏將雄壯威武的形象表現得恰如其分，副歌的吉他聲隆隆震動，響徹雲霄，讓泰勒絲的心跟著在空中飛翔。

03 ｜ THE SPEAK NOW ERA ｜愛的告白

如果這是一部電影
If This Was a Movie

宣傳單曲（《愛的告白》豪華版）

發行時間：2010 年 10 月 25 日（專輯）／2011 年 11 月 8 日（宣傳單曲）
詞曲作者：Martin Johnson、Taylor Swift
製 作 人：Nathan Chapman、Taylor Swift
其他版本：泰勒絲全新版──The More Fearless（Taylor's Version）Chapter

深情與流行龐克的音樂曲風在 2000 年初大受歡迎，來自麻塞諸塞州的 Boys Like Girls 樂團也用表白的歌曲造成轟動──或許就可以解釋在寫歌方面，泰勒絲能與樂團主唱馬丁・詹森（Martin Johnson）找到共同點。他在訪談裡，盛讚泰勒絲的才華，稱她「棒極了」，描述他們一起寫歌詞的時光，真是「無比歡樂」，因為她是位「極有才華的詞曲作者，（我）還沒遇到更好的。」[39]

於是兩人後來合寫了許多首歌曲，包括〈如果這是一部電影〉，這是一首節奏輕快的流行搖滾風歌曲，有著蕩漾的吉他主要旋律以及浪漫電影配樂般的弦樂。歌中的主角因分手而變得頹廢，哀求她的前男友回心轉意，因為那常是電影裡會演的。另一個對電影致敬之處，是主角不時回憶他們關係的關鍵時刻──儘管最後他們也似乎很意外，兩人沒能像好萊塢電影情節般修成正果。「這個女孩，年紀輕輕就這麼有創意，看法這麼中肯。」詹森這麼形容泰勒絲。「她了解聽眾；她清楚知道那種發自內心的流行音樂該怎麼做，並且可以做得很有品味。她也知道怎麼把歌唱得精彩──並同時讓你感受得到音樂的魅力。」[40]

2010 年 1 月 31 日在 Staples Center 的葛萊美獎頒獎會場，泰勒絲在紅毯上讓人驚豔，當晚她贏得四個獎項，包括以《無懼的愛》奪得年度專輯獎。

2013 年的維多利亞祕密時裝秀（Victoria's Secret Fashion Show），由 Fall Out Boy 的主唱崔克・史坦普領唱，與泰勒絲合體演唱他們的熱門歌曲〈My Songs Know What You Did in the Dark（Light Em Up）〉。

觸電感受
Electric Touch (ft. Fall Out Boy)

私藏曲（《愛的告白》泰勒絲全新版）

發行時間：2023 年 7 月 7 日
詞曲作者：Taylor Swift
製 作 人：Aaron Dessner、Taylor Swift

　　泰勒絲就像許多 2000 年代的青少年，著迷於那個時代的抒情搖滾樂團——像是 The Academy Is…、Boys Like Girls 以及 Dashboard Confessional。而這些樂團對泰勒絲的影響，也毫不意外地，就在《愛的告白》階段，滲透到她的歌曲創作裡，以私藏歌曲〈心動時分〉最為突出。以樂觀洋溢的高調電吉他與強而有力的節奏，表現了歌曲中這對男女，從心動時刻漸漸發展到相互吸引的第一次浪漫邂逅。雖然兩人各自承認自己曾經心碎的經驗——但是這次他們都對對方抱有希望，相信情況會有不同。

　　〈觸電感受〉與芝加哥流行龐克樂團 Fall Out Boy 合作。泰勒絲先前與該團的主唱派崔克・史坦普（Patrick Stump）合作過——在《紅色》巡迴演唱會期間，史坦普上台加入和泰勒絲一同演唱 Fall Out Boy 的〈My Songs Know What You Did in the Dark (Light Em Up)〉——她早就知道他們的聲音合唱起來會有多棒，有如兩道火一般捕捉了歌中情侶的期待與興奮。

03 ｜ THE SPEAK NOW ERA ｜ 愛的告白

當艾瑪墜入愛河
When Emma Falls in Love

私藏曲（《愛的告白》泰勒絲全新版）
發行時間：2023 年 7 月 7 日
詞曲作者：Taylor Swift
製 作 人：Aaron Dessner、Taylor Swift

　　這首歌寫的是泰勒絲的一位摯友——歌名中的人名，讓歌迷懷疑是指艾瑪・史東（Emma Stone），不過泰勒絲並未透露靈感來源——〈當艾瑪墜入愛河〉是首民謠風的歌曲，深情而有鋼琴領奏的獨立製作流行曲風，也是泰勒絲最好的私藏歌之一。這首歌是一封情書，既寫給艾瑪與她不負責任的個性，也是寫給她容易動情的天性：她活力四射、如夢似幻、專情而敏感。在歌曲尾聲裡，敘述者說她敬畏艾瑪——而不是嫉妒她，是因為艾瑪實在太酷了。

　　〈當艾瑪墜入愛河〉是個絕佳的範例，示範泰勒絲如何把舊歌用較現代的風格翻新重創。The National 的亞倫・德斯納（Aaron Dessner）與泰勒絲合作製作本曲，並有多位不同風格的獨立搖滾歌手加入——來自 Beirut 樂團的會多種樂器的演奏家班・蘭茲（Benjamin Lanz）負責混音；Big Thief 的詹姆斯・克里夫切尼亞（James Krivchenia）負責鼓與打擊樂；還有 Bonny Light Horseman 的喬什・考夫曼（Josh Kaufman），為歌曲帶來更加豐富的音色。

我看見你了
I Can See You

私藏曲（《愛的告白》泰勒絲全新版）
發行時間：2023 年 7 月 7 日
詞曲作者：Taylor Swift
製 作 人：Jack Antonoff、Taylor Swift

　　內容豐富的幻想人生，可以讓最最平凡的人生起飛。這首放克風格的調情歌曲〈我看見你了〉，談的是我們常做的一種白日夢：愛上一般人不敢愛的禁忌對象。即便對方似乎沒察覺自己被盯上，更別說被愛上了。然而敘述者心裡早已充滿各種一個比一個更火辣熾熱的浪漫想法。〈我看見你了〉是《愛的告白》（泰勒絲全新版）的主打歌曲。泰勒絲這首歌的 MV 首播，像是一部迷你驚悚片，故事繞著泰勒絲打轉，從上鎖的保險箱中救回金銀珠寶——這是在 2023 年的夏天，時代巡迴演唱堪薩斯城市站的表演。「我在一年前便寫下創作這首歌 MV 的方式，真的很希望能以象徵方式演唱，表達我對那些幫助我找回自己音樂的歌迷的感受，」她解釋。[41] 而從那部 MV 中也可以看見泰勒絲安排的巧思：泰勒絲從原先《愛的告白》巡迴演唱會裡，列出了幾位在 MV 中演出的人（尤其指名 Joey King 與 Presley Cash，他們出現在〈太刻薄〉的 MV 裡）。還有個更八卦的轉折，她的前男友泰勒・洛納也在 MV 當中，泰勒絲曾為他創作《愛的告白》裡的〈重回十二月〉。〈我看見你了〉最後奪得《告示牌》百大熱門歌曲排行榜第五名。

091

崩塌的城堡
Castles Crumbling

> 私藏曲（《愛的告白》泰勒絲全新版）

發行時間：2023 年 7 月 7 日
詞曲作者：Taylor Swift
製　作　人：Jack Antonoff、Taylor Swift

〈崩塌的城堡〉是《愛的告白》（泰勒絲全新版）中的另一個閃光點，不只是因為該歌有 Paramore 的海莉‧威廉斯（Hayley Williams）拔刀相助。「《愛的告白》談的都是我的創作經驗，我決定邀請當時對我的歌詞寫作最具影響力的藝術家，為我的專輯獻唱。」泰勒絲說。[42]

威廉斯與泰勒絲碰巧也是多年老友：她們年紀相仿，成長歲月也都在音樂產業裡，也就是說，兩人在人生各個層面都能體會對方的遭遇或處境。「這些年來，無論我們有沒有時常連絡，我們總是感激在世上某處有另一個自己。」威廉斯說。[43]〈崩塌的城堡〉讓人聯想起多莉‧艾莫絲，聽起來像是部分取材自《紅色》專輯裡那首〈幸運的人〉（The Lucky One）裡為名聲所傷的主角。這首歌用皇室成員的墮落來延伸隱喻，比喻粉絲有可能會因為藝術家的某個創新的決定，從原本的支持態度轉變成攻擊──而這樣的恐懼（對皇室成員來說）就像是城堡漸漸在崩塌。威廉斯

2011 年，泰勒絲與 Paramore 主唱 Haley Williams 的現場演唱，讓泰勒絲燃起對情緒搖滾（Emo-punk）的熱情，她們一起翻唱 Paramore 的〈That's What You Get〉。

喜歡〈崩塌的城堡〉裡的「故事敘述」並補充，「我們倆都是在大眾的目光下長大，這種經驗我們都有過，能與她合唱這種經驗，真是我的榮幸。」[44]

03 ｜ THE SPEAK NOW ERA ｜愛的告白

傻瓜
Foolish One

私藏曲（《愛的告白》泰勒絲全新版）

發行時間：2023 年 7 月 7 日
詞曲作者：Taylor Swift
製 作 人：Aaron Dessner、Taylor Swift

　　當你愛某人愛得神魂顛倒，你往往會看不到這段關係本身的問題。若兩人關係正常順利，這倒是還好。不過，要是你不清楚自己在這段感情裡處在什麼地位，這種識事不明的態度就會帶來災難。〈傻瓜〉裡的主角就處在這種情況。那些忽視出現又揮之不去的不安想法，一直在提醒他們的相戀不太對勁，於是她最擔憂的事成真了：她最後不得不面對一個揪心的事實，這個男人不想和她穩定下來。可悲的是，〈傻瓜〉把事情往內心藏，她氣自己未能從過去的交往經驗學到教訓，未能早一點看到「前有斷橋」的路牌。〈傻瓜〉粗獷的流行音樂氛圍，與傷心的歌詞內容形成對比；宛如層層波浪而來的木吉他奏法、長拍節奏，以及心頭淌血的唱法，聽來像是《美麗傳說》中的歌曲〈八月〉（August）較暖心的先行版本。

永恆
Timeless

私藏曲（《愛的告白》泰勒絲全新版）

發行時間：2023 年 7 月 7 日
詞曲作者：Taylor Swift
製 作 人：Jack Antonoff、Taylor Swift

　　走樸素風的〈永恆〉散發著浪漫情懷，再加上歡樂的木吉他以及典雅的歌詞，歌曲圍繞著泰勒絲在古董店裡找到的一件件寶物，逐漸展開。首先她發現一些賣二十五分錢的黑白照片，照片裡什麼場景或人物都有：1930 年代的新婚、第二天要趕赴二次世界大戰的軍人、一對因剛買了第一棟房子粲然而笑的小夫妻、1958 年前往舞會的青少年等等。接著她繼續挖寶，發現塵封更久的老相簿，照片的內容也漸漸變得悲慘，無緣的情人或不願意結的婚等等。但是儘管跨越數十年甚至數百年──或可以說是跨越了無數世代──這些曾被珍藏的小寶物，讓她想起了自己在此時此刻的感情生活。她深信，會像這對有情人一樣，即使是在不同的時代，像是 1944 年，最終都能通過難關的考驗，找到彼此（例如，泰勒絲若是那位被迫結婚的少女，一定選擇會逃跑，奔向自己的真愛）。〈永恆〉最後以一個強烈的想法作結：泰勒絲與她的另一半會一起變老，累積屬於他們自己的照片寶藏。

093

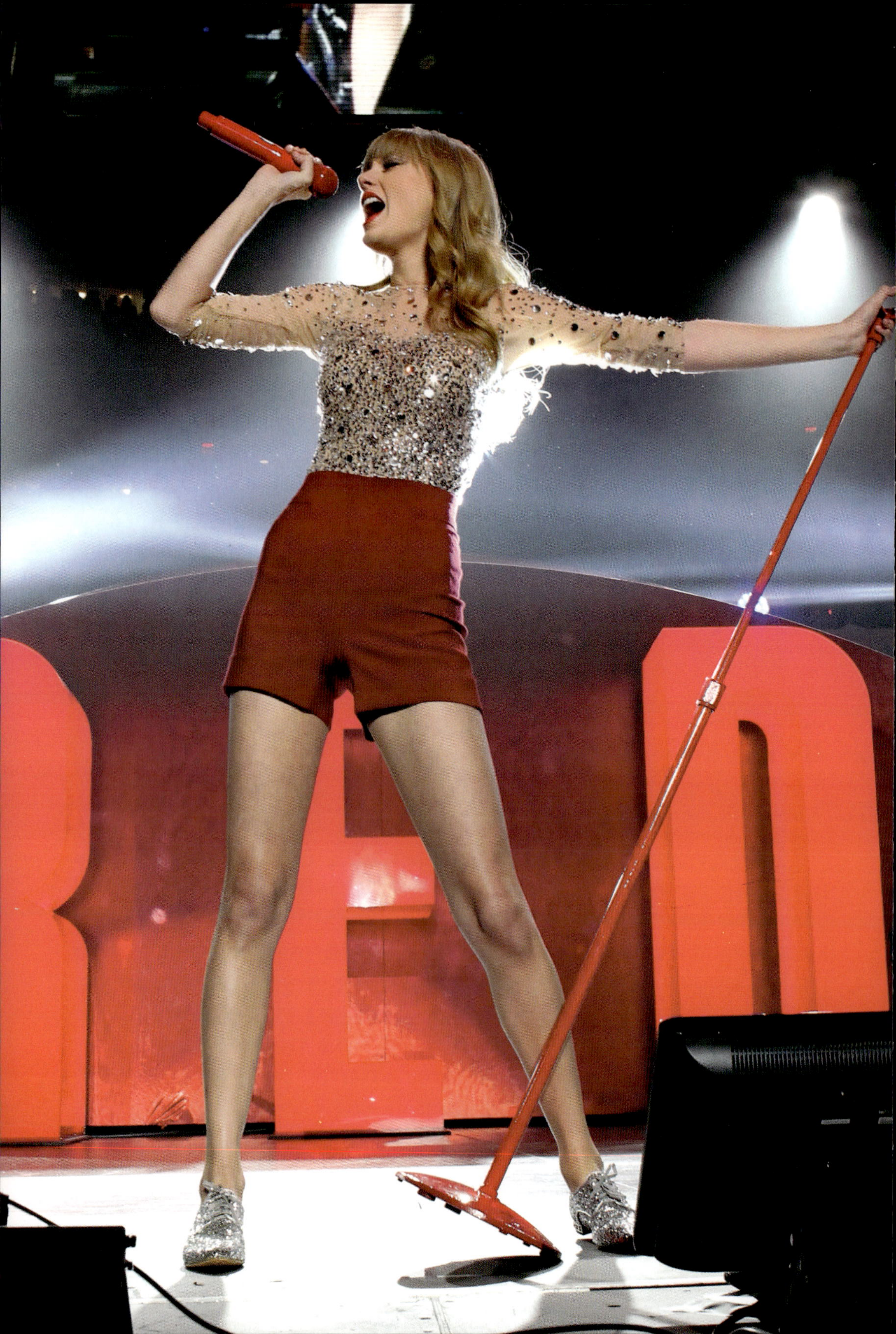

04 / 紅色
THE RED ERA

泰勒絲的最愛永遠是鄉村歌曲。不過,《紅色》這張她稱之為「唯一的分手歌專輯」,是她事業中的分水嶺,她決定從此也把歌路拓展到其他領域,包括搖滾、民歌,甚至是迴響貝斯。「我喜歡抽象畫大師傑克遜‧波洛克(Jackson Pollock),」她說。「我把這張專輯視為如他畫作那樣的盡情揮灑,把所有色彩用上,往牆上揮去,任結果自然發生。」[1]而她的這趟冒險之旅,讓《紅色》獲得兩項葛萊美獎提名:年度專輯與最佳鄉村專輯。

恩寵狀態
State of Grace

宣傳單曲

發行時間：2012 年 10 月 16 日（宣傳單曲）／2012 年 10 月 22 日（專輯）
詞曲作者：Taylor Swift
製 作 人：Nathan Chapman、Taylor Swift
其他版本：原聲版、原聲版（泰勒絲全新版）、泰勒絲全新版

〈恩寵狀態〉出現在《紅色》時期初，標誌著泰勒絲一項大膽的改變──不停邁進的強勁鼓點、迴旋復返的電吉他樂句、如夢似幻的唱腔，這是往搖滾樂跨出的一大步。「這對我而言是個大動作，」泰勒絲說。「大得像是義無反顧跳入愛河。」[2]

〈恩寵狀態〉也十分有浪漫愛情電影招牌歌的架勢，歌曲中的故事主角們對於突如其來的戀情，正沉浸在被愛情沖昏頭的幸福中。然而事實上，此歌的敘述者也樂觀看待他們的新戀情，深信這次能夠得到幸福。然而他們也沒有因此而對感情中的挑戰視而不見，〈恩寵狀態〉這首歌希望傳遞這樣的訊息：有時候愛情的結局並不一定美好──還會讓我們背上痛苦的包袱，但我們面對愛還是要抱持著開放的心，去迎接風險和挑戰。

泰勒絲也曾說，這首歌「幾乎可作為這張專輯所有其他歌曲的絕佳警告標語，」意思是說，這首歌對愛情理性的描述，點出這張專輯一個重要的主題。「一聽到這首歌，你就知道有兩種可能的發展，」她說。「你可以善待別人──但你也可以不老實。兩者各有各的結局，都在這張專輯裡。」[3]

2012 年拉斯維加斯 iHeartRadio 音樂節（iHeartRadio Music Festival），泰勒絲演唱她出道以來的歌曲組曲，最後用〈絕對絕對分定了〉（We Are Never Ever Getting Back Together）作結尾。

04 ｜ THE RED ERA ｜ 紅色

紅色
Red

單曲

發行時間：2012 年 10 月 2 日（宣傳單曲）／2013 年 6 月 24 日（鄉村電台單曲）／2012 年 10 月 22 日（專輯）
詞曲作者：Taylor Swift
製　作　人：Nathan Chapman、Dann Huff、Taylor Swift
其他版本：原始試聽帶錄音版、2013 年鄉村音樂協會獎（CMA Awards Performance）表演版（ft. Alison Krauss、Vince Gill）、泰勒絲全新版

2011 年 9 月 7 日，泰勒絲在華盛頓州塔科馬市的塔科馬圓頂體育場（Tacoma Dome）演唱。表演後她做了一個改變命運的決定：因為她非常想念母親，便不顧一切跳上飛機，回納許維爾老家待了幾天，沒有登上前往洛杉磯的飛機繼續行程。

這個行程更動，應該算是一個明智之舉：在回家的飛機上，泰勒絲寫出了〈紅色〉這首歌，「她曾經談過的一次戀愛，結果是這輩子最糟糕的經歷——但也是最好的一個——既是壞的也是好的，並不相斥。」[4] 她的歌詞以刺激的手法探討這種二元對立。例如泰勒絲把人們與自己另一半的連結，比喻成牢記一首自己心愛的歌的歌詞。從負面的角度來看，愛情會讓人覺得失控——泰勒絲將這種情況比喻為開著一輛光鮮亮麗的新車撞進死巷子，最後結局可能是車毀人亡，又可能是即時煞車，那一瞬間，好似秋天的色彩，在消散之前是如此地耀眼。副歌則把那有如雲霄飛車般上下起伏的情緒，比喻成五顏六色，掃過眼前。分手是純色的藍；為前任哭泣是絕望的深灰；而波濤洶湧的愛則是紅色。

「你有紅色好的那一部分，像是勇敢、大膽、激情、戀愛、親近等，這些便是屬於紅色的情感，」泰勒絲說。「而這顏色光譜還有其他情緒，嫉妒、憤怒、沮喪、已讀不回、我需

泰勒絲在事業初期，經常與有著製作人、歌曲創作者、演奏家等身分的內森·查普曼合作，贏得無數獎項，例如《無懼的愛》奪得鄉村音樂協會獎的年度專輯獎等。

要空間等等。」[5]

　　泰勒絲立刻啟動她的創作能量，人還沒離開納許維爾，就已把「紅色」這首歌寫完錄好。當聯合製作人內森·查普曼說他喜愛這首歌，讓我們的泰勒絲樂翻天。「當我演唱〈紅色〉給他聽，他也樂翻了。他覺得歌詞簡直是神句。我好快樂。」[6]

　　當兩人進行〈紅色〉的錄製，泰勒絲難掩興奮，「這首歌愈變愈好，加上斑鳩琴，配上副歌襯底的合聲，簡直是火紅熾盛的。」[7]這一點沒錯，〈紅色〉是泰勒絲鄉村與流行兩個面相的完美融合，有熟稔的斑鳩琴與活潑的提琴，搭配搖滾吉他與歡樂熱鬧的弦樂，形成有如旋轉木馬般的迴旋。果不其然，這首歌在它橫跨的兩個歌曲種類的獎項都成績斐然，《告示牌》流行歌曲百大熱門排行榜衝上第六名，熱門鄉村歌曲排行榜高達第二名。同時也名符其實地登上2013年鄉村歌曲電台播放排行榜（Country Airplay Chart）的前十名——2013年CMA（美國鄉村音樂獎）典禮上，泰勒絲用木吉他，與艾莉森·克勞絲（Alison Krauss）及文斯·吉爾（Vince Gill）合唱了一個溫馨的版本。

2013年CMT音樂獎典禮上，泰勒絲演唱〈紅色〉。

單曲

危險關係
Treacherous

發行時間：2012 年 10 月 22 日（單曲）／ 2012 年 10 月 22 日（專輯）
詞曲作者：Taylor Swift、Dan Wilson
製 作 人：Dan Wilson
其他版本：原始試聽帶錄音版、泰勒絲全新版

〈危險關係〉是一首澎湃的中速度民謠歌曲，飄逸的木吉他和瀑布般的和聲是這首歌的特色，這首歌是與搖滾樂團 Semisonic 的成員丹·威爾遜（Dan Wilson）共同創作的，他也曾與愛黛兒（Adele）和 The Chicks 女子合唱團合作。

根據威爾遜所說，泰勒絲在驅車前往錄音室的路上，「寫出開頭三到四行的歌詞與歌名。我們又花了十分鐘把歌寫完，她興奮得不得了。」[8] 泰勒絲承認自己很為這首歌感到驕傲，特別是因為它的編曲與力度，包括歌曲的連接段有如海浪陣陣拍來，好像多了一段副歌。「歌中唱法澎湃高亢，彷彿你決定放心愛上某人的那一刻，那種高昂的心情。」[9] 然而〈危險關係〉也訴說著愛情的黑暗面，這方面泰勒絲在〈恩寵狀態〉已經提到過──也談到在愛情中，我們做的決定未必每個都是明智的。老實說，有時我們會故意挑上一個明知不速配的人。「我們會給自己找理由，我明白這段關係不牢靠，如果繼續交往下去，再跟你談戀愛，八成會受傷。不過⋯⋯我就是想要，」泰勒絲說。「每次墜入愛河，總是會有這種自相矛盾的心情──特別是遇到自己的剋星。」[10]

泰勒絲與丹·威爾遜合寫〈危險關係〉，威爾遜是 Semisonic 搖滾樂團的主唱、吉他手兼歌曲創作者。

100

04 ｜ THE RED ERA ｜紅色

我知道你是大麻煩
I Knew You Were Trouble

單曲

發行時間：2012 年 11 月 27 日（單曲）／ 2012 年 10 月 22 日（專輯）
詞曲作者：Max Martin、Shellback、Taylor Swift
製　作　人：Max Martin、Shellback
其他版本：泰勒絲全新版

泰勒絲在《紅色》裡，卯足了勁挑戰自己的音樂能耐。「我總是會傾聽批評我的人在說什麼，因為我會把那些意見作為進入下一階段的跳板。」泰勒絲說。「在《紅色》中，我有不同的事情要證明：學習的渴望。」[11]

除此之外，泰勒絲還刻意尋找不同的合作對象，首先是瑞典流行暢銷曲製作人馬克斯·馬丁（Max Martin）與歇爾貝克（Shellback），他們是小甜甜布蘭妮（Britney Spears）、紅粉佳人（P!nk）、惡女凱莎（Kesha）以及多位歌手的熱賣歌曲背後的功臣。「馬克斯·馬丁寫副歌簡直神乎其技，我每每都會為之著迷，」泰勒絲說。「他現身在你面前，他感動你，然後副歌就完成了──而且完成度很高，連驚嘆號都打好了。」[12]

〈我知道你是大麻煩〉正好體現了這點。泰勒絲以鋼琴寫出這首歌的基本旋律，然後跟馬丁和歇爾貝克描述她希望完成的歌曲聽起來如何：「就像被伴侶背叛以後那樣的混亂。」[13] 畢竟〈我知道你是大麻煩〉的主題，談的就是跟一位萬人迷又是渣男的人糾纏不清：他看淡感情，不願意定下來，卻又會對你好。你知道這個人遲早要辜負你，但是你還是被他迷倒了。

馬丁與歇爾貝克決定把當時流行的迴響貝斯元素放進副歌裡，讓泰勒絲

2012 年，泰勒絲在澳洲音樂大獎（ARIA Awards）的頒獎典禮上，演唱了充滿活力版本的〈我知道你是大麻煩〉。

必須跟著粗疏的舞曲節奏演唱。不過還好有好友紅髮艾德（Ed Sheeran）的協助（「他總是把他在聽的東西跟我分享，像是英國的俱樂部演奏的音樂。」[14]），泰勒絲漸漸熟悉迴響貝斯這個元素，不過後來她並沒有朝向任何單一曲風去發展。總之，這樣的成果出乎意料且動感十足，生動描繪了起伏劇烈的男女關係裡必然有許多拉鋸和對抗：迴響貝斯的節奏創造了一個清脆、搖擺的拍子，就像橡皮球在水泥地上彈跳一樣，與全歌其他的慢節奏形成強烈對比。

〈我知道你是大麻煩〉成為最火紅的流行熱門歌曲，登上《告示牌》百大熱門歌曲排行榜第二名──大聲地證明了泰勒絲音樂實驗的成功。「錄製這首歌時，我們從頭到尾都在問這些問題，我們可以這麼做嗎？真的可以嗎？這樣做行嗎？」泰勒絲事後回想。「而我喜歡這種情況，當你反思你的創意時，自問『我這樣做行嗎？』這表示你正在突破自我的過程當中。」[15]

04 | THE RED ERA | 紅色

回憶太清晰
All Too Well

單曲

發行時間：2012 年 10 月 22 日（專輯）／2021 年 11 月 11 日（泰勒絲全新版單曲）
詞曲作者：Liz Rose、Taylor Swift
製 作 人：Nathan Chapman、Taylor Swift
其他版本：泰勒絲全新版、十分鐘 MV 版

難得有歌曲能像〈回憶太清晰〉這首優雅、後勁強大的民謠歌曲一樣，捕捉到戀情破碎的錯綜複雜。泰勒絲在準備她 2010 年《愛的告白》世界巡迴演唱會時，這首歌的曲調如潮水般湧上心頭。「我才剛抵達排演場地，難過悲傷的心情，大家都看在眼裡，」她回憶。「那天我不好相處。」[16]

為了處理這樣糟糕的情緒，泰勒絲使用她最常用的處理方式求助：彈奏音樂。她開始反覆彈奏四個吉他和弦；樂團則「在泰勒絲開始唱出她的心情及心中感受時」加入彈奏[17]，整段約有十到十五分鐘。而幸運的是，當時有人順手將這段即興的腦力激盪捕捉了下來。「那天收工時，我媽媽找上錄音師，隨口問他有沒有把那些錄下來？」泰勒絲補充。「那人也很有個性地回答，有喔！——並把 CD 交給我媽。」[18]

泰勒絲召集了常合作的伙伴莉茲·羅斯，來潤修這首冗長的歌曲。當時莉茲正在忙著清理房子準備搬家（更別說，同時還要對抗鼻竇炎發作），但她還是立刻放下一切，來幫泰勒絲把這首〈回憶太清晰〉寫完。[19]在仔細編排後，兩人把千頭萬緒都塞進歌中——包括後悔、渴望、悲傷以及那麼一點憤怒——全都放在一個五分半鐘的版本裡。

2014 年 1 月 26 日在葛萊美獎的典禮上，泰勒絲以鋼琴伴奏，演唱初版的、較短版本的〈回憶太清晰〉。

二十二歲
22

〔單曲〕

發行時間：2013 年 3 月 22 日（單曲）／ 2012 年 10 月 22 日（專輯）
詞曲作者：Max Martin、Shellback、Taylor Swift
製 作 人：Christopher Rowe、Shellback、Taylor Swift
其他版本：泰勒絲全新版

二十二歲的人生有甜也有苦。好的方面，你已是真正的大人，可以成家、立業，做好多事情。壞的方面，你可能還搞不清楚成人的責任是什麼，長大成人時真正想要的是什麼。

向來冰雪聰明的泰勒絲，十分清楚這種兩難；就如她所說，「說到計劃自己的人生，你已年長到有足夠的資格，但你同時還太年輕，明白人生中等待回答的問題還太多。」[20] 然而與其去擔心或焦慮，她寫了〈二十二歲〉這首歌，講述還沒搞懂人生其實沒什麼大不了——她向歌迷保證這種摸不著頭緒、踏不到實地的感覺完全正常，甚至還有點刺激。

就如同〈紅色〉那首歌，樂曲的靈感最初是在飛機上產生的，然後再跟共同創作的伙伴分享——這回合作對象是馬克斯・馬丁和歇爾貝克。「我要寫一首歌，就談我跟朋友們共渡某個夏天的感覺，口吻就像，我們才二十出頭，什麼也不懂——這種感覺好棒！」泰勒絲說。「擁抱這個心情，還真有趣。」[21] 貫穿全歌的是充滿泰勒絲風格節奏的樂句，主打的是宛如躍動排舞的曲式節奏，副歌則是搖擺的流行節拍和層次分明的人聲。〈二十二歲〉真是熱鬧滾滾。

歌詞則既唱著瘋狂喜悅的高潮與無力的低潮，在歡樂中同時接受這兩種

04 | THE RED ERA | 紅色

泰勒絲在《時代巡迴演唱會》演唱〈紅色〉這首歌

感覺交織在心頭。那該怎麼辦呢？很簡單，就跟一群好友狂歡一夜，你們去跳舞、互相搞笑、做做白日夢，說不定你就遇到那個命中註定要在一起的人。而隔天早上你再來擔心未來——因為今夜我們要通宵達旦，享受年輕不羈。

儘管〈二十二歲〉的成績只達到《告示牌》百大熱門排行榜的第二十名，它卻預告了一個新風格的音樂即將誕生：鄉村流行跨界風——就像2013年由Pitbull的Kesha合作創作的歌曲〈Timber〉——後來成為歌迷的最愛。〈二十二歲〉是《紅色》巡迴演唱會的開場曲，也是該演唱會的主要高潮之一。泰勒絲穿著印有標語的T恤——有個版本印著「當時還真忙」，這是改自她在〈二十二歲〉原聲音樂MV裡的版本——在MV中，泰勒絲頭上戴著的黑色的費多拉紳士帽，出自著名洛杉磯設計師格拉迪斯・塔馬斯（Gladys Tamez）之手，泰勒絲一邊唱著歌，一邊穿梭在舞者群之間。每晚（演唱會）歌曲接近尾聲，她會跳著舞步走到舞台盡頭，把帽子送給碰巧在盡頭的幸運歌迷（帽子上可是有她親筆簽名喔！）。

105

《紅色》巡迴演唱會以泰勒絲演唱〈二十二歲〉作為開場——這首歌的演出有個慣例，唱完時泰勒絲會將簽名帽子送給某位幸運歌迷。

04 | THE RED ERA | 紅色

差點按捺不住
I Almost Do

專輯歌曲

發行時間：2012 年 10 月 22 日
詞曲作者：Taylor Swift
製 作 人：Nathan Chapman、Taylor Swift
其他版本：泰勒絲全新版

〈差點按捺不住〉有飽滿的木吉他與隨興漫步般的旋律，唱法則壓抑含蓄，這首歌曲感覺上可以直接收錄進自泰勒絲前期、傾向鄉村曲風的專輯。

然而這種簡約的歌曲，同樣反映泰勒絲對於柔情歌曲天團 Dashboard Confessional 的喜愛——此團擅長表現那種像是直接從心裡面掏出的心痛與苦楚。而泰勒絲那些描寫心碎的歌詞，表現出與 Dashboard Confessional 類似的脆弱，但她把焦點放在「一種矛盾的心情：既想復合、重修舊好，給對方一個機會，但又知道自己絕不能再心軟，」她說。「不能（再在一起）是因為你知道你不能再經歷一次心碎。」[22]

〈差點按捺不住〉來自泰勒絲極為私密的人生角落，泰勒絲承認：「事實上，我想我得把它寫成歌曲才能阻止自己打電話給他。而我當時真的這麼做了。」[23] 正因如此，歌曲中的敘述者分享了這個斷絕通訊的感覺有多痛苦——畢竟，用盡全力也才只能阻止自己不伸手去碰電話——而這也承認了，她依然做和對方復合的夢。然而到最後，她只是一廂情願地想像她的前任在做什麼，還奢望對方有時也會想起她。

泰勒絲（此時她正在接受採訪）與披薩連鎖店 Papa John 聯手宣傳專輯《紅色》。有不少行銷活動，其中一個是她會出現在行銷全美的披薩盒上。

107

泰勒絲在《時代巡迴演唱會》上，表演了十分鐘版本的〈回憶太清晰〉；演唱會的每一晚，歌迷們都跟著她一起高唱這首歌，宣洩情緒。

04 ｜ THE RED ERA ｜紅色

絕對絕對分定了
We Are Never Ever Getting Back Together

單曲

發行時間：2012 年 8 月 13 日（單曲）／ 2012 年 10 月 22 日（專輯）
詞曲作者：Max Martin、Shellback、Taylor Swift
製 作 人：Max Martin、Shellback、Taylor Swift
其他版本：Country Mix 版、泰勒絲全新版

藕斷絲連的感情讓人疲憊不堪卻又難以割捨。有時候是因為大家分合上了癮；有時候則是因為妄想對方會不再玩弄情感，選擇定下來與自己在一起。然而，大部分的人總會有條底線：已經受夠了一切的話，便下定決心永遠與有毒伴侶斷絕一切，不再往來。

假如你也有這個難題，那〈絕對絕對分定了〉就是你的個人招牌歌曲。唱法上這首歌與其他泰勒絲和馬克斯・馬丁、歇爾貝克合作的作品是同一種風格，樂曲同樣以循環的吉他為主要旋律線推動前進，再加上些許鄉村風味的鼻音以及激動人心、齊力合唱的副歌。在歌詞方面，泰勒絲細訴跟這個若即若離的情人相處時所受的窩囊氣，並發誓這次要跟對方斷得乾乾淨淨。

這是一首終極報復歌──「歌曲中清楚描繪的，正是我終於不再在乎前男友對我的想法，」泰勒絲說，並補充：話雖如此，但前男友「仍讓我覺得我跟他在聽的那些裝文青的樂團比起來，我還是沒那麼好或重要。」[24]

〈絕對絕對分定了〉的歌詞明顯在嘲諷對方卻又能不失風趣。對方有個矯情的習慣，每次吵完架就會去聽獨立音樂來撫平心情。泰勒絲便酸他說，那種音樂是比她的酷多了。這種挑釁的語調幾乎貫穿了整首歌。泰勒絲或唱或唸出這些歌詞，把重點放在她前任最教人髮指的行為。橋段則如

109

2017 年，在第八十九屆奧斯卡入圍午宴（The 89th Oscars Nominees Luncheon）上，在《紅色》專輯裡，與泰勒絲合作的瑞典作詞兼作曲家歇爾貝克（左）及馬克斯·馬丁（右）的合影，照片中還有大賈斯汀（Justin Timberlake）。

口白敘述，一個口氣不爽的泰勒絲，把打電話來說「還愛著她」的前任，像搧巴掌般掛掉了電話。她斬釘截鐵地說，他們永遠不會再復合了——而且她對於他竟然還好意思問這個問題感到非常不爽。（奇怪的是，這一段感覺像是 Moon Unit 和 Frank Zappa，在 1982 年的那首充滿俚語的名曲〈Valley Girl〉的現代更新版。）

〈絕對絕對分定了〉成為泰勒絲首支奪下《告示牌》百大熱門歌曲排行榜第一名的歌曲，並蟬聯三週之久，獲得葛萊美獎年度製作獎提名。不過，她也還沒有完全與鄉村音樂告別。另一個版本以更醇厚的鼻音及跳躍的節奏演唱，在混音中泰勒絲飆了更高的音，結果更在《告示牌》熱門鄉村歌曲排行榜上穩坐第一名寶座九週之久。「當你感覺受夠了，就是真的夠了，你自然就不會再為那個一而再、再而三把你灼傷的火苗所吸引，」泰勒絲說。「幸好我創作這張專輯時，自己沒受過這種罪。」[25]

2012 年在 MTV 歐洲音樂大獎（MTV Europe Music Awards）上，泰勒絲贏得三項大獎（包括最佳女歌手）並演唱史詩版的〈絕對絕對分定了〉。

留下來
Stay Stay Stay

專輯歌曲

發行時間：2012 年 10 月 22 日
詞曲作者：Taylor Swift
製 作 人：Nathan Chapman、Taylor Swift
其他版本：泰勒絲全新版

〈留下來〉像首搞笑、獨立製作的民歌，有歡樂的曼陀林琴與拍手伴奏，是《紅色》上遊戲感最濃的一首歌曲。

在歌詞方面，最後有個快樂的結局：這對情侶最後決定兩人在一起會比分手好。泰勒絲所撰寫的歌詞，「是根據我在真實情侶身上看到的例子，就算關係不完美那又如何，」她解釋。「有時候，對方實在把你惹毛了，你們沒頭沒腦吵了起來，然而即使如此，兩個人還是在一起最好，因為（在你們的相處中）其中就是有那麼個什麼，沒有的話你會覺得活不下去。」[26]

這一點也沒錯，〈留下來〉歌曲中描繪的主角意外（但高興）自己交往的男生細心、樂於助人並風趣。她更慶幸她的伴侶能忍受她的怪癖，而且不會一有問題就棄她而去。像是這次，有天晚上她還對他丟手機！她雖然擔心隔天兩人會分手，但還是提議談談彼此的差異。那個男朋友也很順從——和她討論時還開玩笑似的戴著美式足球的安全帽，準備解決問題。

最後一次
The Last Time
(ft. Gary Lightbody)

單曲

發行時間：2012 年 10 月 22 日（專輯）／2013 年 11 月 4 日（UK 單曲）
詞曲作者：Jacknife Lee、Gary Lightbody、Taylor Swift
製 作 人：Jacknife Lee
其他版本：泰勒絲全新版

泰勒絲一直渴望與她深愛的英國流行搖滾天團 Snow Patrol 合作，終於在〈最後一次〉這首強勁的民歌上夢想成真。這首男女對唱的合作對象是該團的主唱 Gary Lightbody，兩人歌路迥異，正好呼應兩個不同的愛情觀，在想要重燃愛苗時會產生的火花。Lightbody 運用肅穆而懇切的聲音，描繪一位出現在前女友家門口的男人，想像對方見到他時會心情興奮，並接受復合。泰勒絲則呈現對比，她扮演的角色心存疑慮，對前男友的到來也並不感到興奮；事實上，她心裡想到的是，這已是他多次這樣來找她，道歉、復合，然後過沒兩天又拋棄她。伴奏從平緩的鋼琴，爬升到風暴般的弦樂加電吉他合奏，他們倆的歌聲交纏糾結，彷彿企圖做最後一次的和解。「兩人都發誓，這次是最後一次了，」泰勒絲說。「她發誓這是她最後一次讓他回來，而他則發誓這是最後一次因為離去而傷害她。」[27]

Snow Patrol 的主唱兼吉他手 Gary Lightbody，在〈最後一次〉一歌中現身。

04 ｜ THE RED ERA ｜ 紅色

聖地
Holy Ground

專輯歌曲

發行時間：2012 年 10 月 22 日
詞曲作者：Taylor Swift
製 作 人：Jeff Bhasker
其他版本：泰勒絲全新版

〈聖地〉歌中的敘述者雖然感情失敗，但對那段關係卻深懷感激，把心中所有殘留的敵意掃清，好騰出空間給曾經共有的快樂時刻，和充滿兩人獨有的歡笑與共享的冒險。泰勒絲所寫的這首歌詞，是根據她見到某任前男友並且終於能釋懷並正向地看待那已逝的多年感情。「我寫的是我曾擁有但已逝去多年的一段關係，我終於能感激那段過去的戀情給我的正面意義，而不是怨恨後來未能修成正果，」她說。「人生裡能有這種經歷，是件好事。」[28] 泰勒絲為了把這個感激的心意轉化為歌曲，選擇與製作人傑夫・巴斯克（Jeff Bhasker）合作，是因為泰勒絲欣賞他的搖滾樂團 Fun，在 2012 年出道專輯裡的作品〈Some Nights〉（說來也巧，泰勒絲未來的共同創作伙伴傑克・安多夫（Jack Antonoff），也在該樂團中。）在巴斯克充滿歡樂氣氛的輕快風格影響下，〈聖地〉是一首熱烈的搖滾歌曲，有彷彿大步邁進的鼓聲與陽剛的木吉他及電吉他的即興奏法，全部都融合為一片和諧的樂章。

美麗的哀愁
Sad Beautiful Tragic

專輯歌曲

發行時間：2012 年 10 月 22 日
詞曲作者：Taylor Swift
製 作 人：Nathan Chapman、Taylor Swift
其他版本：泰勒絲全新版

這首苦中帶甜的歌曲，讓人回想起 1993 年 Mazzy Star 的作品〈Fade Into You〉，這首專輯歌曲〈美麗的哀愁〉「真的貼近我的心，」泰勒絲說。其沉悶憂鬱的曲調和歌名十分契合：泰勒絲在離開某場表演的公車上寫出這首歌，她心裡想的是「一段好幾個月以前結束的感情。感覺已不再有悲傷、憤怒之類的情緒。而是有一種若有所失的惆悵。」[29] 歌詞描寫一段被多種不利因素圍剿的戀情，包括距離、孤獨感、吵架以及連絡不順等等。歌曲中的敘述者顯然沒有把分手的責任怪到誰身上。他們只是懷念那段感情——強調關於感情不幸的結局及後續發展帶給她的心痛。「我要說的故事，是一連串難以釐清的錯誤導致事情出錯，」她解釋。「好像你回頭一望，只能看見暗淡一片的濃雲稠霧，既改變不了，也回不去了。」[30]

113

專輯歌曲

幸運的人
The Lucky One

發行時間：2012 年 10 月 22 日
詞曲作者：Taylor Swift
製 作 人：Jeff Bhasker
其他版本：泰勒絲全新版

泰勒絲在澳洲完成了〈幸運的人〉這首歌，是《紅色》專輯中最脆弱的一首歌，寫的是有關成名的故事，以泰勒絲自己為題材，講述她對自己音樂事業的恐懼。

「這首歌多少表達了我無法達到某種境界，而是結束在某個尷尬的境地。」她承認。「有些人登上某個層次；有些人則卡在那裡。」[31]歌中故事講述一個小牌女星前往洛杉磯後，成為了當紅演員，可是一連串的八卦報導、複雜難辨的男女關係、一堆想把她拉下神壇好讓新人上位等等的情況，讓她的星運走向了崩塌的結果。〈幸運的人〉揭露了這個小女星的對策：從聚光燈退出，擁抱自己的隱私，而非為了成名，繼續與難題糾纏。這首歌想要傳達的真相是，成為幸運兒這件事是把雙面刃。「我唱的恐懼，大約就是那首歌中所談的恐懼，」泰勒絲說，「最後被困在其中，孤獨，被誤解，即便覺

2012 年 MTV 音樂錄影帶大獎典禮上，泰勒絲呈現一個灑脫版本的〈絕對絕對分定了〉。

得大家都說你是幸運的，但其實才不是呢。」[32]〈幸運的人〉的音樂部分迴旋而蜿轉，有如一支優雅的交際舞——而歌曲中一股復古風格，也符合那過氣明星的怨懟氛圍。

04 | THE RED ERA | 紅色

都變了
Everything Has Changed (ft. Ed Sheeran)

單曲

發 行 時 間：2013 年 7 月 14 日（單曲）／ 2012 年 10 月 22 日（專輯）
詞曲作者：Ed Sheeran、Taylor Swift
製 作 人：Butch Walker
其他版本：Remix 版、泰勒絲全新版

紅髮艾德與泰勒絲不只是好友及一次的巡迴演唱的伙伴——他們還是充滿動能的寫歌團隊。他們兩人在泰勒絲洛杉磯家後院的彈跳床上，寫了這首〈都變了〉。

這首歌在紅髮艾德開始與泰勒絲玩和聲時，漸漸演變成男女對唱，而這也很貼合歌曲的主旨，因為這首歌「唱的就是當情侶碰巧走到彼此的眼中，一瞬間世界就變得不同了，因為一切都變了，」她說。[33]「事實上也的確如此，你可以把歌詞詮釋成一見鍾情的、讓人感到興奮的經驗——而且心中有個仰慕的對象，是何其幸福——或是突然對長期談柏拉圖式戀愛的對象產生新的浪漫火花。」

但是製作這首歌的時候，泰勒絲則找了其他合作對象：巴奇・沃克（Butch Walker），他是一位資深的搖滾音樂前輩，他近期重披戰袍，再度上場與許多流行歌手合作，例如紅粉佳人、艾薇兒・拉維尼以及 Panic! At The Disco。「他堪稱製片藝術家，能讓大家各自的專長在錄音室融合為一體，」泰勒絲說。「我已知道他會以原始且自然的音效來製作，因為那也是艾德的風格。」[34] 的確如此，〈都變了〉這首歌適當地採用低調的表現，讓泰勒絲及紅髮艾德天使般又暖心的合唱歌聲主導全歌，因此能讓人產生共鳴。

2013 年 11 月 1 日的麥迪遜廣場花園，泰勒絲在紅髮艾德完售的演唱會中，與他合唱〈都變了〉。

星光
Starlight

專輯歌曲

發行時間：2012 年 10 月 22 日
詞曲作者：Taylor Swift
製 作 人：Nathan Chapman、Dann Huff、Taylor Swift
其他版本：泰勒絲全新版

　　有一天泰勒絲翻閱黑白舊相本，碰巧翻到一對年輕男女，偷溜進別人的盛裝舞會跳舞時的自拍照：那竟然是未來的人權領袖艾瑟‧甘迺迪（Ethel Kennedy）與她已故的丈夫，美國參議員羅伯特‧法蘭西斯‧甘迺迪（Robert F. Kennedy）。「我當下就在想，他們那晚還會玩到多嗨，」[35] 泰勒絲說。

　　這生動的一幕開啟了泰勒絲的靈感泉源，寫下〈星光〉，這首動人的歌曲是想像著艾瑟跟著英俊年輕的男友溜進那場盛裝舞會，男友鼓勵她一切會更好，她的心情會有多麼快樂並且什麼都不怕。〈星光〉也十分適切地用上 1987 年代佛利伍麥克（Fleetwood Mac）樂團那首〈Tango in the Night〉的閃亮風格：步調穩健的鍵盤涵蓋全曲，有如流星滿天灑下，與之相伴的還有溫柔輕語的鋼琴與有稜帶角的電吉他。

　　原來泰勒絲早有內線消息，才能得知艾瑟這件年少輕狂、真實發生的往事。2012 年初，她向《Vogue》雜誌透露，自己跟她共享了一個愉快的午後；不久後泰勒絲便出現在日舞影展（Sundance Film Festival）的艾瑟生平紀錄片首映典禮的紅毯上。根據泰勒絲的說法，艾瑟一聽完〈星光〉就愛上了這首歌。讓我們事後回想看看，也許整件事是泰勒絲為錄製 2020 年專輯《美麗傳說》所做的暖身運動，後者同樣有著以真人真事為本，但細節完備的虛構情節。

重新開始
Begin Again

單曲

發行時間：2012 年 9 月 25 日（單曲）／2012 年 10 月 22 日（專輯）
詞曲作者：Taylor Swift
製 作 人：Nathan Chapman、Dann Huff、Taylor Swift
其他版本：泰勒絲全新版

　　在經歷慘痛的分手之後要重新開始，通常很不容易。那種程度的情感割裂讓人失去目標，好似整個人生裡再沒有什麼是可以確定的，從前再有把握的事都會變得猶豫不決。〈重新開始〉這首歌的靈感就在泰勒絲思緒萬千的腦海中浮現了。「這首歌談的是如何走出分手，」她說，「你的傷心依舊揮之不去，什麼事都覺得不安穩，那段關係讓你覺得是自己不對。」[36] 然而這首歌可不是單身生活的無病呻吟：歌詞描寫一場很棒的初次約會，對方溫文有禮，你的幽默他都能懂，會想和你聊聊聖誕電影，還擁有不少的詹姆士‧泰勒（James Taylor）的唱片。「〈重新開始〉談的，其實就是一個人告別毀天滅地的分手後，還是脆弱不堪的狀態，但把身上的灰塵拍一拍，還是可以起身出發，再勇敢去約會。」泰勒絲解釋。[37]〈重新開始〉展現了多樣性，這首歌接近極簡鄉村及民歌流行風，還如搖籃曲般能安撫心靈。果不其然，這首歌獲得葛萊美獎最佳鄉村歌曲提名，並在《告示牌》百大熱門歌曲勇奪第七名。

在 2012 年日舞影展（Sundance Film Festival）上，泰勒絲與歌曲〈星光〉中虛構人物的原型艾瑟・甘迺迪，在紀錄片首映放映前的合影。

我知道的那一刻
The Moment I Knew

> **彩蛋音軌（《紅色》豪華版）**
> 發行時間：2012 年 10 月 22 日
> 詞曲作者：Taylor Swift
> 製 作 人：Nathan Chapman、Taylor Swift
> 其他版本：泰勒絲全新版

　　泰勒絲說她寫了一首輓歌風格的〈我知道的那一刻〉談她二十一歲的生日派對——那個晚上由於在太多不該出錯的地方出錯，讓她羞愧得一輩子都忘不了。事實上，儘管有朋友說她看起來「精神亢奮，還戴著一個可愛的公主皇冠」，而在場有七十位客人一同狂歡[38] 樂師卻記得那是「有史以來最糟的一次經驗。」[39] 怎麼說呢？據說她當時的男朋友，明星傑克·葛倫霍（Jake Gyllenhaal）沒有到場，泰勒絲是在那當下才察覺她們的感情觸礁了。[40]〈我知道的那一刻〉講述泰勒絲在許多痛苦細節中驚恐的發現；泰勒絲望著門口，希望他會現身，當她領悟到對方不會來了，便躲進化妝室，最後在眾人面前淚崩。聽著她直接向對方發話，說他應該出席那個慶生聚會，你幾乎聽得到她的心碎成千萬片的聲音——還有，這件事對她有多大的意義。後來，對方來電道歉，但實在太沒誠意而且已經太遲了。

回來我身邊
Come Back ... Be Here

> **彩蛋音軌（《紅色》豪華版）**
> 發行時間：2012 年 10 月 22 日
> 詞曲作者：Taylor Swift、Dan Wilson
> 製 作 人：Dan Wilson
> 其他版本：泰勒絲全新版

　　遠距離戀愛原本就很難維持，對於泰勒絲這種邀約不斷的當紅歌手，就更是難上加難。因此她寫出這首美式小調〈回來我身邊〉，也就不令人意外了。歌曲講述「兩人受到遙遠的空間阻礙，是我日常面對的難題。」[41] 然而情況有點逆轉：這首歌是以留在原地的人的角度來看，而不是那位離開的人，而前者無可救藥地思念對方。「〈回來我身邊〉談的是愛上一個終究必須上路遠行的對象，」泰勒絲解釋。「對方到處走，你也到處走，但你的心永遠跟著他，只是你不知道兩人相隔在不同地方，這段感情要怎麼樣維持下去。」[42] 這首與丹·威爾遜合寫的〈回來我身邊〉，是被遠距離掏空的心所發出的哀鳴。泰勒絲以哀而不怨的歌聲，向她身在紐約或倫敦的心愛的人，哀求對方回到她身邊，原聲主要旋律線的語句陣陣如波，電吉他犀利的音色則飽含哀痛之意，一切像電影情節，升出並纏繞成一段揪心動人的感情戲。

04 | THE RED ERA | 紅色

在家的女孩
Girl At Home

> 彩蛋音軌（《紅色》豪華版）
>
> 發行時間：2012 年 10 月 22 日
> 詞曲作者：Taylor Swift
> 製 作 人：Nathan Chapman、Taylor Swift
> 其他版本：泰勒絲全新版

要說有哪個人值得泰勒絲憤怒，「〈在家的女孩〉裡講的是一個有女友的男生，我覺得他在外頭，還跟別的女孩眉來眼去調情，很噁心。」她說。[43] 儘管〈在家的女孩〉聽起來像是一首平凡的流行民謠歌曲，帶有電子音調的背景以及難忘的副歌旋律，但它的歌詞可沒這麼簡單了。泰勒絲一刀斃命般地痛斥那個渣男蔑視女孩間同舟共濟的情誼，並當眾指出他用情不專。她祭出罪惡感大刑：指出他的女友還在家裡癡癡等他回去，罵他沒有良心。除此之外，泰勒絲也強調，另一個女孩也不該被吃豆腐——她對這種調情攻勢，一點興趣也沒有——並叫他刪掉她的電話，快點滾。

2012 年，在拉斯維加斯的 iHeartRadio 音樂節上，泰勒絲讓群眾驚豔。

更好的男人
Better Man

私藏曲（《紅色》泰勒絲全新版）

發行時間：2021 年 11 月 12 日
詞曲作者：Taylor Swift
製 作 人：Aaron Dessner、Taylor Swift
其他版本：Little Big Town 版

當你是泰勒絲這種水準的歌曲創作者時，你總是會傷腦筋要讓哪些歌選錄入某張專輯。就以這首以和聲主導的鄉村歌謠風的〈更好的男人〉來說，原本她想選進《紅色》專輯裡，但這首歌後來還是沒擠進歌單，被留在了錄音剪接室的地板上，因為她知道「在那個時期寫的歌曲，有太多自己喜愛的歌了，所以有一些必須捨棄。」[44]（這一點都不誇張：泰勒絲透露，她最後決定把〈回憶太清晰〉放進專輯，於是〈更好的男人〉就這樣被擠掉了。）

〈更好的男人〉是泰勒絲巡演時，在下榻的飯店房間裡創作的，是她以直覺拼湊出歌詞並完成的歌曲，談的是一個傷心的人（卻鐵了心接受）分手。然而，泰勒絲總是希望每首歌都有見到天日的機會。有一天她隨手挑了這首〈更好的男人〉，寄給鄉村歌曲團體 Little Big Town，因為她覺得這首歌適合他們。[45] Little Big Town 欣然接受並演唱它，而他們所錄製的版本爆紅，登上《告示牌》熱門鄉村歌曲排行榜第一名，並贏得一座葛來美獎（最佳鄉村組合或團體獎），還有 CMA 鄉村音樂協會獎（年度歌曲）。泰勒絲的版本以弦樂器與木吉他加以升級，同樣悅耳動聽。

2016 年 11 月 2 日，在鄉村音樂協會獎的典禮上，鄉村歌手 Little Big Town 演唱〈更好的男人〉——而在一天前，他們才透露這首歌的創作者是泰勒絲。

了無新意
Nothing New
(ft. Phoebe Bridgers)

私藏曲（《紅色》泰勒絲全新版）
發行時間：2021 年 11 月 12 日
詞曲作者：Taylor Swift
製　作　人：Tony Berg、Aaron Dessner、Taylor Swift

　　泰勒絲是瓊妮・蜜雪兒（Joni Mitchell）的音樂及歌藝的鐵粉；事實上，在 2012 年的澳洲之行中，她買了一架阿帕拉契揚琴，只因為蜜雪兒在她 1971 年的成名專輯《藍》（Blue）裡，演奏了這個樂器。毫不意外地，泰勒絲一秒都沒等就開始創造自己的揚琴音樂：在她買琴的當天，從雪梨飛往伯斯的飛機上，便完成了一首原創歌曲：這首獨立音樂風格的〈了無新意〉。這首歌曲唱的是「害怕老去，害怕事物變遷，以及害怕失去所有，」她在日記裡寫道，幾行之後她又提到「最近常想到變老、如何受人敬重，還有我崇拜的人最後也都老去。」[46] 這首歌的泰勒絲全新版，聽起來像是古老的玩具一樣，因為不時會有大提琴與小提琴穿插，有時則會浮現一段華麗的鋼琴。還有菲比・布里傑斯（Phoebe Bridgers）的客串演唱，把她老靈魂的智慧與絲絨般的聲音，帶入這首反省沉思的歌曲。「我真的想要有位我喜愛的女歌手與我合唱，因為這首歌充滿女性藝術家的觀點，」泰勒絲說。「而她的回答是，我等你這則訊息，已經等一輩子了。」[47]

121

寶貝
Babe

私藏曲（《紅色》泰勒絲全新版）

發行時間：2021 年 11 月 12 日
詞曲作者：Pat Monahan、Taylor Swift
製　作　人：Jack Antonoff、Taylor Swift
其他版本：Sugarland 版

泰勒絲在事業初期，有時會翻唱鄉村二重唱團體 Sugarland 的〈Baby Girl〉。幾年後，該團在解散多年後復出，泰勒絲藉此回報當年借歌之恩，便提供一首她的歌曲讓對方使用：〈寶貝〉是一首分手時叫對方離開的歌曲，與搖滾樂團 Train 的派屈克・莫納漢（Pat Monahan）合寫。Sugarland 並未唱過其他創作者的作品，但是這首慷慨的饋贈，他們立即接受了。「像泰勒絲這樣的人會跟你說，嗨，我有首歌送你好嗎？這種情況可不會天天發生。」Sugarland 的主唱詹妮弗・內特斯（Jennifer Nettles）說。「我們當然說，好哇。」[48] 她們演唱的版本也邀請泰勒絲客串背景合聲，並奪得《告示牌》熱門鄉村歌曲排行榜第八名。泰勒絲發行專輯《紅色（泰勒絲全新版）》，也收錄了獨唱版的〈寶貝〉，將其打造成 1970 年代的民歌流行風格。泰勒絲的詮釋，使用了步調輕鬆的管樂，隨興跳動的氛圍與強弱交錯的吉他旋律，聽起來就像是她對自己的兩位偶像，瓊妮・蜜雪兒與卡洛爾・金（Carole King）致敬。

04 | THE RED ERA | 紅色

瓶中信
Message in a Bottle

私藏曲（《紅色》泰勒絲全新版）

發行時間：2021 年 11 月 16 日（單曲）／ 2021 年 11 月 12 日（專輯）
詞曲作者：Max Martin、Shellback、Taylor Swift
製 作 人：Elvira Anderfjärd、Shellback
其他版本：泰勒絲全新版（Fat Max G Remix）

　　〈瓶中信〉聽起來更像來自專輯《1989》，而非《紅色》。這是她與馬克斯·馬丁和歇爾貝克合作創作的第一首歌曲，夢幻的合成器流行音樂版本，有種來自遠方的空靈感──說得明確一點，是來自倫敦──而在歌曲中，可以領悟唯一能把訊息送出的方式，就是使用瓶中信。這種方法雖然風險不低，但是泰勒絲寧可賭一賭，因為收獲遠勝過風險。

我打賭你想起我了
I Bet You Think About Me
(ft. Chris Stapleton)

單曲

發行時間：2021 年 11 月 15 日（單曲）／ 2021 年 11 月 12 日（專輯）
詞曲作者：Lori McKenna、Taylor Swift
製 作 人：Aaron Dessner、Taylor Swift

　　2011 年在美國福克斯堡的吉列體育場（Gillette Stadium），泰勒絲在兩場完售的演唱會期間，找了個空檔寫下這首〈我打賭你想起我了〉，合作伙伴是她仰慕的洛瑞·麥肯納（Lori McKenna）。她們有個單純的目標，「我們要寫一首詼諧、自我解嘲、滑稽、什麼都不怕不管的那種分手歌。」泰勒絲說。[49] 而最後任務也達成了：美式風格的華爾茲，踏板鋼棒吉他、口琴、弦樂的伴奏，以及特普爾頓（Chris Stapleton）的合聲，這首歌向前任挑釁，並嘲諷他矯情的作風。

永恆冬日
Forever Winter

私藏曲（《紅色》泰勒絲全新版）
發行時間：2021 年 11 月 12 日
詞曲作者：Mark Foster、Taylor Swift
製 作 人：Jack Antonoff、Taylor Swift

　　與 Foster the People 的馬克・福斯特（Mark Foster）合寫的〈永恆冬日〉，談的是發現你身邊的人──朋友或伙伴──「長年為憂鬱症所苦，」泰勒絲說。「而你後悔自己沒有早一點察覺，你希望你曾多關照他們一些。」[50]〈永恆冬日〉這個歌名雖然感覺很冷，卻運用了溫暖的銅管樂器伴奏，傳達歌詞苦樂參半的抒情基調，同時帶著一分無奈。

奔跑
Run (ft. Ed Sheeran)

私藏曲（《紅色》泰勒絲全新版）
發行時間：2021 年 11 月 12 日
詞曲作者：Ed Sheeran、Taylor Swift
製 作 人：Aaron Dessner、Taylor Swift

　　泰勒絲能精確說出她與紅髮艾德成為朋友的那一刻：她在 2021 年透露，「我們認識彼此的第一天，」也是這個雙人組創作他們合作的第一首歌，〈奔跑〉的那天。[51] 說到這首歌的過人之處，兩人唱著那些千迴百轉的樂句，聽起來就像是合唱了一生的伙伴，「歌中談到愛情讓人逃離現實，讓人不在乎別人對你的想法──你只想跟那個人一走了之，」泰勒絲說，「與他共享你們一起建立的，只有你們兩人知道的祕密小天地。」[52]〈奔跑〉最後能脫穎而出被選入專輯，紅髮艾德尤其興奮──他早就覺得這首歌應該收進《紅色》，他向來喜愛這首歌，他說：「我從來不為這點去左右泰勒絲，因為，你知道的，這是人家的歌、人家的私事。不過我心中向來暗自希望有一天，她會忽然發現，這首歌聽來蠻酷的嘛。」[53]

04 | THE RED ERA | 紅色

在泰勒絲 99.7 NOW! POPTOPIA 的音樂會上，紅髮艾德與她一起演唱〈最後關卡〉（End Game）。

那一夜
The Very First Night

私藏曲（《紅色》泰勒絲全新版）

發行時間：2021 年 11 月 12 日
詞曲作者：Amund Bjørklund、Espen Lind、Taylor Swift
製作人：Tim Blacksmith、Danny D、Espionage

〈那一夜〉是泰勒絲極為特殊的一類作品，其以合成器音樂為主導的音樂方向，預告了她在《1989》所選用的風格。她與一個名叫 Espionage 的製作團隊合作，合寫了一首活潑、讓人想跟著起舞的歌曲，節拍輕快跳躍，歌詞興高采烈，像是渴望更好的日子來臨，以及哪一天愛情能順順利利。就主題而言，〈那一夜〉與《紅色》十分契合，因為其唱的也是某種「對過去的懷念，」泰勒絲說。「懷念某件已經逝去的事情，懷念於好時光以及回憶的力量有多麼大。」[54] 而這首歌的歌詞的確生動鮮活，像是提到一些親密的細節：留在拍立得相片上的一段情話、那個難忘的洛杉磯夜晚、一場廚房舞會——這一切讓〈那一夜〉感覺上像是一篇加長版的日記內容，有加密的訊息，只有某一位特定前任才看得懂。

125

2021 年 11 月 12 日，〈回憶太清晰：微電影〉上，泰勒絲的 Etro 深紫色絲絨外套穿搭顯得特別時髦。

04 ｜ THE RED ERA ｜ 紅色

回憶太清晰（10分鐘完整版）

單曲

All Too Well

發行時間：2021 年 11 月 12 日（專輯）／ 2021 年 11 月 15 日（數位單曲）
詞曲作者：Liz Rose、Taylor Swift
製 作 人：Jack Antonoff、Taylor Swift
其他版本：原聲現場演出版、Sad Girl Autumn 版、短片版

在 2012 年版的《紅色》上，泰勒絲發行了最初版本的〈回憶太清晰〉，她承認這首歌「寫起來讓我最難過，因為我花了好多時間過濾素材，才選出我想放到歌曲中的東西。」她笑了笑又補充，「〈回憶太清晰〉一開始就是十分鐘的長度，實在沒辦法放進專輯。」[55]

然而她哪裡能預測，在未來有個史詩般的故事等著她呢。不到十年內，她不僅在一張專輯裡發行一個加長版的〈回憶太清晰〉，就是《紅色（泰勒絲全新版）》——這個版本還贏得葛萊美年度歌曲獎的提名，而且還成為有史以來，能登上《告示牌》百大熱門歌曲排行榜冠軍寶座的歌曲裡，歌曲時長最長的一首。泰勒絲同時也執導這首歌的 MV，片名叫〈回憶太清晰：微電影〉（All Too Well: The Short Film），主演的有莎蒂·辛克（Sadie Sink）與狄倫·歐布萊恩（Dylan O'Brien），並贏得葛萊美最佳音樂錄影帶獎。這個加長版還成為幾乎所有泰勒絲的大型活動裡，讓大家滌淨心靈、一起合唱的曲子——包括時代巡迴演唱會和世界各地許多以泰勒絲為主題的 DJ 之夜活動。

那麼，為什麼〈回憶太清晰〉（十分鐘完整版）是泰勒絲的招牌作品？首先，這首歌鉅細靡遺地探索一段感情的整個過程。幸福甜蜜的蜜月期，充滿如夢似幻的時光，但是等到這段關係變質之後，泰勒絲發現她的伴侶不再愛她、

敬重她。這首歌的歌詞借用了〈我知道的那一刻〉的靈感，甚至提到那個糟糕的二十一歲生日，那天她男友完全不知去向。歌詞也充滿 Swifties 最喜歡提起的典故——包括印著的「父權吃 X 吧」的鑰匙環，以及那條分手後不曾取回的圍巾。最重要的是，泰勒絲毫不掩飾心碎的痛苦，或說什麼「最壞的經驗都會有收穫」的這種鬼話。她讓自己記得過去的好時光——不過也完全接受那憤怒、悲傷與哀戚等情緒。

泰勒絲從來沒有透露〈回憶太清晰〉裡的前任身分，不過大家還是猜想其靈感可能來自 2010 年的那段感情（後來以分手告終），男方是演員傑克・葛倫霍。十分鐘加長版裡有個額外細節，似乎確定了這個猜測；歌詞提到的事不少，其中一個問題根源是兩人的年齡落差。

對於這個指控，葛倫霍並未正面評論他在〈回憶太清晰〉裡扮演的角色，不過有一次在某個訪談中，訪談人提起此事，他有回覆。「那個跟我一點關係也沒有，」他說。「那是她跟她的歌迷的關係。那是她的表達方式。藝術家從自己的人生汲取靈感，這點我可一點也不會怪誰。」[56]

2012 年在「對抗癌症」的慈善義演中，泰勒絲演唱感人版本的〈羅南〉。

04 | THE RED ERA | 紅色

羅南
Ronan

單曲

發行時間：2012 年 9 月 8 日
詞曲作者：Taylor Swift、Maya Thompson
製 作 人：Taylor Swift
其他版本：泰勒絲全新版

　　泰勒絲寫了許多難過的歌，不過沒有一首能和〈羅南〉相提並論；悲傷的不插電自然音伴奏，表現的是一位悼亡的母親，如何漸漸接受她四歲孩子的離世。這首歌有技巧地提及男孩年幼時的景象——跟塑膠恐龍玩耍、令人難忘的笑聲、赤腳踏地的聲音——目的是希望他的人生能永存在回憶之中。〈羅南〉是個真實故事，是根據一個叫「Rockstar Ronan」的網站上的一些心碎貼文，寫貼文的人叫作 Maya Thompson。泰勒絲是網站的死忠讀者，被 Thompson 的文字感動，便動筆寫下這首歌，是約在《紅色》專輯的那一陣子，她親自接觸 Thompson，與她分享完成的部分，向她表達自己的感動有多深。「《紅色》這張專輯，是有關心碎與痊癒、憤怒與悲痛、不幸與創傷，以及一段想像中失落的未來，因為某個人離開了，」泰勒絲多年後寫信給 Thompson，尋求她的允許能收錄在《紅色（泰勒絲全新版）》裡頭。「我寫〈羅南〉時，正在製作《紅色》，讀到了妳的故事，妳說得如此誠懇，如此傷痛。」[57]

　　泰勒絲至今只演唱過兩次〈羅南〉：在 2012 年慈善馬拉松節目「對抗癌症」（2012 charity telethon Stand Up to Cancer），以及在亞歷桑納州格蘭岱爾市的《1989 世界巡迴演唱會》上，當時 Thompson 也在場。

睜開雙眼*
Eyes Open

單曲

發行時間：2012 年 3 月 27 日（單曲）／2012 年 3 月 20 日（原聲帶專輯）
詞曲作者：Taylor Swift
製 作 人：Nathan Chapman、Taylor Swift
其他版本：泰勒絲全新版

〈睜開雙眼〉的靈感是來自《飢餓遊戲》（The Hunger Games），揭露了泰勒絲迥異的一面：重搖滾風的個性。說真的，這首歌曲中搖滾的吉他節奏與鏗鏘有力的樂句，即使是收錄到 Hum and Failure 這種火爆的太空搖滾樂團的專輯裡，也一點都不違和。儘管泰勒絲在音樂方面脫離原本的道路，但她卻是故意把〈睜開雙眼〉創作成這個風格，因為她要這首歌曲「更強調（主要角色）凱妮絲・艾佛汀（Katniss Everdeen）與都城（The Capitol，掌控飢餓遊戲（以及其他東西）的力量中心。）之間關係的描繪，她知道她不能信任政府裡的任何人，這也是我要這首歌聽起來更加狂放——就像追殺情節的配樂。」[58] 因此這首歌曲談論自信與警覺的重要——換言之，隨時要睜眼看——以面對敵人以及其他挑戰。而值得注意的是，泰勒絲充滿堅忍性格與力量的歌聲，讓〈睜開雙眼〉成為樂觀正面，而非悲觀的歌。

04 ｜ THE RED ERA ｜ 紅色

安然無恙*
Safe and Sound (with Civil Wars)

宣傳單曲

發行時間：2011 年 12 月 26 日（宣傳單曲）／ 2012 年 3 月 20 日（原聲帶專輯）
詞曲作者：T-Bone Burnett、Taylor Swift、John Paul White、Joy Williams
製 作 人：T-Bone Burnett
其他版本：泰勒絲全新版

　　泰勒絲擅長創作描繪強悍女性的歌曲，這自然就讓她以《飢餓遊戲》的主要角色凱妮絲的觀點，與人共同創作這首〈安然無恙〉。「她心裡想的是，這樣跳開一下也好，」泰勒絲說，描述這種經驗「從別人的觀點來創作，就像一個美好的休息。」[59] 其樸素的民歌風格「代表著凱妮絲對不同角色懷抱著的感同身受與關懷熱心」[60]，泰勒絲補充——由於主角所存在的世界動盪不安，想生存必須有高超的技藝才行。〈安然無恙〉贏得葛萊美獎最佳創作影視媒體歌曲獎，是在製作人 Bone Burnett 家中的錄音室，花了兩個小時編寫完成的。約翰‧保羅‧懷特（John Paul White）與喬伊‧威廉斯（Joy Williams）當年在錄製時，兩人共同組了美國合唱團體 the Civil Wars，他們加入泰勒絲的團隊，為歌曲帶來緊迫的和弦，擴大了歌中想要表現的痛楚。最後完成的歌曲呈現復古鄉村藍調風格，有如歷史裡的傳奇，世世代代加以傳頌。

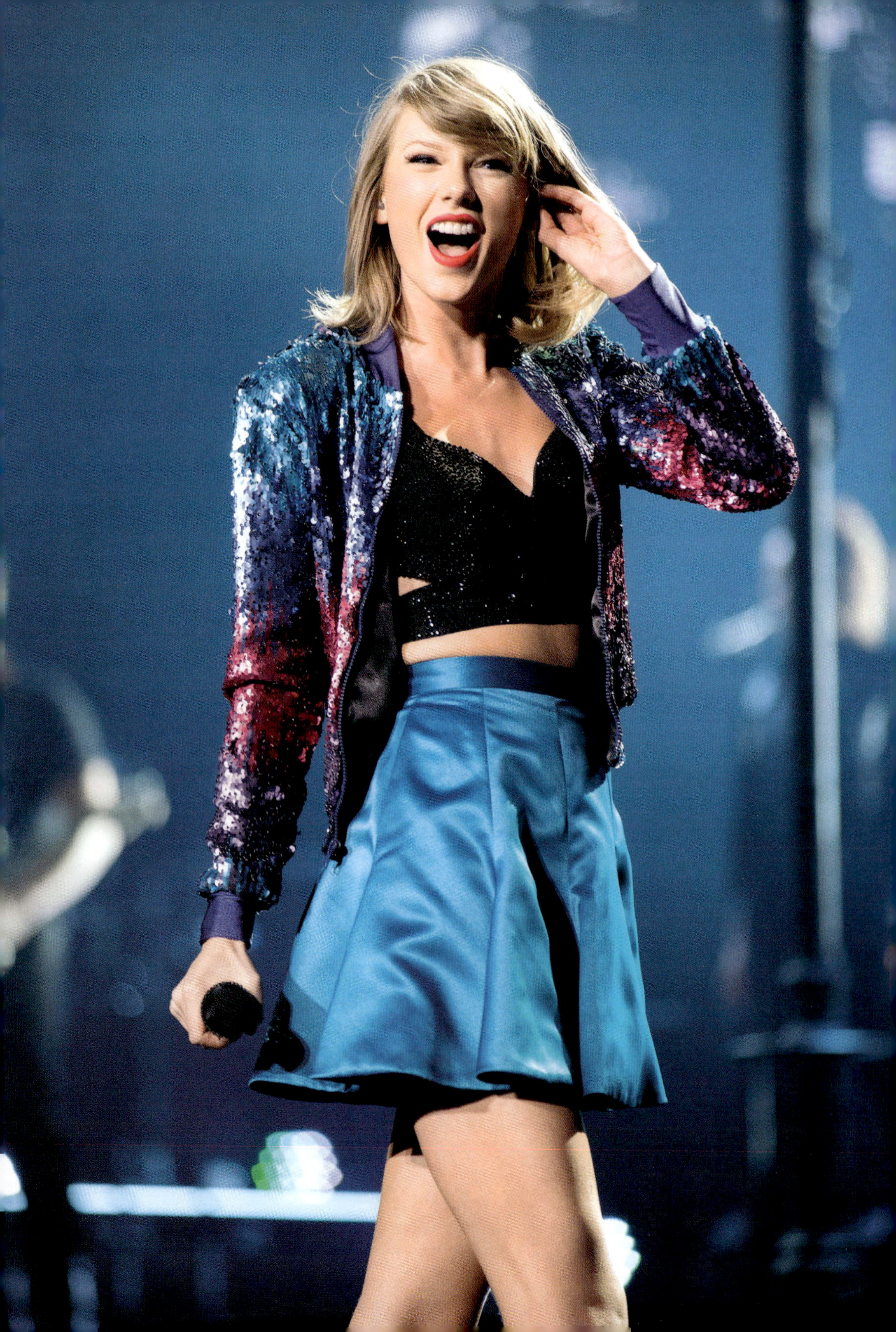

05 / 1989

THE 1989 ERA

就音樂的層面而言，泰勒絲在《紅色》與《1989》之間，有突飛猛進的發展。「我每一天醒來，都不只是想要做，而是需要做，需要去嘗試新風格的音樂，」她說。「這張專輯是我的重生。」[1] 這張專輯受到 1980 年代後期，那種較革新的流行音樂影響——在某次訪談中，她直接指出了瑪丹娜（Madonna）的〈Like a Prayer〉、Fine Young Cannibals 的〈She Drives Me Crazy〉是她的試金石[2]——這張專輯，在上架第一週就賣出了一千三百萬張，並為泰勒絲奪得第二座葛萊美年度專輯獎與最佳流行演唱專輯獎。

歡迎光臨紐約
Welcome to New York

宣傳單曲

發行時間：2014 年 10 月 20 日（下載版）／2014 年 10 月 27 日（專輯）
詞曲作者：Taylor Swift、Ryan Tedder
製　作　人：Taylor Swift、Ryan Tedder、Noel Zancanella
其他版本：泰勒絲全新版

泰勒絲專輯的開頭歌曲，總有明確的企圖，因為她常常視這些歌曲為她音樂使命的宣言。

〈歡迎光臨紐約〉也不例外。2014 年春天，泰勒絲實現了她長年的願望，搬到暱稱大蘋果的紐約市，購買了一棟位於紐約市南區的翠貝卡（Tribeca），價值一千九百九十萬美金的閣樓寓所，她立刻覺得這個活力四射的城市，把她的創意能量充飽，她說：「我在這個城市找到的靈感，難以用言語表達，也難以跟我這一輩子所經歷的其他靈感力量做比較。」[3] 這首歡樂熱鬧的〈歡迎光臨紐約〉，跟泰勒絲之前的歌都不相同，也恐怕不是碰巧不同：這是一首有如泡沫湧升的蘇打水般的合成器音樂歌曲，有清楚的數位節奏，來自 80 年代的鍵盤，以及如微風吹過的製作風格。歌詞方面，泰勒絲傳達出一個想法，在紐約市，什麼事都能，也都會發生，無論是想個人再造，或者實現雄心壯志。每個人在這座不眠之城，都可以找到自己的位置。「我對自己搬到那裡的態度是放開眼界，保持樂觀，把它視為某種擁有無限潛力與可能的地方，」泰勒絲這麼評論紐約。「你可以在這張專輯裡聽出這點，特別是第一首。」[4]

在 2014 年美國鄉村音樂學院獎的典禮上，泰勒絲已順利邁向跨界流行巨星之路——這次她與提姆・麥格羅的歌曲，〈Highway Don't Care〉贏得年度最佳音樂錄影帶獎。

05 | THE 1989 ERA | 1989

空白
Blank Space

單曲

發行時間：2014 年 11 月 10 日（單曲）／2014 年 10 月 27 日（專輯）
詞曲作者：Max Martin、Shellback、Taylor Swift
製 作 人：Max Martin、Shellback
其他版本：泰勒絲全新版

〈空白〉是一首冷豔電音流行風格的歌曲，或唱或唸的唱法以及節拍的擊點與共鳴，有如老時鐘的滴答聲，「也是唯一一首，在創作之初只當是玩笑的歌。」泰勒絲說。[5]

泰勒絲的歌曲常大量取材於她的私人生活以及公開的人際關係（也常常錯得好玩而離譜）——包括她是「花心的人，把所有男友都玩在股掌之間，但是沒有一個留下來，因為泰勒絲有太多性格缺點。」接著她又「因為男友的離去而心碎，於是她轉換到她黑暗的一面，寫歌報復，」她繼續指出「我開始覺得那個假想的角色真的挺有意思。假如她是真實存在，那擁有這些能力與特質的她會寫出什麼歌？」[6]

答案是〈空白〉，是一首遊戲人間的歌，由一個誇大、邪惡版的泰勒絲，和一個想像是她會有的觀點來寫成——一個很有經驗的花心渣女，她自己的情感是一筆爛帳，卻只顧著再多征服另一顆心，而這一切將無可避免地迎來災難。〈空白〉得到三項葛萊美獎提名，包括年度製作及年度歌曲獎，並成為她的第三首勇奪《告示牌》百大熱門歌曲排行榜冠軍的作品。

2014 年，泰勒絲在 Jingle Ball 音樂會（KIIS-FM Jingle Ball）上演唱一個短組曲，包括〈空白〉與〈通通甩掉〉（Shake It Off）。

單曲

超有型
Style

發行時間：2015 年 2 月 9 日（單曲）／2014 年 10 月 27 日（專輯）
詞曲作者：Max Martin、Ali Payami、Shellback、Taylor Swift
製　作　人：Max Martin、Ali Payami、Shellback
其他版本：泰勒絲全新版

泰勒絲說她為《1989》寫的最後兩首歌曲是〈通通甩掉〉（Shake It Off）和〈超有型〉。當她完成後者的時候，她知道這張專輯已經完成了。「專輯好像有一個巨大失落的片段，而那首歌填補了它。」她說。[7]

這首真是典型的壓軸好戲。〈超有型〉登上《告示牌》百大熱門歌曲排行榜前十名，是泰勒絲歌曲裡極受歡迎的一首，擁有一種慵懶、迪斯可兼放克的氛圍，那種狂喜的感覺，彷彿開著敞篷車高速行駛於公路上。「我喜歡歌曲與創作靈感相符時的那種感覺，」泰勒絲說。「這首歌讓我感覺自己彷彿又在深夜裡開車疾駛。」[8]

吉他手 Niklas Ljungfelt 與共同製作人阿里·帕亞米（Ali Payami），起初兩人合寫這首歌的音樂，後來才發展成〈超有型〉。「我先錄製了歌曲中吉他的部分，後來才發展成一首泰勒絲的歌曲，」Ljungfelt 說。「原本是一首演奏曲。我完全沒想到泰勒絲會填上歌詞來唱。其靈感是來自 Daft Punk 與放克電子音樂。」[9]帕亞米為共同製作人馬克斯·馬丁演奏這首曲子時，「碰巧讓泰勒絲聽到，她便愛上了它。」Ljungfelt 補充。[10]

在歌曲之後，接著完成的是歌詞，歌詞談的是那種「總是有哪裡不太尋常的男女關係，」泰勒絲說。[11]歌詞描

泰勒絲在出席 2014 年 iHeart-Radio Jingle Ball 時，在台上展示了她的傳奇風格之一。

述有一對男女有個祕密的深夜幽會，但兩人顯然有一陣子沒見面了。歌曲的敘述者承認，兩人若不是喜劇收場，就會是大災難，而後者似乎比較有可能發生，因為她告訴他，自己有看到他跟別人約會。那他的回應呢？他卻說自己無法不想她——而她回答，這已經不是新鮮事了。

「這首歌唱的是那種沒有真正結束的感情，」泰勒絲說。「你總會認識那麼一個人——那個人會來你的婚禮攪局，叫你別嫁新的對象，因為我們還沒結束呢。我們都曾遇過那麼一個人，在你的人生裡進進出出，而這個歌曲中的敘述者從未真正斬斷對他的情絲。」[12] 泰勒絲高明地把這種藕斷絲連的感情，比喻為「時尚潮流的來去，與我們在流行文化裡看到的東西，它們永遠不會完完全全地退流行，」[13] 並在副歌裡以高聲唱出這個概念。泰勒絲以脈搏般的電子音樂句為底，節奏有如在伸展台上踏著自信滿滿的台步向前邁進，再融合好幾個永恆不退的時尚標誌（詹姆斯・狄恩、大紅脣、白 T 恤、貼身短裙），然後再指出這段不被看好的感情，總是有辦法絕地反擊，再度回歸。

泰勒絲在訪談中承認，這首歌的素材來自她自己的人生，但是（一如往常）不肯再多談明確的細節——或者說出那位永遠別具一格的人是誰。「這首歌其實不需要解釋，它的故事，全部都在歌曲與它給你的感受之中，大家聽歌就完全足夠了。」[14]

不再迷惘
Out of the Woods

單曲

發行時間：2014 年 10 月 14 日（下載版）／2016 年 1 月 19 日（單曲）／2014 年 10 月 27 日（專輯）
詞曲作者：Jack Antonoff、Taylor Swift
製　作　人：Jack Antonoff、Taylor Swift
其他版本：泰勒絲全新版

寫歌從來沒有一定的方式。有些作詞家需要先聽到音樂才有靈感；有些則能同時寫詞並作曲；有些則先製作試聽帶之後，再用它們發展全歌。

自從泰勒絲開始與傑克·安多夫（一位從青少年時期就開始玩樂團的音樂製作人兼作曲人）正式合作之後，她就新增了另一種創作的方法：嘗試為安多夫創作的音樂填詞。「傑克這個人，他在寫歌的時候，有一種豐富的情緒，」她說。「我只要一聽到音樂，好像就能讀懂那個情緒，我們這樣的方式十分成功。」[15]

當安多夫把〈不再迷惘〉的音樂寄給她——他用的樂器是電子音樂合成器，像是 Yamaha DX7 與 Minimoog Voyager——泰勒絲馬上知道從哪裡著手。「我當時人在飛機上，」她回想。「……我沒做什麼……就開始聆聽，喃喃輕唱著旋律，因為那首歌的旋律立刻充滿在我腦中。」[16] 不到一個小時，泰勒絲就寫完全曲的旋律及歌詞，並把那首歌寄回給他。這個結果便是〈不再迷惘〉，聽起來像是 80 年代的經典 MTV 音樂：節拍回音隆隆作斷、反彈，有如室內籃球場上的球不斷彈跳，提供了堅實的底音，穩固撐起質感豐富、多重堆疊的人聲合唱與多層

2012 年 MTV 歐洲音樂大獎典禮上，安東諾夫與泰勒絲同框，兩人是長期合作的音樂伙伴。

次的活潑鍵盤樂聲。

相對於簡易的作曲過程，泰勒絲創作〈不再迷惘〉所引用的這段關係，其實並非一帆風順。「每天都很煎熬，」她說。「這段關係看不到未來——我們只想撐到下週就好。」[17] 但這不表示沒有幸福快樂的時刻；歌曲中提到的私密時刻，就像在舞會跳舞時，隨興拿出立可拍，咔嚓一聲拍下，炫耀他們的幸福。而展現正向積極的一面，是有其必要的，泰勒絲說。「即使關係會結束，脆弱又充滿焦慮，但這不表示它就不值得、欣喜或美麗，或者不是我們期待的一切。」[18]

然而在〈不再迷惘〉的連接段裡，提到一場雪上摩托車的意外，因為某位前男友誤踩剎車導致翻車，結果主角進醫院縫了二十針。泰勒絲指出，這件事多了一層「隱喻」，好像一段關係緣分還在，但感情已經結束了。「這首歌觸及了焦慮這個大問題，這好像也是（我在）那段特定關係裡所遭遇的，因為我們真的能夠感受得到，媒體界裡大家對我們的關注度，認為他們可以說出我們所經歷的一切，並加以辯論與臆測。」[19]

許多人懷疑〈不再迷惘〉談的是她與哈利·史泰爾斯（Harry Styles）的戀情。當史泰爾斯被問到，〈不再迷惘〉與〈超有型〉（這首歌名的歌名 Style，即是史泰爾）談的是不是他，他避而不答。「我是說，我也不知道這些歌曲是不是談我，不過重點是，她很棒，那些歌曲到處流行，」他說。「我以自己的經驗寫歌；大家都這麼做。我如果是這幾首歌的靈感來源，若這不能算是幸運的事，那還能算什麼。為此我已感動不已。」[20]

只要你留下
All You Had to Do Was Stay

發行時間：2014 年 10 月 27 日
詞曲作者：Max Martin、Taylor Swift
製 作 人：Mattman & Robin、Max Martin、Shellback
其他版本：泰勒絲全新版

我們都會想像讓我們焦慮的事，像是大學期未考到了卻根本沒準備，或出門竟忘了穿衣服。泰勒絲也不例外。有一天晚上，她做了一個可怕的惡夢，源頭是來自她醒著時的人生。「我想跟某人說話——當時對我極為重要的人——但是我嘴巴說出來的，不是正常的話語，而是尖聲高唱『留下』。」她說。

專輯歌曲

「無論我想說什麼，嘴巴裡只發出那個聲音。」[21] 當泰勒絲醒來，她感到「無比的迷惑，決定要用這個經驗寫一首歌。」她補充。[22] 說來也巧，〈只要你留下〉這首歌當時已經在創作當中——而那個尖叫，正是她要給這首歌最後加上的亮點。就音效與主題而言，這首通俗的電子流行歌曲，較接近〈絕對絕對分定了〉。敘述者要與某位想復合的前任一刀兩斷。但那是不可能的，畢竟當初說要分手的可是那個前任。結果泰勒絲所唱的「留下」，比字面意義還複雜，充滿悲戚、傷痛、渴望——甚至還帶著那一絲絲的希望舊情還在的心思。

泰勒絲在〈空白〉的 MV 中，將高爾夫球桿當作武器揮舞——並在 1989 世界巡迴演唱會以及《時代巡迴演唱會》上，兩度揮桿。

05 ｜ THE 1989 ERA ｜ 1989

通通甩掉
Shake It Off

單曲

發行時間：2014 年 8 月 19 日（單曲）／ 2014 年 10 月 27 日（專輯）
詞曲作者：Max Martin、Shellback、Taylor Swift
製 作 人：Max Martin、Shellback
其他版本：泰勒絲全新版

〈通通甩掉〉是泰勒絲第二首冠軍流行歌曲──而且如歌名暗示，這首歌唱的是如何忽視討厭與恨你的人，不要擔心別人怎麼想，把自己的人生過到極致。「我的人生每一個部分都被解剖分析──我做的選擇、我說的話、我的身體、我的造型、我的音樂，」泰勒絲解釋。「當你在這種檢視下生活，你可以放任它打敗你，你也可以學會完全躲開它的重擊。等站穩腳跟，你就知道怎麼應付了。」[23]

那泰勒絲將會怎麼對付這類打擊？這個嘛，通通甩掉囉。從歌詞寫作角度來看，泰勒絲把〈通通甩掉〉與 2010 年的〈太刻薄〉作比較──她在外表上已有所不同而更顯成熟，這是因為人生歷練的緣故。「在〈太刻薄〉裡我說，你問對方為什麼要這麼刻薄？這有點像是從受害者的角度來處理，這是我們第一次遭遇霸凌或閒言閒語的反應，」她說。「但是過去幾年來，我已經更成熟高明，對於我現實生活沒什麼影響的事，我大多都能一笑置之。」[24]

儘管泰勒絲對歌詞的想法已經到位，但音樂的部分卻是另一回事，她進錄音室時腦袋裡還沒有半個音符，只知道她要的是什麼感覺。「這首歌的一開頭，我要音樂像是在婚禮上演奏的那種感覺──然後在婚宴上，有個女孩整夜都沒有跳半支舞──她所有的朋友都過來跟她說些這種話：你一定要跳支舞！來嘛！這首舞曲你一定要下來跳！」[25]

這次與泰勒絲合作的是馬丁與歇爾貝克，而她最終也理清了她對人生的看法，寫下至今她少有的、這麼正面與

141

2014 年 MTV 音樂錄影帶大獎上，泰勒絲這身鑲邊的服裝看來很眼熟，那是因為她在《1989》過去的巡演上也用過類似的造型。

歡快的歌曲。這首歌的特色不少，其中一個是它的橋段，聽起來像是大家一起跳繩或趴在地上玩遊戲時，口中會喃喃唸出的話語，最後再毫不害羞地將所有前任數落一番，並提到一位髮質很好的男士。歌曲中有個像是腳重重踏地的聲音貫穿全曲，那是出自歐爾貝克與泰勒絲的腳，兩人同步在木質地板上重踏產生的。而馬丁也使用一台 Mellotron 電子鍵盤，製造有如管樂的音效──泰勒絲向來排斥這個效果──但是在實際錄製中換成了真實的樂器，如薩克斯風或其他管樂器，竟也成為其音樂部分的重要配置了。

最後，〈通通甩掉〉代表泰勒絲新紀元的開始──而這也正是她所要的。「我很清楚（每一件事）別人都在說我什麼，」她說。「而現在的我已與三年前的我不同，我從此真的打從心裡不在乎，人生反而因此更美好。」[26]

142

2015 年的 iHeartRadio 音樂獎（iHeartRadio Music Awards）典禮上，泰勒絲背上吉他，加入巨星瑪丹娜，一起演唱她的歌曲〈Ghosttown〉。

只要你願意
I Wish You Would

專輯歌曲

發行時間：2014 年 10 月 27 日
詞曲作者：Jack Antonoff、Taylor Swift
製 作 人：Jack Antonoff、Greg Kurstin、Max Martin、Taylor Swift
其他版本：泰勒絲全新版

泰勒絲說她和傑克・安多夫合作的第一首歌是〈I Wish You Would〉，一首完全的合成器流行曲，聽起來就像是經典電影的片尾曲。「我們一起出去玩，他拿出他的手機說，『我前幾天做了一首很棒的曲子。太酷了，我喜歡這些吉他聲。』」泰勒絲回憶道。[27]

泰勒絲聽到音樂時，頭上一定有個燈泡亮了起來：「聽完音樂，我腦中也把歌完成了，我只需要說，求求你，讓我用這個音樂。讓我跟它玩玩——不妨寄給我吧。」[28] 泰勒絲當時正在巡演途中，只好用手機裡的錄音功能，對著手機唱。不過她跟安多夫的企圖心可大了。「我們要製作如電影傳奇導演約翰・休斯（John Hughes）的電影效果，來搭配歌聲，」泰勒絲並補充了歌曲內容，「那是一段跌宕起伏的戀情，但還不到真正的海誓山盟，或愛到你死我活的地步。」她說。[29]

這首歌把部分視角分給了那個渴望得到愛的男人，「他半夜開車經過前女友的家門，情況大約是這樣，他以為她恨他，其實她還愛著他。」泰勒絲說。[30] 其他部分則巧妙地留給女方的視角——從她的角度，我們明白她對於讓戀情結束這件事情也後悔不已。歌曲完全沒說清兩人是否曾再相遇，或者兩人的渴望是否曾得到滿足，可惜照這樣的劇情安排，後者的可能性較大。

在 2014 年的拉斯維加斯 iHeartRadio 音樂節，泰勒絲登台演唱。

壞到底
Bad Blood

單曲

發行時間：2015 年 5 月 17 日（單曲）／ 2014 年 10 月 27 日（專輯）
詞曲作者：Max Martin、Shellback、Taylor Swift
製 作 人：Max Martin、Shellback
其他版本：肯卓克・拉瑪（Kendrick Lamar）混音版、泰勒絲全新版、泰勒絲全新版（ft. Kendrick Lamar）

〈壞到底〉是《1989》中，排在〈通通甩掉〉之後，第二首最朗朗上口的歌曲，也是登上《告示牌》百大熱門排行榜的歌曲。就音樂而言，這首復仇歌曲的原版，是一首貨真價實的燒腦歌，以頓挫的節奏為基礎，加上副歌是啦啦隊口號風格的反覆唱誦。在某個重混的版本裡，還有大牌客串，如肯卓克・拉瑪（Kendrick Lamar）唱副歌，泰勒絲高亢的副歌歌聲則是一聽了，你就甩不掉。

由於泰勒絲事業早期所發的歌曲，很多人就單純以為她的歌路只有以毒舌的用語，寫寫歌修理那些前任男友。但只要肯多用點功，你就會發現事實並非如此——不過在〈壞到底〉的情況裡，泰勒絲明明白白地表明，這首歌曲的攻擊對象，沒有指向任何她曾交往過的人。（而歌詞談的則是真正的傷害，不是隨隨便便道個歉就沒事的那種，就像槍傷豈是用 OK 繃就能處理的）「我知道有人會把這個當做女孩間的大打出手，」泰勒絲說。「不過我只是要表明，這首歌與男人無關。你不想抹黑你以前交往過的人，讓人以為你恨他，因為事情就不是這樣。」[31]

而真相是，〈壞到底〉要談的是音樂圈裡的另一位合作樂手，既是朋友也是敵人——至少在泰勒絲心裡，懷疑是如此。「她會在頒獎典禮上，過來跟我講一些事情，然後就走掉了，我心裡就想，她是當我是朋友，還是剛給我這一輩子最狠的羞辱？」泰勒絲說。[32] 後來據傳聞，那位音樂人有清清楚楚講明，她們兩人的關係是什麼。「她做了

1989 世界巡迴演唱會，泰勒絲在北卡羅來納州格林斯伯勒市的格林斯伯勒綜合體育館演唱。

2008年MTV音樂錄影帶大獎典禮上,泰勒絲與佩芮碰頭聊天,兩人當時都在各自的事業初期。

一件可惡透頂的事情,」泰勒絲說。「我只能無奈地說,哦,原來我們根本就是死敵。」其中涉及事業的問題,泰勒絲補充:「她基本上企圖破壞一整趟場館巡演的行程。她打算挖角我的團隊,把它挖空。」[33]

儘管泰勒絲沒有透露這個人是誰,但她用這個經驗寫了這首歌,人們大半認為這個人是流行歌手凱蒂・佩芮(Katy Perry)——後者多年以後,在詹姆斯・柯登(James Corden)的車上卡拉OK訪談節目(Carpool Karaoke)裡,基本上已證實她們之間的敵意。「老實說,事情是她起的頭,現在爛攤子該由她來收拾。」佩芮說,她跟泰勒絲向來處得不好,接著對於挖走對方候補舞者的事,提出她這邊的說法。[34] (簡單來說,對於合約上有關的條文以及專屬情況,雙方有不同意及誤解的地方。)不過,佩芮說如果對方想重修舊好,她敞開心胸歡迎。佩芮又說:「我想表達的是,我願意結束這場鬧劇。我個人看法是,女人應該團結合作,而不是分裂互鬥⋯⋯女人團結就能療癒這個世界。」之後又過了幾年,兩人終於坐下談和,雙方都有誠意——不只交情恢復,佩芮甚至出現在泰勒絲〈你需要冷靜一下〉的MV裡。

148

05 ｜ THE 1989 ERA ｜ 1989

狂野之夢
Wildest Dreams

單曲

發行時間：2015 年 8 月 31 日（單曲）／ 2014 年 10 月 27 日（專輯）
詞曲作者：Max Martin、Shellback、Taylor Swift
製 作 人：Max Martin、Shellback
其他版本：R3hab Remix 版、泰勒絲全新版

泰勒絲在錄製《1989》時，向兩位重要音樂人的作品求助：英國的先進搖滾轉流行的創新者彼特・蓋伯瑞（Peter Gabriel）與 Eurythmics 的強力主唱、反傳統獨唱家安妮・藍妮克絲（Annie Lennox）。

後者獨一無二的風格，在泰勒絲身上留下不可磨滅的影響。「她傳達一個想法的方式，總帶著某種強烈的特質，」泰勒絲說。「那是我自己向來渴望能達到的水準。」[35] 另一方面，蓋伯瑞的音樂也留下深刻的印象。「他在 80 年代完成的作品，早就遠遠超越當代，因為他運用許多合成器流行風格的樂音，卻只是製造了在他的歌聲後似有若無的背景音樂，而非專為其開闢一個音軌，」泰勒絲說。「實在讓人想不出來，他是怎麼辦到的。」[36]

蓋伯瑞與其製作兼聲音雕塑家丹尼爾・雷諾伊斯（Daniel Lanois）所合作創造的音樂——特別是 1986 年葛萊美獎提名的歌曲——聽起來應該是〈狂野之夢〉的音樂最主要的影響，該歌曲攀登《告示牌》百大熱門歌曲排行榜第五名。綿延迴旋的鍵盤有如濃霧，包裹住人聲以及如雪花飄降的打擊樂。穩定的節奏，彷彿直接剪取一段泰勒絲的心跳製成，搭配那如波動起伏的鍵盤，有如心電圖的檢驗結果。

泰勒絲說〈狂野之夢〉的歌詞，反

149

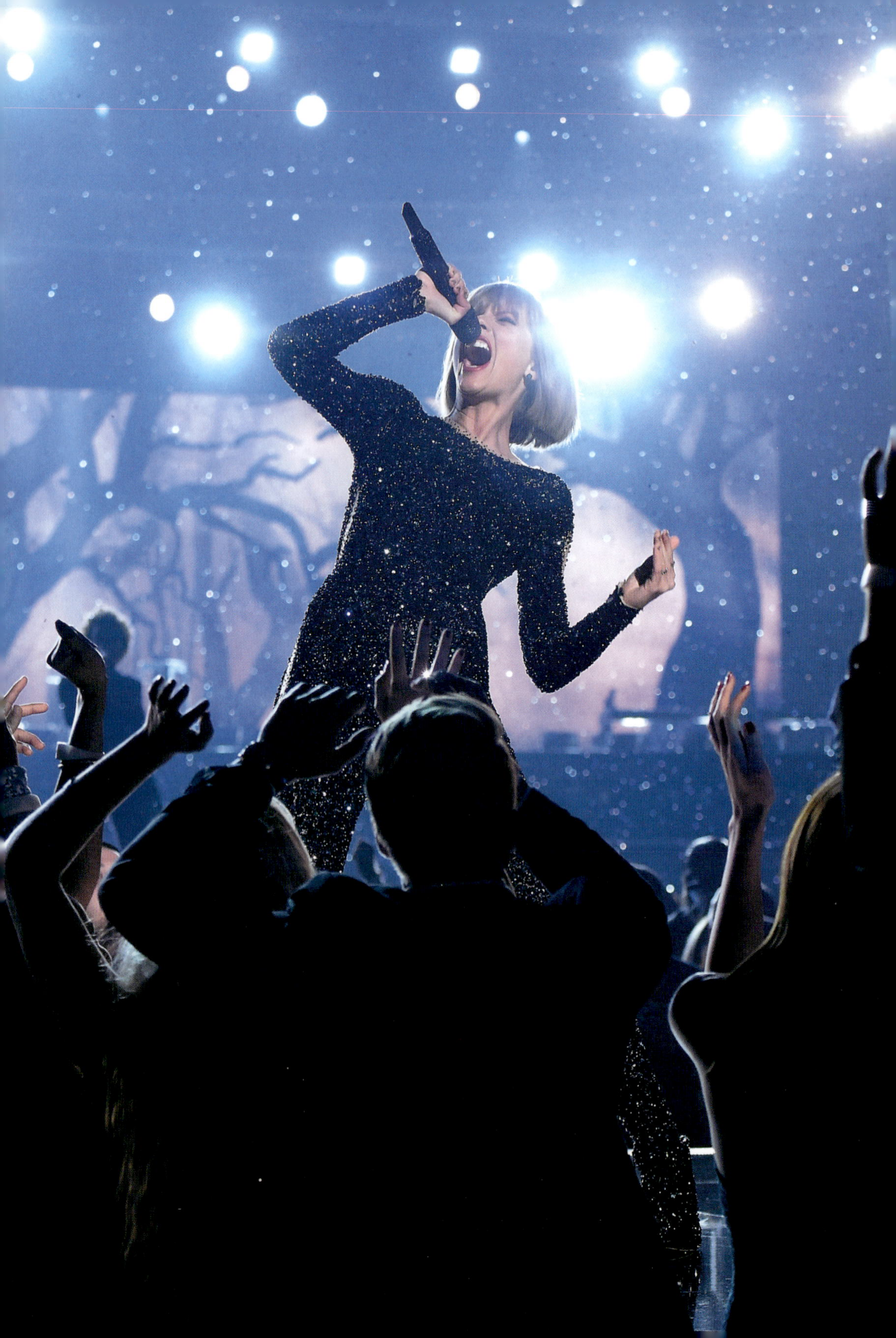

映了她對愛情與男女關係的新觀點──務實,而且捨棄那種不切實際的王子公主一定會從此快樂幸福到永遠的童話。「這些年來,隨著人生歷練的增加,一路上也失望過幾次,我想你看待事物的方式會更腳踏實地,」她解釋。「不是你需要誰就沒事了,好像只要人家喜歡你,你也喜歡人家,自然可以愛到永遠。我的愛情觀,實在已經不再是這個樣子了。」[37]

不過〈狂野之夢〉也認識到務實與激情可以共存──因此,這首歌同時唱的是活在當下,但同時也在等待時機。泰勒絲首先描述與一個無法抗拒的男性間那強而有力的浪漫連結,最後是暗許終身。然而她立刻有種預感,這一切不會天長地久;不過她只要求對方能記住快樂的一面,她的俏麗美貌與共享的燦爛夕陽。

〈狂野之夢〉讓別的歌手處理,可能就會無聊沉悶。不過泰勒絲把正面的際遇視為快樂,和較黑暗的一面抵消。「我對愛情的看法,有點宿命論,也就是說,對我而言,我何時會遇到那個人而有感覺,我真正第一個想法是,要是哪天緣分結束了,至少能記得我好的一面,」泰勒絲說。「因此這首歌唱的是擁有跟某人天雷勾動地火的一刻,而這就是我遇到他時,當下鮮活深刻的念頭。」[38]

2016 年 2 月 15 日,泰勒絲以〈不再迷惘〉為葛萊美頒獎典禮帶來華麗開場的演唱。那是個好兆頭:她最後贏得三個獎項,包括年度專輯獎,並以《1989》獲得了最佳流行演唱專輯獎。

專輯歌曲

追愛祕笈
How You Get the Girl

發行時間：2014 年 10 月 27 日
詞曲作者：Max Martin、Shellback、Taylor Swift
製 作 人：Max Martin、Shellback
其他版本：泰勒絲全新版

不管眾多愛情喜劇怎麼演，世上就是沒有唯一一種正確（或錯誤）的方法，能說服另一個人跟你約會，或分手後跟你復合。話雖如此，你可以想出一個類似計劃的東西──就如同泰勒絲簡單明瞭地在〈追愛祕笈〉這首輕快的電子流行歌曲裡所唱的一樣。

在週六夜現場表演的上，泰勒絲演唱這首熱門歌曲〈This Is What You Came For〉的不插電樂器伴奏版，這是她與凱文・哈里斯（Calvin Harris）和蕾哈娜（Rihanna）所合寫的歌。

事實上，她視這首歌為某種「教學素材」，但它的重點是怎麼在分手後，說服女孩回心轉意，像這類情況，「假如你把你們的關係搞砸了，她不願再跟你說話，」泰勒絲此時一笑。「或者像你跟她分手後把她拋到一邊，六個月後你發現自己還想念著她。想要再重回她的身邊，那會是步步為營但有用的方法，因為她八成還很生你的氣。」[39]

第一步，到她家門口請求她原諒你。（假如有下雨，那你就多賺到一點優勢，要裝得可憐兮兮，把自己淋個濕透。）接著，提醒她過去美好的時光，最好秀出相親相愛的照片，接著表達你為自己行為感到懊悔。最後，發誓你會一輩子忠貞不二，並幫她修補好那顆破碎的心。這些全做了的話──泰勒絲保證一定會成功。「假如遵照歌中這些步驟，你有機會重回她懷抱，」她說。「或者你也有可能會接到限制保護令。」[40]

05 | THE 1989 ERA | 1989

這份愛
This Love

專輯歌曲

發行時間：2014 年 10 月 27 日
詞曲作者：Taylor Swift
製 作 人：Nathan Chapman、Taylor Swift
其他版本：泰勒絲全新版

從某個層面來看，你可以視這首空靈的〈這份愛〉是泰勒絲的鄉村歌曲與流行音樂間過渡時期的作品。這首歌曲畢竟是和內森・查普曼製作，在專輯《1989》前絕大部分的作品，他都製作或參與了全過程。而泰勒絲在這張專輯的早期獨自完成這首歌。

然而〈這份愛〉反映出泰勒絲想要在聲音層面開創新歌路，並挑戰自我——在流行音樂界，創造自己的名號。「這是我首次真正開始嘗試不同的人聲錄音風格，」她說。「在這首歌裡，我要讓歌聲聽起來神出鬼沒。我用和唱其他歌曲不同的方式來演唱。我也用不同的方法來錄製；整首歌曲有著多重人聲，交互共鳴。」[41]

〈這份愛〉的歌詞談的是，發現你的伴侶此時並不是跟你談戀愛的料，這種情況帶給你獨特的痛苦——因此，在這個情況裡，愛的表現就是跟他分手。「作為提出分手的人，還沒有說再見就要求對方離開，其中的滋味是很糟糕的，但是人在一段關係裡，你知道時候未到，你就要能先把自己放一邊，」她說。「假如你做了決定，可是對方卻是你命中註定相守的人，那麼他們自然會回來。」[42]

泰勒絲 2016 及 2017 年的多半時間不進行巡演，但是在 2017 年 DIRECTV NOW Super Saturday Night Concert 上破例上場，地點是在德克薩斯州休斯頓市的 Club Nomadic。

專輯歌曲

祕密基地
I Know Places

發行時間：2014 年 10 月 27 日
詞曲作者：Taylor Swift、Ryan Tedder
製 作 人：Taylor Swift、Ryan Tedder、Noel Zancanella
其他版本：泰勒絲全新版

與泰勒絲共同創作〈祕密基地〉的是瑞恩・泰德（Ryan Tedder），他是流行樂團 One Republic 的團長，同時也是其他藝人的御用作曲家。（其中包括碧昂絲（Beyoncé）的〈Halo〉）。

泰勒絲總是井井有條，與泰德見面前會先寄上給他音樂點子的示範帶，「以免他可能回信說我受不了這個，我想做的是別的東西，有興趣的是別的東西，」她說。「我在鋼琴前坐下，把手機放到鋼琴上，對他解釋我這首歌會往什麼方向發展，旋律要怎麼編排進去。」[43]

這首歌曲講的就是名人談戀愛的處境，泰勒絲用了一個比喻：一對狐狸被具破壞力的外在力量追捕。而為了生存，這對狐狸情侶必須躲到牠們能逃離這一切的藏身之地。〈祕密基地〉的音樂模仿真實生活裡，在男女關係中找尋出路的體驗——最先是為了逃離因被關注而大得離譜的壓力（斷斷續續的人聲與零星出現的鋼琴聲，兩者混合在鼓與銅管樂的節奏中），並接著因抵達藏身之地，鬆了一大口氣（放輕鬆、旋律高昂的副歌）。

2016 年，在洛杉磯的第五十八屆葛萊美獎典禮上的泰勒絲與瑞恩・泰德。

05 ｜ THE 1989 ERA ｜ 1989

淨空
Clean

專輯歌曲

發行時間：2014 年 10 月 27 日
詞曲作者：Imogen Heap、Taylor Swift
製 作 人：Imogen Heap、Taylor Swift
其他版本：泰勒絲全新版

當泰勒絲想想有哪些歌手是她夢想的合作對象，英國的獨立製片歌手伊莫珍‧希普是首要幾位。希普自然樂意合作，特別是泰勒絲腦中已有歌曲的想法，有些發展成了〈淨空〉這首，細膩的夢幻流行歌曲，混合著奇妙想法與玩具店的打擊樂器。

當你的心被打碎，或者你生命裡少了某個人——或者你正在為一次分手療傷——這些經驗幾乎都類似戒毒會經歷的掙扎，」她說。「你要破除的，也不是只有一個惡習；你要每分每秒都要拿來消除惡習。」[44]

泰勒絲直奔倫敦 Hideaway 錄音室與希普合作錄製這首歌曲。人在英國時，她又有一個新的領悟：她不再想念某個住在當地的前任男友了。「忽然間，有一天當你人到了倫敦，你明白自己跟你的前任在同一個地方，而你卻沒事，」泰勒絲說。「你希望他過得不錯。我心頭想到的第一個念頭是，我終於戒癮了。」[45] 她們立刻抓住這個靈感，第二次就錄好泰勒絲的歌聲；希普則在需要時隨時跳進來添加一點顫音琴、打擊樂器及姆指琴，還有她的註冊商標，如水落下般的歌聲。

2023 年在《時代巡迴演唱會》上，泰勒絲宣布《1989》（泰勒絲全新版）的發行，難怪她穿著那件藍色洋裝如此美豔動人，臉上掛著淘氣的表情。

155

樂園
Wonderland

彩蛋音軌（《1989》豪華版）
發行時間：2014 年 10 月 27 日
詞曲作者：Max Martin、Shellback、Taylor Swift
製 作 人：Max Martin、Shellback
其他版本：泰勒絲全新版

　　在文學世界裡，路易斯・卡羅（Lewis Carroll）的經典作品《愛麗絲夢遊仙境》（Alice's Adventures in Wonderland）描繪一個惱人煩心的世界，既魔幻卻也調換命運——但有時也把事情都搞砸。在泰勒絲的世界裡，特別是《1989》的彩蛋音軌〈樂園〉，講述愛情會帶來同樣讓人迷失的經驗（即使有時讓人著迷），就像愛麗絲在那個世界裡的冒險之旅。（有時歌詞寫得十分直白：其中就是她的伴侶用犀利的綠眼睛看著她，並帶著仙境中那隻會隱身的貓的微笑。）在歌曲中，這對情侶在開頭能永遠待在他們自己設定的夢幻世界裡，平靜簡約，沒有什麼現實生活裡的干擾。但他們沒那麼好，他們發現有個神祕聲音在談論他們；其中一個還十分直接地要他們小心好奇心，而這個聲音也不幸地說中了結局，他們的愛情以不歡而散告終。閃爍的前奏帶來一抹奇幻魔法的氣氛，而泰勒絲的副歌唱法則更為現代，明確地呼應蕾哈娜在她的歌〈Umbrella〉中，運用反覆唱著同一個字的手法。

墜入愛河
You Are in Love

彩蛋音軌（《1989》豪華版）
發行時間：2014 年 10 月 27 日
詞曲作者：Jack Antonoff、Taylor Swift
製 作 人：Jack Antonoff、Taylor Swift
其他版本：泰勒絲全新版

　　〈墜入愛河〉是首溫柔電音流行小調，形容終於找到理想伴侶時，心裡那種搔到癢處的暢快——對方會在半夜醒來跟你說你是他最好的朋友。泰勒絲用這首歌曲寫出自己的願望，因為她承認自己在感情裡還沒找到這種平易自在。歌詞內容其實是以泰勒絲的朋友與她的伴侶互動的經驗為本，那位朋友就是演員兼導演的莉娜・丹恩（Lena Dunham），而對方的伴侶碰巧就是泰勒絲的合作伙伴安多夫。「基本上都是她告訴我的，」泰勒絲說。「我對他們的關係也有所了解——我的天啊，想到都覺得一定甜蜜，但有時候也會有點辛苦。」46 說的一點也沒錯，歌詞裡提到讓感情變得特別的小事情，像是星期天早上不小心烤焦了的土司、借穿對方的襯衫，以及留著愛人在工作時的照片。不過這些可不能只當作尋常物品，它們都是人生的寶藏。

2013 年 2 月 10 日在葛萊美獎的典禮上，泰勒絲跟友人莉娜・丹恩同框。

05 ｜ THE 1989 ERA ｜ 1989

新浪漫
New Romantics

單曲

發行時間：2016 年 2 月 23 日（單曲）／ 2014 年 10 月 27 日（專輯）
詞曲作者：Max Martin、Shellback、Taylor Swift
製 作 人：Max Martin、Shellback
其他版本：泰勒絲全新版

〈新浪漫〉原本只是《1989》豪華版的彩蛋歌曲。但這首讓人血脈賁張的合成器音樂流行歌曲迅速成為歌迷的最愛（甚至還以單曲形式發行），只因為它是一首超級好歌。

歌名玩了一個文字遊戲，呼應了泰勒絲給《1989》注入的影響——其實新浪漫主義運動是 1980 年代早期一個短暫的風潮，由英國樂團帶動，像是 Duran Duran 以及 Spandau Ballet——當然泰勒絲自己的長篇浪漫史也是重要的靈感。以這個詞「新浪漫」作歌詞前導，也是一個巧妙的安排：歌詞裡提到一堆雞毛蒜皮的雜事，代表跟著心碎而來的痛苦與折磨，讓這些情緒搖身一變，成為值得歌頌的事物。他們嘲諷了許多事，其中還比較彼此心頭的傷疤，並自誇向他們投擲的磚塊，多到可以蓋座城堡。他們甚至還考慮到浴室痛哭一場——是那種會哭花妝容的那種痛哭——而這全都是學習的經驗。最後，〈新浪漫〉的人們，忙著歡歌樂舞，沒空為心碎沮喪難過。

為了回應歌迷對這首歌的崇拜，泰勒絲特別在 2023 年夏天宣布《1989》（泰勒絲全新版）發行後，取來木吉他演唱這首歌慶祝——那天的日子自然也選得特別，是當年第一個月分的第九天。

2014 年，在內華達州的拉斯維加斯 iHeartRadio 音樂節上，泰勒絲看起來快樂極了。

157

比想像中美妙
Sweeter Than Fiction

宣傳單曲

發行時間：2013 年 10 月 21 日（宣傳單曲／原聲帶專輯）
詞曲作者：Jack Antonoff、Taylor Swift
製　作　人：Jack Antonoff、Taylor Swift
其他版本：泰勒絲全新版

〈比想像中美妙〉有著海灘音樂的節奏與衝浪吉他的味道，聽起來有如 80 年代的經典電子流行歌曲，即使與貝琳達‧卡萊兒（Belinda Carlisle）和 The Bangles 並立，也一點都不遜色。這首歌曲是與安多夫合作創作——他是最適當的人選，因為後者正在那一陣子，成立了自己的復古搖滾樂團 Bleachers——並出現在《翻聲吧！保羅》（One Chance）片尾的演出名單上，那是一部 2013 年的電影，故事靈感是來自英國達人秀（Britain's Got Talent）的某屆冠軍保羅‧帕茲（Paul Potts）的成功故事。泰勒絲對這部電影有她獨到又幽默的見解，於是她動手寫了這首歌。「愛的概念讓我充滿靈感，」她說。「這部電影，從各種不同的角度來看，是則愛的故事。你以為你進電影院會看到一個人追夢成功的勵志故事，但是在你渾然不知的情況下，故事說的其實是主角的妻子……對主角的愛。」[47]

在 2013 年多倫多國際影展（Toronto International Film Festival）的《翻聲吧！保羅》首映會上，泰勒絲穿著 Oscar de la Renta 的禮服，擺了美美的姿勢。

蕩婦！
"Slut!"

私藏曲（《1989》泰勒絲全新版）

發行時間：2023 年 10 月 27 日
詞曲作者：Jack Antonoff、Patrik Berger、Taylor Swift
製　作　人：Jack Antonoff、Patrik Berger、Taylor Swift
其他版本：原聲版

〈蕩婦！〉在泰勒絲的作品中，其歌名算得上是數一數二的挑釁和強烈。然而，這個詞卻是故意選的。「我有那麼一點是擺明要影射當時大家是怎麼談論我的約會人生，」泰勒絲說，這跟〈空白〉的創作理念有異曲同工之妙，而後來《1989》的壓軸歌曲選用了後者。[48] 這沒有貶低〈蕩婦！〉的意思，但這也明明白白（又十分有技巧地）批判了世俗對於在愛情中主動開放的女人，就會用雙重標準來貶損的行為。〈蕩婦！〉把貶損汙辱的刻薄，用空靈的音樂加以緩衝，聽起來像是夏天泳池畔的一日，有閃閃悅耳的鍵盤音樂以及淺波陣陣而朦朧曖昧的曲風。「聽來如夢似幻，」泰勒絲說，「我總是把《1989》視為紐約專輯，不過這首歌對我來說則屬於加州。也許這就是為什麼它沒被選進去專輯裡；在我心中就是有自己個人癖好的小原則囉。」[49]

05 | THE 1989 ERA | 1989

答應別走
Say Don't Go

私藏曲（《1989》泰勒絲全新版）

發行時間：2023 年 10 月 27 日
詞曲作者：Taylor Swift、Diane Warren
製 作 人：Jack Antonoff、Taylor Swift

〈答應別走〉這首有如電影情節般的充滿電子音效歌曲，是整個泰勒絲作品集裡最引人好奇的私藏歌曲。合作伙伴是黛安‧沃倫（Diane Warren）──她已有許多不朽的熱門名曲，例如雪兒的〈If I Could Turn Back Time〉以及史密斯飛船（Aerosmith）的〈I Don't Want to Miss a Thing〉──〈答應別走〉直接唱出情況不穩的戀情裡，兩人你來我往的拉鋸戰以及有如凌遲般的痛苦。

泰勒絲與沃倫在 2013 年剩沒幾天時，創作了這首歌，並在元旦當天完成試聽帶。「我是個工作狂，我就愛這樣，」沃倫說，並補充說她對泰勒絲的工作熱誠與投入，也「刮目相看」。「大家都放假去了，只有她來了。」[50] 這位獲獎無數的作詞家，同樣欽佩泰勒絲對文字的精挑細選。「她對於自己說話的方式，極具個人特色。這次經驗真是有趣。她懂她的聽眾。」[51]

沃倫說，〈答應別走〉的完成版，她是在該歌曲發行後兩個小時才聽到；在這之前，她只聽過試聽帶，裡頭只有吉他與人聲。歌曲完成發布後她當然沒有覺得未被通知而被得罪。有人問沃倫，跟泰勒絲合作最「好玩」的部分是什麼，她說，「跟她合作是美好的體驗──不過最好玩的地方，是合寫了一首歌，九年之後才意外聽到。」[52]

2023 年 8 月 9 日，在《時代巡迴演唱會》上宣布《1989》（泰勒絲全新版）發行，讓歌迷喜出望外。

我們再也不聯絡
Now That We Don't Talk

> 私藏曲（《1989》泰勒絲全新版）
> 發行時間：2023 年 10 月 27 日
> 詞曲作者：Jack Antonoff、Taylor Swift
> 製　作　人：Jack Antonoff、Taylor Swift

〈我們再也不聯絡〉長約兩分半鐘，短得讓人覺得聽不夠——卻是「我那先放在一邊的歌曲裡，最喜愛的歌之一，」泰勒絲說。「我在某一次創作過程快結束時寫到這首，當時怎麼都沒辦法把結尾寫得滿意。」[53]花了十年把它琢磨，工夫總算沒白花：以迪斯可流行歌式捶打般的節拍做基調——你可以拿它來跟任何蘿蘋（Robyn）的經典歌曲較量——〈我們再也不聯絡〉探討的是個尷尬的經驗，眼看前任已放下離去，並不再與你一同成長。泰勒絲不斷提醒自己，斷絕往來是對心理健康與自我尊嚴最好的作法，說不定還可以覺得原來這樣子也有什麼更大的好處：不必再待在什麼豪華帆船上，或聽酸性搖滾樂。「它是一記重拳，我覺得打得可深了，」泰勒絲說。「以投入這麼短的時間來說，我想這首歌已達陣得分。」[54]這首歌首次推出就勇奪《告示牌》百大熱門歌曲排行榜第二名，那是在《1989》（泰勒絲全新版）發行後。

鄉野傳奇
Suburban Legends

> 私藏曲（《1989》泰勒絲全新版）
> 發行時間：2023 年 10 月 27 日
> 詞曲作者：Jack Antonoff、Taylor Swift
> 製　作　人：Jack Antonoff、Taylor Swift

〈鄉野傳奇〉與其他六首歌曲，都在唱片剛新鮮出爐的上架首週，就登上《告示牌》百大熱門歌曲排行榜前十名，它充滿動感，又是一首短小精悍、甜中帶澀風格的私藏曲。歌中的敘述者渴望來場史詩般的戀情，與一位同樣史詩般的男友交往——所以這首歌叫作傳奇——但是忽略種種渣男行徑實在太天真，例如瞎子都看得出來的劈腿。（拜託，一貫的不明來電？）在歌曲的尾聲裡，主角懊悔忽視了感情間的危險訊號，他們很不幸地是在錯誤的方面，經歷了一段傳奇的愛情。儘管結局沒那麼光彩，但〈鄉野傳奇〉擁有泰勒絲特有的經典佳句；在許多願望裡，她細想之後，希望那一對情侶能在多年後的同學會上，克服星座不配的問題，讓大家讚嘆不已。為了呼應〈鄉野傳奇〉歌詞裡說故事的結構，音樂有閃閃發光的蓬勃發展和萬花筒般的節奏旋轉，高潮迭起，氣勢收場。

05 | THE 1989 ERA | 1989

真的結束了嗎？
Is It Over Now?

單曲（《1989》泰勒絲全新版）

發行時間：2023 年 10 月 27 日（專輯）／2023 年 10 月 31 日（單曲）
詞曲作者：Jack Antonoff、Taylor Swift
製 作 人：Jack Antonoff、Taylor Swift

泰勒絲發行《1989》（泰勒絲全新版）時，她透露她就是要那種輕盈、飄上雲端的合成器流行風的風格。〈真的結束了嗎？〉作為專輯結尾曲。「這樣運用文字的雙關，別有趣味，（像是也在問）這張專輯聽完了嗎？」[55] 她說。

這還不是唯一的炸彈：泰勒絲也稱〈真的結束了嗎？〉是《1989》（泰勒絲全新版）裡頭，另外兩首最佳歌曲〈不再迷惘〉與〈只要你願意〉的姊妹作。（2023 年在阿根廷首都布宜諾斯艾利斯的不插電表演段落裡，有個驚喜演出，泰勒絲也恰好地把〈真的結束了嗎？〉天衣無縫地接上〈不再迷惘〉的段落。）〈真的結束了嗎？〉就如那些歌曲一樣，談的是動盪不定的感情；不過這首歌的重點放在這段戀情裡的翻轉與欺騙。泰勒絲對前任毫不隱藏地劈腿，還跟與她神似的女孩交往的事情表達氣憤。但是儘管她心急如焚，她還是夢想前任會出現，拯救陷入危險的她——說得明確點，是救下跳下高樓的她——並不禁想像假如他們和好如初會是如何。〈真的結束了嗎？〉在《告示牌》百大熱門歌曲排行榜上榮登第一名——這是 2022 年，泰勒絲第三首登頂的歌曲。

在《時代巡迴演唱會》上演唱〈1989〉的泰勒絲，穿著一套兩件式的多彩流蘇裝。

在《1989》世界巡演的嘉賓當中，也包括美國國家女子足球隊員（如照片所示），她們剛贏得世界盃，和一眾音樂人與名模與有榮焉。

05 | THE 1989 ERA | 1989

眾星雲集
1989 巡迴演唱會的嘉賓
Star Studded: The 1989 Tour Guests

1989 年,泰勒絲已在流行音樂的世界站有一席之地,伴隨而來的巡迴演唱則奠定了她的巨星地位,她有辦法召集誰也想不到的特別來賓,「讓你不敢相信自己親眼看到的那種驚喜,不只是歌星樂師,還有演員、運動員、名模,以及各個領域的菁英,」她說。[56] 這種精心策劃的招數,說明泰勒絲超愛「驚喜元素」,如她自己所說的——但是也反映出她堅持為她的粉絲保持節目的新鮮精彩。

「我知道在這個世代,在台下看台上的我的人,極大比例是早就在Youtube 上看過我的表演,知道全場表演的每一步會怎麼走,」她說。「他們知道節目單,他們知道我會穿什麼服裝,他們都查過了。」[57]

儘管倫敦的海德公園的上台嘉賓雲集,像是坎達兒・珍娜(Kendall Jenner)、卡莉・克勞斯(Karlie Kloss)、吉吉・哈蒂(Gigi Hadid)及卡拉・迪樂芬妮(Cara Delevingne)等,但是在《1989》世界巡迴演唱會的嘉賓主要還是音樂界的明星。這讓泰勒絲有機會

跟原唱歌手,合唱當紅的歌曲——例如與流行搖滾天團 Echosmith 唱〈Cool Kids〉,與嘻哈天團 The Weekend 唱〈Cant's Feel My Face〉,與鄉村歌手 Little Big Town 唱〈Pontoon〉,以及跟戰鬥才女瑞秋・普蕾頓(Rachel Platten)唱〈Fight Song〉——當然還包括跟好友們,如席琳娜・戈梅茲(Selena Gomez)、紅髮艾德以及蘿兒(Lorde)。

這些驚喜演出的其他亮點,還包括與艾拉妮絲・莫莉塞特(Alanis Morissette)合唱該歌手的招牌歌〈You Oughta Know〉,氣勢爆表;跟滾石的台柱米克・傑格(Mick Jagger)合唱〈(I Can't Get No) Satisfaction〉,全場如癡如醉;跟約翰・傳奇(John Legend)合唱他的〈All of Me〉簡直像是兩星相逢,情深似海。

在聖路易市,泰勒絲與 HAIM 特別編了一段共舞,來搭配饒舌歌手尼力(Nelly)唱〈Hot in Herre〉,而瑞奇・馬丁(Ricky Martin)火辣的〈Livin' La Vida Loca〉讓泰勒絲有機會表現她十歲就買了他這張專輯可不是白買的。在佛羅里達州坦帕市的萬聖節場次裡,泰勒絲向電影《冰雪傳奇》致敬,裝扮成電影裡的雪寶 Olaf 演唱〈超有型〉。她自然得和打扮成艾莎公主模樣的伊迪娜・曼佐(Idina Menzel)——她為電影裡的艾莎配音——演唱電影主打歌〈Let It Go〉。

更感人的是,隨著這些《1989》世界巡演嘉賓的到場,也讓泰勒絲有機會公開當面向她的偶像及支持者致謝。2015 年 8 月,在洛杉磯的場次上,泰勒絲介紹鄉村歌曲團體 The Chicks 的娜塔麗・麥恩斯(Natalie Maines)時說:「要不是有這位藝術家,就不會有今天的我,我也不會想成為鄉村歌手。要不是因為這位女士跟她的合唱團,我就不會知道你可以同時古怪、好玩,並且做你自己,而且敢說真話、勇敢、真誠。」

泰勒絲在《1989》世界巡演洛杉磯場次上的表演

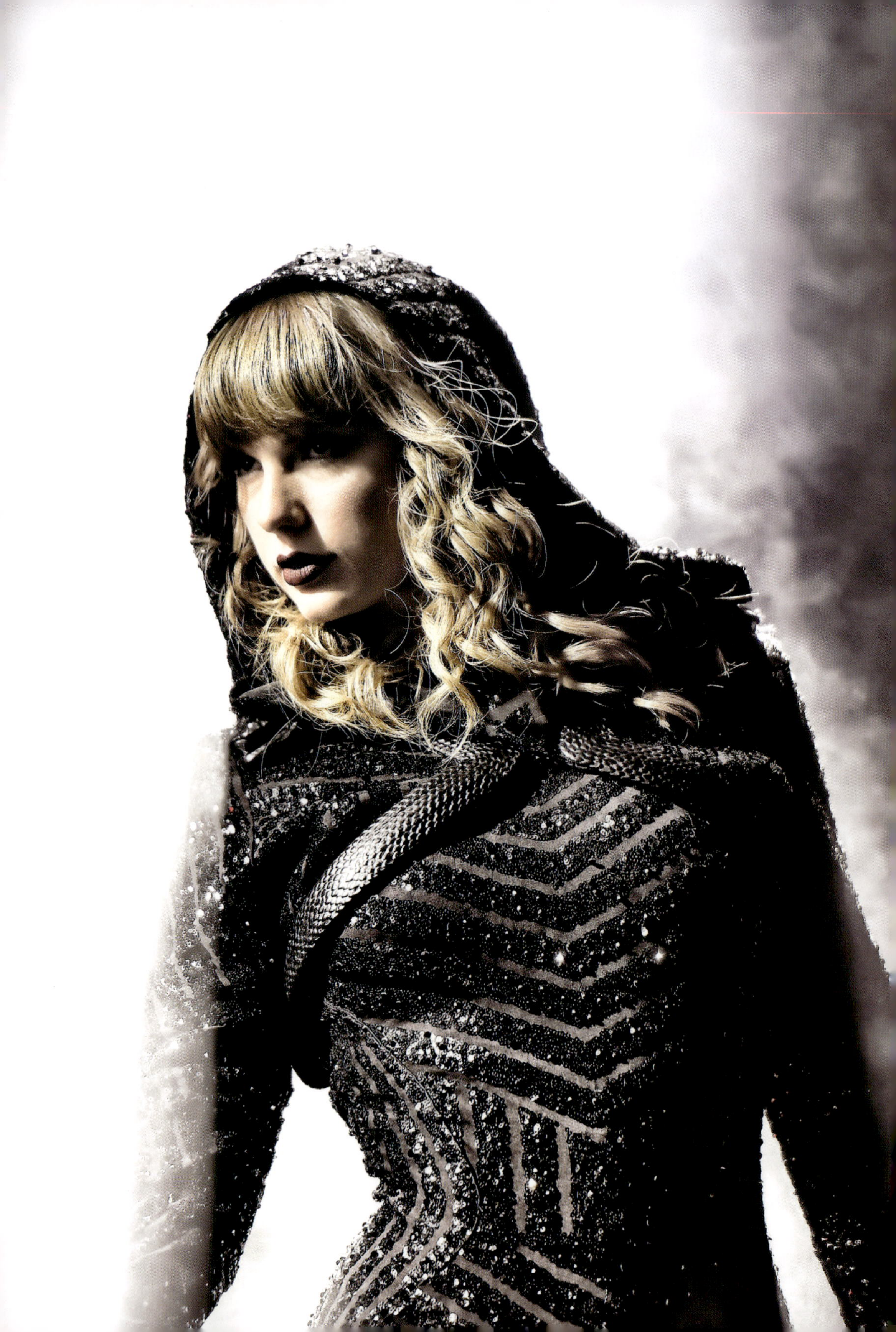

06 / 舉世盛名

THE REPUTATION ERA

假如在泰勒絲的願景裡,《1989》是對 80 年代流行音樂的進擊,那麼《舉世盛名》則是「女性反抗整體社會結構催眠欺騙的歌德龐克時刻。」[1] 這張專輯與眾不同,有誇張的黑色服裝、陰沉的電子音樂、轟隆震耳的節拍,還有運用蛇的圖像——部分靈感來自《冰與火之歌:權力遊戲(Game of Thrones)》(真不是蓋的!)——這張專輯發展成泰勒絲破天荒第一趟全球館場的巡迴演唱,並贏得她第一個葛萊美最佳流行演唱專輯獎。「那張專輯讓我實實在在地脫胎換骨,」泰勒絲說,「我自以為先前有過這樣的經驗,但其實是在這張專輯,才完完整整地脫胎換骨。」[2]

準備好了嗎？
...Ready for It?

單曲

發行時間：2017年9月3日（數位下載）／2017年9月17日（官方單曲）／2017年11月10日（專輯）
詞曲作者：Max Martin、Ali Payami、Shellback、Taylor Swift
製 作 人：Max Martin、Ali Payami、Shellback
其他版本：BloodPop Remix 版

泰勒絲選在大學校際足球賽的兩大強隊，佛羅里達州立大學隊與阿拉巴馬大學隊[3]的對決場上首演〈準備好了嗎？〉，真是再適合不過了：隆隆如雷的電音曲調，有如那種腎上腺素破表的主題歌，專門用來給運動員們在上球場前打氣。〈準備好了嗎？〉有攻擊性的脈動、彷彿緊迫的陷阱音樂節奏以及電子合成器設計好的音效，像蠍尾上的毒勾一樣，如閃電般時不時射出，這是一首火力全開的作品，衝上《告示牌》百大熱門歌曲排行榜第四名。

歌詞也與音樂那戰雲密布的氛圍十分契合，運用了「俄國小說《罪與罰》（Crime and Punishment）的暗喻，」包括這類事情，「搶劫犯、小偷與劫匪。」泰勒絲說。[4]「儘管她在《舉世盛名》裡一再運用這些點子，但〈準備好了嗎？〉這首歌是著重在於兩人間的連結，「基本上就是你抓到了你的伴侶正在犯錯，」她解釋。「而你卻說，我的天啊，我們倆是同一種人，我們沒有兩樣，哦，我的天！讓我們一起搶銀行，真棒！」[5]

然而在另一個層面上，〈準備好了嗎？〉的作用，像是在對可能交往的浪漫對象，發動調情的挑釁。（順帶一提，開頭的人聲是泰勒絲在清嗓子。）泰勒絲以自信的聲音，讓對方知道自己對於他可是勢均力敵、棋逢對手——而且，從延續犯罪的主題來說，她調侃自己，假如她是那種出了名地不會放過前任的鬼魂，那麼她這個魅影只要用一封黑函便能占上風了。

泰勒絲發行〈鏡球〉（mirrorball）多年之後，在2018年全美音樂獎的紅毯上，穿著Balmain的迪斯可舞會華服，大放異彩。

06 | THE REPUTATION ERA | 舉世盛名

單曲

最後關卡

End Game (ft. Future & Ed Sheeran)

發行時間：2017 年 11 月 14 日（單曲）／ 2017 年 11 月 10 日（專輯）
詞曲作者：Future、Max Martin、Shellback、Ed Sheeran、Taylor Swift
製 作 人：Max Martin、Shellback

要找到你的最後關卡，就是要找到你的真愛——那個人能與你一起共譜童話般的愛情故事。泰勒絲在這首自信滿滿並充滿嘻哈影響的〈最後關卡〉，給了童話固定的快樂結局，一個有她風格的變化，更像《格林兄弟童話集》（Brothers Grimm fairy tale）的故事：在那個奇幻的兒童故事上，多蒙上一層淺淺的陰鬱。

她心儀某人，但是她知道自己的公眾形象有瑕疵，會讓這段關係註定告終。所幸這位男孩雖然自稱是個壞男孩，但其實心地善良，因此他們倆都因為深知汙名之苦，而更珍愛對方。

而饒舌歌手 Future 在歌曲中，無論是他自己的詩句，還是帶有鼓、貝斯和福音基調的和聲，都是在襯托泰勒絲。而在專輯《紅色》的合作伙伴紅髮艾德也貢獻了一段悠哉的饒舌段子，據他說是在夢中聽到的，早上八點在紐約市的飯店房間裡寫下來的。艾德那個段子，其實說的是有關他自己的最後關卡的故事。歌詞提到 1989 年由湯姆·克魯斯主演的電影《七月四日誕生》（Born on the Fourth of July），同時加上另一個彩蛋，艾德在泰勒絲家的美國國慶日派對上，與他後來的妻子 Cherry 擦出火花。「與我同上一所學校的女孩，竟然也在羅德島上，」艾德說，「我問泰勒絲，她會不會碰巧也在派對上吧？瞧瞧我們現在已經走到這裡。」[6]

紅髮艾德與泰勒絲在 2017 年 KIIS FM 的耶誕舞會上，合唱〈最後關卡〉。

使壞
I Did Something Bad

專輯歌曲

發行時間：2017 年 11 月 10 日
詞曲作者：Max Martin、Shellback、Taylor Swift
製 作 人：Max Martin、Shellback

〈使壞〉就像《1989》裡的〈空白〉，讓我們看到泰勒絲玩味地享受自己的惡名聲。她以細膩的彈撥弦樂，表現她恣意誇大一切，想像自己是個縮小版的惡魔：一個心腸歹毒的壞女孩，玩弄那些自戀狂及花花公子，她最愛有仇必報。同時，歌曲的橋段，以聲碼器扭曲歌聲，表達對於找人頂罪的社會風氣尖銳的批判，關於這點，泰勒絲個人有切身受害的體驗，就像女巫常常沒做壞事也被群眾追捕，並被送上火刑台燒死。

〈使壞〉原本為鋼琴創作，但也出了名得有亢奮激昂的副歌，靠的是巨大、EDM 風格的重擊點、燒腦的韻律以及獨特的花腔技巧，那是她的一個「怪夢，」她說，「我醒來後腦子裡就有這段音樂，好燒腦、又上口，我知道我一定要把它寫進歌裡，就因為它惱人，它在我腦子裡迴蕩，停不下來。」[7]

後來她自己唱著，錄了一段備忘帶給製作兼合作人馬克斯．馬丁聽，並問有沒有辦法把這揮之不去的聲音複製起來——聽起來就像有人用層層瀑布般迴旋而下的八度音，唱一串隨機連接、沒有意義的語音——馬丁告訴泰勒絲，這會是個複雜的工程。「他的意思大概是，世上沒有樂器演奏得出這個，不過我們可以這樣做，我們可以用你唱出來的聲音，但把音調調低，這樣聽起來就像是女巫或男人了。」[8]

錯不在我
Don't Blame Me

專輯歌曲

發行時間：2017 年 11 月 10 日
詞曲作者：Max Martin、Shellback、Taylor Swift
製 作 人：Max Martin、Shellback

事後回想，《舉世盛名》的張力常來自對比感情的脆弱與防衛心。「所有穿上盔甲、扛起武器準備奮戰的宣誓類歌曲，全是表現外在的作為，」泰勒絲說。「那是我透過窗戶看得到的、戰況激烈的抗爭，但是我的內在世界呢——寧靜且溫馨，終於能以自己的步調來前進。」[9]

那個溫馨感，部分無疑是來自她與演員喬．艾爾文（Joe Alwyn）的戀情，他們兩人談戀愛時正是《舉世盛名》的時期。不過〈錯不在我〉代表一個更廣泛的觀點轉移：歌曲的主角說的是要擺脫過去不健康的關係習慣——進而完全投入尋找一種令人陶醉的浪漫，感覺就像他們的伴侶是一種會上癮的毒品。

由於泰勒絲是先在鋼琴上發展樂曲，接著才試唱，她說她希望〈錯不在我〉「聽起來像⋯⋯宗教歌曲。」[10] 於是在完成的作品中加入了福音、饒舌的繁複組合與恢宏的鍵盤樂聲；同時歌詞則唱著如何從神聖墜入罪惡。泰勒絲在《時代巡迴演唱會》把這個氛圍推到另一個層次，彷彿從毀滅罪人的天火裡重生般重新詮釋〈錯不在我〉，由於樂曲高明地重新編排，凸顯歌曲裡的肅穆氣氛，並延續〈看是你逼我的〉（Look What You Made Me Do）的歌路，以電吉他大氣強勁的音色撐起全場。

2018 年 10 月 6 日，泰勒絲在德克薩斯州阿靈頓市的 AT&T 體育場（AT&T Stadium）上演唱。

脆弱
Delicate

單曲

發行時間：2018 年 3 月 12 日（單曲）／ 2017 年 11 月 10 日（專輯）
詞曲作者：Max Martin、Shellback、Taylor Swift
製 作 人：Max Martin、Shellback
其他版本：Seeb Remix 版、Sawyr and Ryan Tedder Mix 版、納許維爾錄音室版

〈脆弱〉是《舉世盛名》專輯上，少數納入「我自己真實故事的片段。」[11]的歌曲。這首平靜的合成器流行風歌曲的主體，是聲碼器柔化的歌喉，搭配有如輕鬆漫步在大廳的音樂節拍，以流動的樂句呈現，細述在新戀情裡，第一次的臉紅心跳。

歌曲中的敘述者，夾在低調的街角小酒吧碰面與令人懷念的午夜幽會之間，並深感危機四伏：她不只承認自己對這位讓她迷戀的對象的感受——每一步總是踏得膽顫心驚——她還擔心對方不知道聽過了什麼有關她的流言蜚語了。

我們也不意外泰勒絲會形容〈脆弱〉是「這張專輯裡，第一個脆弱點，」因為在這首歌中，壞名聲的概念就變得更複雜了。[12]「這張專輯的開頭，有點兵來將擋、水來土掩的氣魄……就好像在說，我才不管你怎麼說我，我不在乎你怎麼談我的名聲，我不痛不癢。」[13]然而到了〈脆弱〉，她似乎明白，讓不實的負面流言纏身會有什麼樣的後果。「等到哪一天，你遇到你真的想共渡一生的對象，而你卻想起，萬一對方在你們相遇以前，就聽過關於你的那些謠言，這該如何是好？」泰勒絲繼續說，

「1、2、3,唱吧,bitch!」

「你心中不禁會問,像名聲這種虛假的東西,會影響像是有人想要認識你的這種真實事情嗎?」[14]

在美國,〈脆弱〉成為轟動電台的熱門歌曲,在好幾個以播放率為基準的《告示牌》排行榜上榮登榜首,並在百大熱門歌曲排行榜上排名第十二名。該歌曲的現場演唱版,還記錄了一個泰勒絲最大的個人趣事。就在要唱第一句歌詞之前,現場觀眾尖叫「1、2、3,唱吧,bitch!」——這並不是為了嘲諷泰勒絲,而是為了紀念一位興奮的Swifties——Emily Valencia 所說的一句輕鬆、即興的說話,而這句話後來成為泰勒絲全球演唱會的一項儀式,並獲得她本人的認可。[15]

看是你逼我的
Look What You Made Me Do

單曲

發行時間：2017 年 8 月 25 日（單曲）／ 2017 年 11 月 10 日（專輯）
詞曲作者：Jack Antonoff、Fred Fairbrass、Richard Fairbrass、Rob Manzoli、Taylor Swift
製　作　人：Jack Antonoff、Taylor Swift
其他版本：泰勒絲全新版

在《舉世盛名》問世前的幾年裡，兩次公開遭到背叛的事件，徹底撼動了泰勒絲。2016 年有新聞爆料，說泰勒絲以 Nils Sjöberg 這個假名，參與創作凱文・哈里斯和蕾哈娜的流行金曲〈This Is What You Came For〉。（在創作當時，她還和 DJ 兼製作人哈里斯交往中。）等泰勒絲的創作功勞曝光了，哈里斯在推特（現為 X）上散布極為尖酸刻薄的話，表達他的不悅，結果蛇形 emoji（暗指喜愛暗箭傷人），如海嘯般淹沒了泰勒絲的社群媒體。[16]

同一年，饒舌歌手肯伊・威斯特發表了一首歌〈Famous〉，用貶損的粗話稱呼泰勒絲。儘管威斯特聲稱他有先知會泰勒絲——是在一通電話裡提的，後來這通電話有被威斯特當時的老婆金・卡戴珊（Kim Kardashian）公布到網路上——泰勒絲指出，她從來不會在歌詞裡針對個人，特別是這樣指名道姓。[17] 然而在那通電話的聲音檔公開的同一天，卡戴珊還推文說：「等一下，什麼時候今天變成國家毒舌日了！？」這又引發了另一波蛇形 emoji 海嘯。[18]

泰勒絲在 2018 年，舉世盛名體育場巡迴演唱會的首場演出上，針對這個事件發表了看法，她告訴群眾：「因為這個事件，我有好長一段日子陷入了嚴重的低潮。有好一陣子，我不知道我還能不能繼續唱下去。」[19] 而還好最後算歌迷們好運，泰勒絲鼓起身上的每一滴勇氣，帶著這首〈看是你逼我的〉浴火重生。這首合成器龐克風格的歌曲，與她過去的作品天差地別，結合了極簡的電音衝撞節拍、緊迫逼人的鍵盤、毫不

退讓的鋼琴以及僵硬冷漠的唱腔，但使用了既悅耳又惡毒的語氣。（〈看是你逼我的〉明顯移植了 1991 年，Right Said Fred 的熱門歌曲〈I'm Too Sexy〉的某些元素。[20]）

同時，歌詞中描繪的泰勒絲，是一隻浴火重生的鳳凰，把敵人全打得落花流水後，還自己的名聲一個公道——並向世界宣布，昨日的她已死。這首歌曲「以一首我以前寫來抒發感受的詩開場，」泰勒絲說，「基本的內容是，我領悟到有些人你就是不能信任。」[21]不過，歌詞也受到電視劇集《冰與火之歌：權力遊戲》的影響。「〈看是你逼我的〉根本就像是艾麗婭·史塔克（Arya Stark）的殺戮清單。」泰勒絲說，後來又補充，「我說故事的方式，受到《冰與火之歌：權力遊戲》的重塑——給故事留伏筆、精心設計密碼般的故事線，」她說。「於是我找到更多讓訊息增加神祕感的手法，但同時又能把想法傳達給歌迷。」[22]

最終泰勒絲在各方面都得以洗刷冤屈。她利用〈看是你逼我的〉這首歌在體育場巡迴演唱會的舞台上，設置了名叫 Karyn 的巨蛇道具，把泰勒絲被冠

在舉世盛名體育場巡迴演唱會的舞台上，演唱〈看是你逼我的〉，有條名為 Karyn 的巨型眼鏡蛇，在舞台上冒出來。

以蛇的名聲另賦意涵，同時這首單曲在《告示牌》百大熱門歌曲排行榜上高居第一名達三週之久。另外，哈里斯後來也為自己失控嗆泰勒絲的行為道歉[23]，而（泰勒絲與）威斯特通話錄音的完整版，也證明了泰勒絲沒有說謊。[24]

175

舉世盛名體育場巡迴演唱會在愛爾蘭都伯林的克羅克公園（Croke Park）舉行，泰勒絲在台上演唱。

自然而然
So It Goes...

專輯歌曲

發行時間：2017 年 11 月 10 日
詞曲作者：Oscar Görres、Max Martin、Shellback、Taylor Swift
製 作 人：Oscar Görres、Max Martin、Shellback

　　這是《舉世盛名》專輯裡最被低估的歌曲，〈自然而然〉因採用歌德暨 90 年代晚期電子音樂的風格，以陷阱嘻哈節奏和沉靜冷酷的製作，讓朦朧的曲風包裹歌詞，述說著火熱的誘惑。這首歌曲讓我們初次認識瑞典製作人兼作家奧斯卡・戈雷斯（Oscar Görres）的音樂功力，之前他與小甜甜布蘭妮、亞當・藍伯特（Adam Lambert）、Maroon 5 及 DNCE 都有合作。戈雷斯並未參與〈自然而然〉詞曲的創作，但是他卻貢獻了一段耐人尋味的伴奏音軌。「歇爾貝克在他的電腦上搜尋東西時，聆聽這段音軌，泰勒絲聽到了覺得很有感。」戈雷斯說。

　　「你在聽什麼呀？好特別。我還沒有用過這種音樂。我們可以用它嗎？」[25] 歇爾貝克早上六點半透過 FaceTime 打電話給他——戈雷斯從睡夢中被吵醒，他正因為最近家裡有了個小寶寶而幾天沒睡——而電話也傳給了泰勒絲。「對我而言，那次歌詞的創作經驗，真是前所未有，不過我很慶幸有這種經驗。」戈雷斯說。「我這輩子都不會忘了這通 FaceTime 電話。」[26]

真命天子
Gorgeous

單曲

發行時間：2017 年 10 月 20 日（宣傳單曲）／ 2017 年 11 月 10 日（專輯）
詞曲作者：Max Martin、Shellback、Taylor Swift
製 作 人：Max Martin、Shellback

　　〈真命天子〉歌曲中的第一個聲音，是一個還在學走路的幼童，牙牙學語唸出「真美！」——那個幼童名叫 James Reynolds，是泰勒絲的好友布蕾克・萊芙莉（Blake Lively）與萊恩・雷諾斯（Ryan Reynolds）的女兒[27]——〈真命天子〉活潑、古怪、跳躍的電音推動歌曲前進的韻律，如鐘般滴答滴答進行不停。歌詞形容欲求的對象，只能在夢中去追。而這種事總是讓人沮喪，但是這個對象美得扣人心弦的事實，更讓人無法自拔——美到歌曲的敘述者開不了口跟他說話，甚至氣自己怎麼這麼沒用。泰勒絲告訴歌迷，她這首歌寫的就是自己當時的男友喬・艾爾文[28]，這也許可以解釋副歌裡的那些調情語調；敘述者描敘自己避重就輕地嘲諷迷戀的對象，或者就是加以忽視，彷彿她還是個彆扭、在暗戀中的青少年。但是〈真命天子〉也可以解釋為泰勒絲勇敢追愛的行為：在某一個時機點，她嘆氣表示乾脆回家陪貓——也就是說，她打了個暗號，除非那個可能的對象要來陪她。

單曲

亡命飛車
Getaway Car

發行時間：2018 年 9 月 7 日（澳洲／紐西蘭單曲）／ 2017 年 11 月 10 日（專輯）
詞曲作者：Jack Antonoff、Taylor Swift
製　作　人：Jack Antonoff、Taylor Swift

合成器音效流行風的〈亡命飛車〉聽來就像一部電影，比你預期的還豐富、複雜。歌曲就如歌名所示，與犯罪意象不謀而合，像是〈準備好了嗎？〉這首歌一樣，歌詞影射偷車鑰匙、越獄或惡名昭彰的鴛鴦大盜邦妮與克萊德。而也就像〈準備好了嗎？〉，〈亡命飛車〉也把這些非法意象，當成愛與戀情的暗喻。

歌中的敘述者是車上的乘客，自知不可能走得多遠，暗示這段關係開始崩解。乘客一個心頭轉念就把駕駛拋棄——自然也拿走錢與車鑰匙——至此確立了這段關係已崩解。

但是〈亡命飛車〉這首歌到底在談什麼？你可以詮釋成一段因第三者而註定結束的新戀情，無論這個人是你想逃離的人，或者無法甩掉的前任。「我在剪輯這首歌時，打電話給安多夫，我好像是這麼問他的，這是一段敗部復活的感情，對吧？」這首歌的音響工程師勞拉・西斯克（Laura Sisk）說。「每一行都好慧黠、有趣。」[29] 不過在歌曲尾聲裡，亡命飛車的駕駛在哭泣，而且對彼此說再見。但在同時，詞意又相當模稜兩可，可以任人詮釋。那位乘客說再見的對象，是那位只是短暫陪伴的備胎？還是對第三者？獨自開車駛向遠處夕陽，揮別所有，重新開始？

即使在困難重重的《舉世盛名》時期，Swifties 依然與泰勒絲不離不棄。

178

06 ｜ THE REPUTATION ERA ｜ 舉世盛名

心的主宰
King of My Heart

專輯歌曲

發行時間：2017 年 11 月 10 日
詞曲作者：Max Martin、Shellback、Taylor Swift
製 作 人：Max Martin、Shellback

〈心的主宰〉受到《冰與火之歌：權力遊戲》影響，特別是馬王卡奧・卓戈（Khal Drogo）與龍后丹妮莉絲（Daenerys）這一對愛人。「這首歌甚至用了難忘的鼓聲──我要它們聽起來就像馬王的鼓，」泰勒絲透露[30]，聽聽那舉世盛名體育場巡迴演唱會上的鼓陣，便能明白泰勒絲這句話一點都不誇張。不過〈心的主宰〉儘管有張力十足的故事與強勢的創作靈感，卻出人意料地溫柔。「大家都有各自不同的故事，與其他人建立連結，」泰勒絲說，「而我覺得有意思的是，轉變發生的時機。」[31] 她澄清，〈心的主宰〉是個正面的轉變。「你總是希望那個轉變，能讓你向前邁進，而不是向後退縮，因為有時候也會發生後者的情況，」她繼續說。「我總是希望我創作的歌曲，每一個段落都往前邁進，把感情探索得更深更廣，但也同時讓人想聽下去。」[32] 泰勒絲經聲碼器包裝的歌喉，優美而純淨，有如教堂聖歌，歌詞帶來的療癒作用，就像正面的愛，並探討如何讓感情能保有隱私。

綁手綁腳
Dancing with
Our Hands Tied

專輯歌曲

發行時間：2017 年 11 月 10 日
詞曲作者：Oscar Holter、Max Martin、Shellback、Taylor Swift
製 作 人：Oscar Holter、Max Martin、Shellback

瑞典音樂人奧斯卡・霍爾特（Oscar Holter）與泰勒絲共同創作了威肯（The Weeknd）在 2020 年爆紅的歌曲〈Blinding Lights〉，向 80 年代合成器音樂的殷切致敬，歌曲感覺有如在黑夜馳車的刺激與興奮。然而在許多年前，霍爾特曾把同樣這種陰鬱的氛圍，運用在〈綁手綁腳〉中。在歌詞上，孤寂的鋼琴盤旋演奏著，圍繞著跳房子般的節拍與幽暗如午夜的鍵盤，而副歌則像海潮般漲落，有如大廳背景音樂般的脈動。〈綁手綁腳〉的歌詞述說一段低調的感情，即使已經想盡辦法避免曝光，但依然受盡了折磨，終究還是要攤在媒體探私挖密的風雨下被催殘。泰勒絲形容她的伴侶，在烈火洪水等災難中，有如生命線，並用充滿想像力的意象，來呈現如此守護祕密的本質是有意義的；例如一個可以放照片的吊墜，裡頭有她男友的臉。泰勒絲的歌喉果然令人驚豔，與變化詭譎的音樂起伏配合得天衣無縫，在樂觀與憂慮間來回無常；最後，她衝出焦慮的高音，唱法堪比亞莉安娜・格蘭德（Ariana Grande）。

戰袍
Dress

專輯歌曲

發行時間：2017 年 11 月 10 日
詞曲作者：Jack Antonoff、Taylor Swift
製 作 人：Jack Antonoff、Taylor Swift

在舉世盛名體育場巡迴演唱會裡〈戰袍〉這段演出中的亮點，是向富勒創作的蛇舞閃亮致敬。

　　輕盈如糖絲捲出來的棉花糖，這首〈戰袍〉表達泰勒絲對支持（和接受）她伴侶的感恩之心，並讚揚健康感情的平易親密。歌名顯然用來指出，有人買了一件衣服，為了穿上讓心儀的人看到；故事的意外發展是，買這件衣服是只為了讓對方能把它從自己身上脫下。「我為那個燒腦句覺得自豪，」泰勒絲說。「然而這也是首情歌，唱的是深刻而溫柔的感情。」[33] 在舉世盛名體育場巡迴演唱會上，〈戰袍〉也可用來呈現泰勒絲是一位高超的表演藝術家。在那段演出裡，聚光燈先照著一位跳著複雜優雅動作的舞者，其服裝翻騰如浪的布料，彷彿展開雙翼的鳥。這直接向洛伊·富勒（Loie Fuller，一位旅居法國的美國前僑民，以爭取她作品的版權而聞名，雖然最後沒有成功。）所創作的蛇舞致敬。[34] 在歌曲尾聲，體育場上的電視牆上打出致富勒的短語，「藝術、舞蹈以及設計的先驅，為藝術家們的作品而奮鬥。」

06 ｜ THE REPUTATION ERA ｜ 舉世盛名

你不配
This Is Why We Can't Have Nice Things

專輯歌曲

發行時間：2017 年 11 月 10 日
詞曲作者：Jack Antonoff、Taylor Swift
製 作 人：Jack Antonoff、Taylor Swift

　　假如哪天泰勒絲決定創造一齣點唱機式的百老匯音樂劇，〈你不配〉將會是作壓軸歌曲的絕佳選擇。這首洋溢著誇大的歡樂氛圍，唱腔有如遊戲場上挑釁的語句，內容似乎指的是肯伊・威斯特整慘泰勒絲的事件──歌詞裡提到一個背後耍陰招的朋友，以及一通不實的電話──導致泰勒絲在接受一連串浮華奢靡的評擊派對後，她被迫退出大眾的目光。「這探討的是當大家以為事情是理所當然的時候，」她解釋。「就像友情、信任或對開放的想法。讓別人進入你的人生、信任別人、尊重──這些都是非常美好的事物。」[35] 在歌中泰勒絲感謝她的朋友、她的另一半，以及她的媽媽──運用了直白的韻腳來強調，後面這位總是傾聽她風風雨雨的人──而在枯澀的語調裡，狠狠修理了那些她絕對不會原諒的人。樂曲則透過活潑帶有衝擊的彈指節奏與精心編排的俏皮副歌，讓人想起泰勒絲最要好的朋友蘿兒。

話都你在說
Call It What You Want

專輯歌曲

發行時間：2017 年 11 月 10 日
詞曲作者：Jack Antonoff、Taylor Swift
製 作 人：Jack Antonoff、Taylor Swift

　　隨著時間過去，《舉世盛名》顯然絕不只是要報復。「就其故事線而言，我覺得《舉世盛名》一開始只是要發洩反擊的情緒，或者是憤怒、焦慮這類的情緒。」泰勒絲解釋。

　　「而接下來，就如同墜入愛河，你明白自己在不知不覺中，向你覺得最應該優先要處理的事靠攏，然後，你的人生改變了，而你也對此感到慶幸，因為那才是對你來說重要的東西。這張專輯最後的一部分，感覺就像是在我如今所到的地方停下來，安身立命。」[36]

181

泰勒絲在《舉世盛名》的倒數第二首歌，慵懶、電音流行風的〈話都你在說〉，她的心態顯然已經健康多了。儘管她還是提到自己在大庭廣眾之下所受的創傷和犯過的錯誤，但她覺得自己已經和那些事情無關，因為她的另一半已經幫她擋掉這一切風暴：他了解她、愛她並保護她。

泰勒絲也巧妙地在歌詞裡運用了她喜愛的意象（例如「燃燒」，在這首歌是指橋梁）並且還影射那時還是私藏曲的〈崩塌的城堡〉。共同製作兼作詞人安多夫發現，〈話都你在說〉也別具意涵，他注意到一個特點，「將泰勒絲的聲音片段，作為前奏並貫穿全曲。我好愛把她的聲音化作一件樂器。」[37] 他對於本歌曲的最佳聆聽方式，還有個智慧的建議：「黑夜行走時戴上耳機聽。」[38]

在《時代巡迴演唱會》上，《舉世盛名》這段表演，是以超越現實限制的層次，宣揚這張專輯的音樂及主題。

06 | THE REPUTATION ERA | 舉世盛名

新年願望
New Year's Day

(單曲)

發行時間：2017 年 11 月 27 日（鄉村電台單曲）／2017 年 11 月 10 日（專輯）
詞曲作者：Jack Antonoff、Taylor Swift
製 作 人：Jack Antonoff、Taylor Swift

這張專輯的壓軸歌曲〈新年願望〉，由親密的鋼琴主奏，彷彿還點著溫馨的蠟燭，是《舉世盛名》裡另一首靈感來自泰勒絲本身人生的歌曲。「大家都在談論並猜測你今晚的午夜會吻誰，」泰勒絲解釋，「這是個浪漫點子，午夜你會吻誰，好像在新年求婚的感覺？光這樣想就好浪漫。」[39]

然而，〈新年願望〉探討的卻是比起午夜，沒那麼光鮮亮麗的隔日早上，但她還是覺得一樣有意義。「第二天早上那個還得跟你在一起的人是誰，才更顯得浪漫——像是願意給你止痛藥，並清理派對留下的垃圾。我想那才更有感情長久的樣子。」[40]

歌詞完整的意思是，歌曲中的敘述者運用清理盛大派對留下的爛攤子為出發點，表達關愛伴侶，願意忠誠相守，無論情況順逆。〈新年願望〉也好心地提醒聽者要小心，不要想著直接翻到這本兩人關係小說的最後一頁，只想知道結局；其中意涵是，要品味這特殊時刻發生的過程，專注於當下。

最後，〈新年願望〉這首歌是通往愛的橋梁，音樂與主題都是這個意思。「《舉世盛名》雖有許多跌宕起伏及虛虛實實，但其實它是個愛情故事，」泰勒絲說。「它是在混亂中發生的愛情故事。」[41]

183

泰勒絲在雨中的表演場景，總是讓人耳目一新——2018 年 6 月 2 日舉世盛名體育場巡迴演唱會，在芝加哥軍人球場的這一場表演，自然也不例外。

06 | THE REPUTATION ERA | 舉世盛名

單曲

無愛不活*
I Don't Wanna Live Forever (with Zayn Malik)

發行時間：2016 年 12 月 9 日（單曲）／2017 年 2 月 10 日（原聲帶專輯）
詞曲作者：Jack Antonoff、Sam Dew、Taylor Swift
製 作 人：Jack Antonoff

由於泰勒絲在 2016 年底驚喜地推出了與前 One Direction 成員贊恩・馬利克（Zayn Malik）的合唱歌曲〈無愛不活〉，歌迷們已經預感到泰勒絲在專輯《舉世盛名》上可能會朝新的方向發展。

這首單曲收錄在 2017 年的電影《格雷的五十道陰影：束縛》（Fifty Shades Darker）原聲帶中，它具有流行／R&B 風格，結合黑暗而類似工業聲響的節奏，還有濃稠連音的樂句，而歌詞則提供了不同觀點來看分手這件事情：馬利克扮演一位心碎的前任，為失去的愛悲嘆，而泰勒絲則沉思分手是否真的對彼此都好。

〈無愛不活〉（有時候以「Fifty Shades Darker」作為歌名），在馬利克向泰勒絲徵詢意見之後便完成。「我打電話連絡她，她已經聽過那首歌，因為安多夫已經播放給她聽過了，」馬利克說。「她真的喜歡這首歌，第二天就進了錄音室。」[42]（事後馬利克猜想泰勒絲會答應，是因為泰勒絲跟自己當時的女朋友名模吉吉・哈蒂，兩人是朋友，泰勒絲也已經跟馬利克說她愛那首歌。）〈無愛不活〉獲得葛萊美最佳影視媒體作品歌曲獎提名，在《告示牌》百大熱門歌曲排行榜衝到第二名。

2016 年 9 月在紐約市，馬利克與他當時的女友吉吉・哈蒂，而泰勒絲也被拍到與他們在一起。

185

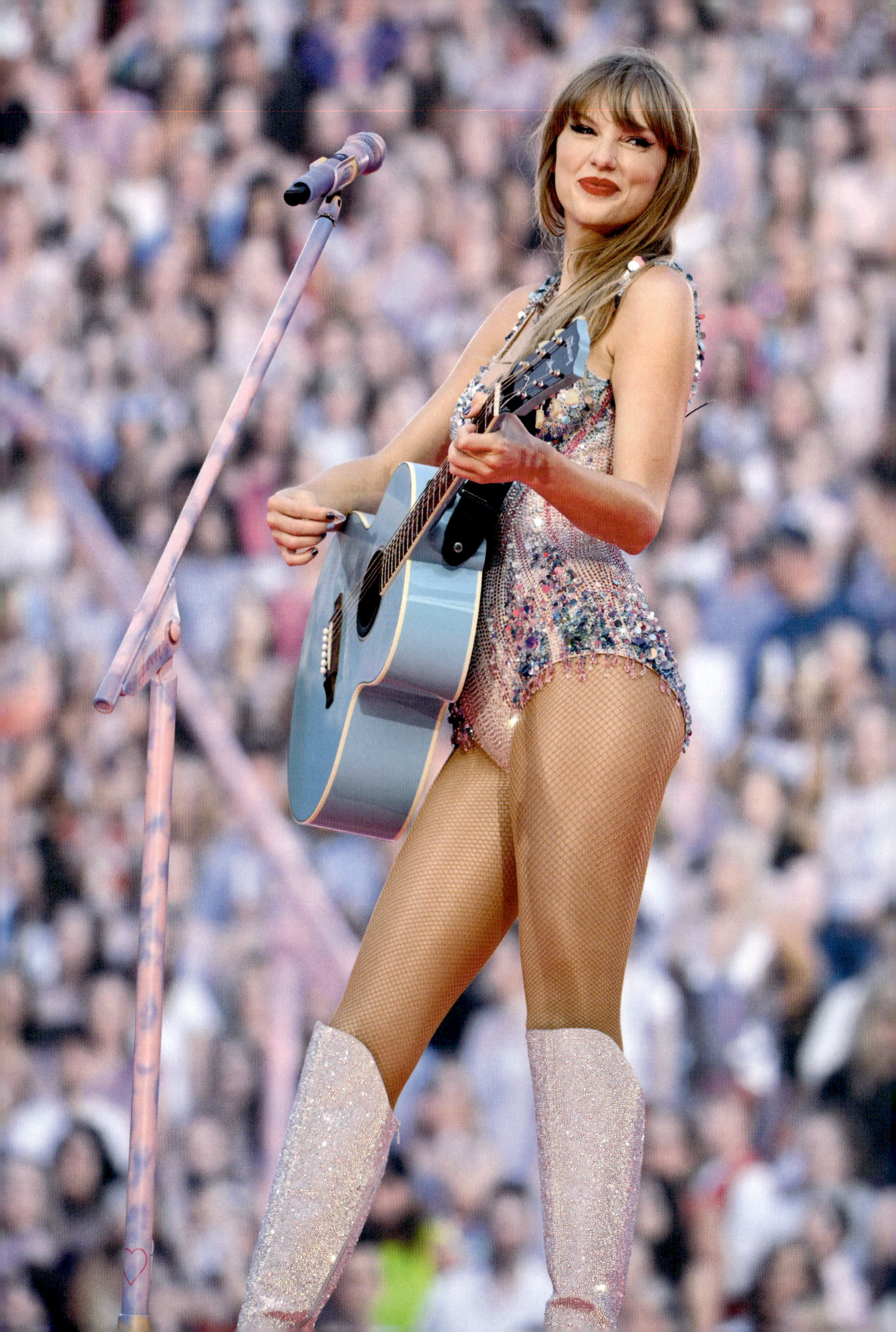

07 / 情人
THE LOVER ERA

經過《舉世盛名》時期的風風雨雨，到了《情人》總算雨過天青、陽光普照了。「這張專輯從各方面看，都是嶄新的開始，」泰勒絲說。「這張專輯是寫給愛情的情書，無論是其中的瘋狂、激情、興奮、迷戀、慘痛、不幸、神奇及榮耀。」[1] 雖然她以前就探討過這些主題了，不過在這張葛萊美獎最佳流行演唱專輯的提名作品裡，她激勵自己探索新的聲音與感受。「這張專輯肯定不免特立獨行，」泰勒絲說。「但我想用這張專輯，容許自己重探以前寫過的舊主題，也許用新的視角再看一次。」[2]

專輯歌曲

忘記你的存在
I Forgot That You Existed

發行時間：2019 年 8 月 23 日
詞曲作者：Louis Bell、Adam King Feeney、Taylor Swift
製　作　人：Louis Bell、Frank Dukes、Taylor Swift
其他版本：Piano ／ Vocal 版

〈忘記你的存在〉就像經過一場突如其來的暴雨後，從雲層中探出的兩道美麗彩虹。這次加入了兩位新的創作伙伴，路易斯・貝爾（Louis Bell）和亞當・金・菲尼（Adam King Feeney，他同時也用弗蘭克・杜克斯 Frank Dukes，作為藝名製作專輯）──泰勒絲欣賞這個雙人組為她的閨蜜，卡蜜拉・卡貝羅（Camila Cabello）製作的作品──她創造了一個年輕歡樂的流行／R&B 風格的歌曲，唱的是如何進入人生新階段，不再讓某個人減損你的光彩、掃你的興。

〈忘記你的存在〉「就像經歷許多事後，那些事情帶給你許多掙扎與痛苦，你卻聳聳肩之後把它們全甩到身後，」泰勒絲說。「有天一早醒來，你明白自己根本不在乎那些讓你痛苦的事。」[3] 在配樂方面，這首歌曲以節奏高昂的鋼琴、隆隆的貝斯與彈指打拍子等聲音，環繞歌頌心靈自由、無憂無慮的歌詞。

而泰勒絲是如何達到這個樂觀的心境，什麼負面經驗都能輕易拋諸腦後呢？這全拜舉世盛名體育場巡迴演唱會所賜──「這是我出道以來，心理情緒成長最大的一次經驗，」她補充。「那次巡演，讓我到達我一生最健全、最平衡的境界，」她再說。「那次巡演有種特別的元素，幫助我擺脫我公眾形象裡的一些束縛，原先我以為我的一切身分認同，全靠它（那些束縛）維持，如今我明白，那根本就不健康到了極點。」[4]

188

07 | THE LOVER ERA | 情人

慘痛夏日
Cruel Summer

單曲

發行時間：2023 年 6 月 20 日（單曲）／ 2019 年 8 月 23 日（專輯）
詞曲作者：Jack Antonoff、Annie Clark、Taylor Swift
製 作 人：Jack Antonoff、Taylor Swift
其他版本：《時代巡迴演唱會》Live 版、LP Giobbi Remix 版、LP Giobbi Remix 加長版

〈慘痛夏日〉的重生，是泰勒絲在 2023 年最值得關注的故事。這首電音流行風格的單曲，在《情人》專輯發行四年後，因為串流平台點播率的飆升才得以發行，並且在不連續的四個週次裡，多次登上《告示牌》百大熱門歌曲排行榜第一名的寶座。

對泰勒絲而言，這晚來的成功，她感覺很甜美。「〈慘痛夏日〉是我在《情人》上的驕傲與喜悅」她說，不過一直沒有適當時機讓它站在聚光燈下。「我不想怪全球新冠肺炎大流行」，泰勒絲繼續說，「但那確實是讓〈慘痛夏日〉沒辦法以單曲方式發行的原因。」[5]

這首歌曲就如同歌名所示，談的是「一段夏日戀情，往往會堆疊出許多

相對於《舉世盛名》的服裝走黑暗色調，《情人》用盡彩虹上的五顏六色──這點在 2019 年 iHeartRadio Wango Tango 演出上（左圖）以及 2019 年 MTV 音樂錄影帶大獎典禮（右圖）上，明顯可見。

189

泰勒絲在 2019 年 MTV 音樂錄影帶大獎頒獎典禮上演唱了〈情人〉（本頁），並在中國上海舉行的 2019 年阿里巴巴雙十一全球購物狂歡節上作為表演的一部分演唱了〈情人〉（P.192）。

不同的留人不住的哀嘆，有時甚至還有祕戀，」她解釋。「它探討的是，有時感情裡會有絕望及痛苦，你想要的似乎還在所及之外。」[6] 同樣不令人意外的是，其復古風格的音樂為歌曲帶進了憂鬱的色彩，彷彿是 80 年代某部青少年愛情片中的心碎劇情使用的背景音樂。

不過更加動聽的是〈慘痛夏日〉的橋段。「安多夫跟我喜歡寫如嘯似嚎的橋段，」泰勒絲說。「就像在〈不再迷惘〉裡，橋段是該歌曲的高潮——而我們再次回顧那個概念。」[7] 歌曲中的橋段讓人聽了全身起雞皮疙瘩，忍不住想要跟大家一起呼喊，它所描述的是我們都深有同感的情境：在酒吧喝醉後搭車回家，偷偷摸摸帶著不可告人的迷戀對象，你想對他說出你的愛，卻也知道這恐怕不是個好主意。

情人
Lover

單曲

發行時間：2019 年 8 月 16 日（單曲）／2019 年 8 月 23 日（專輯）
詞曲作者：Taylor Swift
製 作 人：Jack Antonoff、Taylor Swift
其他版本：First Dance Remix 版、Piano／Vocal 版、情人（巴黎現場）版、Remix 版（ft. Shawn Mendes）

「多產的歌曲寫手」這一詞，實在不足以形容泰勒絲豐沛的創作力。不過，就像許多創作力豐沛的人，她不會懷疑自己的靈感泉源。「我從來都沒辦法完整解釋歌曲是怎麼創作出來的，頂多只能說像是亮晶晶的小雲朵從面前飄過，而你及時伸手抓住，」她說。「然後你運用你對歌曲結構所知的一切，使出渾身解數，把空隙補上。」[8]

這一切當然是〈情人〉靈感故事的簡易形容，這首華爾茲慢舞曲獲得葛萊美年度歌曲獎提名。有一天晚上，泰勒絲躺在納許維爾的床上，這首歌的點子出現在她的腦海中。她立刻坐起身並「連滾帶爬衝到鋼琴邊」[9] 把音樂錄成備忘帶，以免旋律與歌詞溜走。即使在當下草稿的階段，她也已有

了清楚的概念。「我要副歌簡單明瞭，是關於那種戀愛中的人，會問的那類我們要怎麼長相廝守、天長地久的問題，」泰勒絲解釋。「『你到哪，我都能跟嗎？』這些問題，對誰都是大哉問。」[10] 歌詞其餘的部分卻簡單有力，捕捉情侶共建永遠的家，那種親密的感覺；這麼做也讓他們能問彼此更難回答的人生問題。

說來也夠有趣，〈情人〉似乎有點不像她的菜。「寫與愛情無關的情歌，我總覺得有點使不上力，例如關於哀嘆、愛、祕密與恐懼。」她承認。[11] 這點也許有些奇怪，因為泰勒絲的招牌曲目就是浪漫的〈愛的故事〉。然而她也承認這首歌主要是以「我看過的電影為基礎，如《羅密歐與茱麗葉》，再添上一點我人生裡的片段。但是我還實在沒辦法寫一首，打從自己心裡吶喊：『我的天，我愛你。』的這種情歌。」[12]

〈情人〉讓泰勒絲創作出她最受喜愛的橋段（「我愛這個橋段，」她補充，「我真的可以成為橋段大師。」）[13] 並寫一些貨真價實的結婚誓言，包含一些可愛的細節，像是情侶間能分享調情笑話並給對方留座位等。「你知道大家需要寫結婚誓言時，總想為自己量身訂製。」她解釋。「我有點想（在這首歌裡）這麼做。」[14]

同時，就音樂來看，〈情人〉感覺上與流行歌曲的趨勢是走不同的方向，這也是泰勒絲一向的目標。「我想讓這首歌留在沒有時間的時期，在那裡，你沒辦法猜那是 1980 年或 1970 年或現在的婚禮，」她說。[15] 這首歌一路運用吉他、鋼琴低音段、鼓、鍵盤等的樂器組合，歌曲則呼應 1960 年代、披頭四流行曲風問世前的音樂，並妝點了女子合聲音樂的風采。

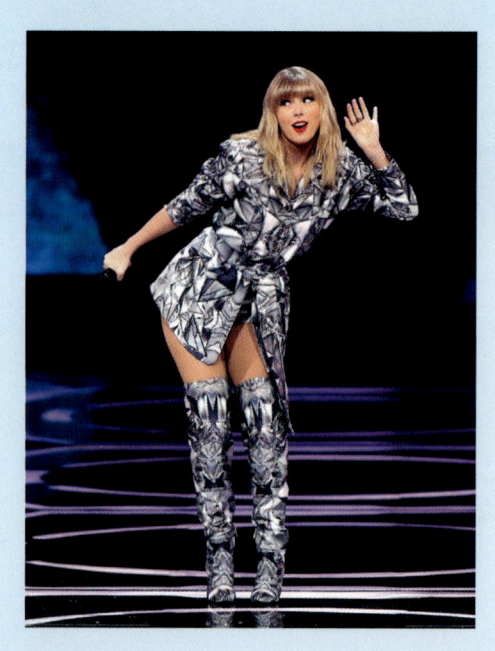

192

07 ｜ THE LOVER ERA ｜情人

男人
The Man

`單曲`

發行時間：2020 年 1 月 27 日（單曲）／ 2019 年 8 月 23 日（專輯）
詞曲作者：Joel Little、Taylor Swift
製　作　人：Joel Little、Taylor Swift
其他版本：情人（巴黎現場）版

當 2023 年泰勒絲開始去國家美式足球聯盟賽事，觀看她男友特拉維斯・凱爾西（Travis Kelce）的比賽，有些足球迷氣她太常出現在場上的電視牆上。「我只是去那裡支持特拉維斯而已，」泰勒絲回應。「我不知道我有沒有出現太多次，甚至還惹毛了一些狂粉。」[16] 泰勒絲顯然在反擊那些對女性不公平的雙重標準頗有經驗；男人什麼事沒做過，但他們卻都沒事。

泰勒絲要我們不妨聽聽這首勁嗆電音流行曲風的〈男人〉，「玩弄觀點轉換的手法，」她說——特別是假如她是一個男人，可能會被以不同的方式看待和討論，「假如我（跟男人）做了完全相同的選擇，犯了完全相同的錯誤，達成完全相同的成就，反應會是如何？」[17] 這個點子以氣急敗壞的歌詞呈現，把性別不平等及不公平批評標準等事實，一條條爆料公開。

然而，泰勒絲用〈男人〉，表達她只是將自己的個人經驗視為一個縮影，想要呈現的是女性在整個音樂產業裡所面對的問題——更別說在職場或學校裡的遭遇。「能在這樣的歌曲裡談這些，就能在現實情況裡，在問題發生時，提出來討論，」泰勒絲說。「我讓歌曲唱起來朗朗上口是有其道理的——這樣大家才能聽過就記得，大家腦中都記下了一首談論性別不平等的歌。我覺得，那才是好的。」[18]

在《時代巡迴巡演會》的〈情人〉這段裡，泰勒絲穿著金光閃爍的緊身連身裝（上圖）——而在演唱〈男人〉時，則再外搭一件同樣閃耀的外套（下圖）。

07 | THE LOVER ERA | 情人

宣傳單曲

弓箭手
The Archer

發行時間：2019 年 7 月 23 日（宣傳單曲）／2019 年 8 月 23 日（專輯）
詞曲作者：Jack Antonoff、Taylor Swift
製 作 人：Jack Antonoff、Taylor Swift
其他版本：情人（巴黎現場）版

歌迷們都知道泰勒絲通常會在專輯的第五首歌，保留最「誠實、感性、脆弱、個人」的歌曲。[19]〈弓箭手〉也不例外。這是《情人》中最簡單直接的歌曲之一——事實上，共同創作人安多夫說這首歌大約花了兩個小時就完成了——這首樸素的歌曲是「關於你必須擺脫過去所學到的一些不好的教訓」，泰勒絲說，尤其是在愛情方面。[20]

如她解釋的，一段惡質的戀情常讓負面想法難以排除，導致無法信任優質的男女關係。「當戀情失敗時，心中會有惡魔產生，此時你得處理它們，」泰勒絲說，「你得阻止自己老是認為最糟的情況會發生。而這首歌正是處理這種焦慮，教你如何打破不健康的模式與循環。」[21]

而這件事未必是簡單的——正如歌詞所示，歌曲中的敘述者曾經同時是弓箭手及獵物。不過〈弓箭手〉認為會有這種矛盾感受純屬正常。有時候，你會尋找另一半有沒有足以讓你考慮分手的缺點；但又在下一秒，你又會好奇自己在這段關係裡，會不會地位不保。前段副歌引用了童謠裡蛋頭人的那首兒歌，來形容破碎的感覺，而另一行歌詞又抱怨他們的偶像往往孤獨終老。

不過〈弓箭手〉最終還是相信優質的愛情仍會發生——如同其歡樂熱鬧的音樂所證明的，裡頭運用輕飄如棉花糖般的鍵盤音效，以及堅定邁進的鼓點樂句，聽來有如奔放的心跳。

美國小姐和心碎王子
Miss Americana and the Heartbreak Prince

專輯歌曲
發行時間：2019 年 8 月 23 日
詞曲作者：Joel Little、Taylor Swift
製 作 人：Joel Little、Taylor Swift

　　在川普當選總統的幾年後，泰勒絲首次公開談論政治。「唯有年過三十，我才覺得自己知道的夠多，有資格跟我一億一千四百萬歌迷談政治，」她說。「一個使用幾乎不作遮飾的語言，慫恿種族歧視、散布恐懼的人，不是我要的國家領袖，我領悟到我可能責無旁貸，必須運用我的影響力來對抗這種令人不恥的言語。」[22] 她也鼓勵歌迷去登記投票──此外，更創作了這首低調但非常政治的合成器流行曲風的歌曲〈美國小姐和心碎王子〉。

　　這首氣勢強盛的歌曲在 2018 年期中選舉後成形。「我要把我的政治想法，用某種場域的暗喻形態實際呈現出來，」她解釋。「所以我想到傳統的美國高中，那裡有各種社會事件發生，能讓人覺得自己完全被排斥在外。」[23] 像是一件被扯破的服裝以及在走廊裡被辱罵的景象──前者標示理想的幻滅，後者則形容在政治上被排擠到圈外。

　　第二段歌詞提到一個惡劣、傲慢的球隊，打敗了歌曲中敘述者的那一隊，導致美國童話焚為灰燼，而泰勒絲不禁要問，聰明的美國人都到哪裡去了──這顯然比喻的是美國共和黨員們，拋棄長久以來平穩的政黨輪替，只在乎要打敗民主黨。矛盾的是，〈美國小姐和心碎王子〉具有振奮人心的音效──也難怪這首歌會是《時代巡迴演唱會》的開場曲──不過當中也存在著黑暗面：歌曲中的鋼琴閃爍著不甘心的光芒，而啦啦隊員的呼喊聲則帶著一些不祥的預感。

我想他懂我
I Think He Knows

專輯歌曲
發行時間：2019 年 8 月 23 日
詞曲作者：Jack Antonoff、Taylor Swift
製 作 人：Jack Antonoff、Taylor Swift

　　說實在，自信會讓你變得迷人──但是自我肯定，會讓你更加迷人。這就是這首放克風格的〈我想他懂我〉要傳達的訊息，歌中假音濃厚的副歌，以及談到因為迷戀某人而暈頭轉向的煽情歌詞，則是向巨星歌手王子（Prince）致敬。這首歌是來自泰勒絲的一個想法，她想要寫一首歌，形容那種「安靜的自信」，她如此定義。「這種人不傲慢；也不囂張。傲慢跟囂張會讓人感到噁心跟卻步。而就是有某一種人，他們只是走上前來，不必氣勢凌人，因為他們身上自然散發某種特質，也許他們自己也無法控制。」[24] 這種人有磁鐵般的個性──但未必需要秀出來給人看。「有些人就是知道自己是什麼樣子的人，沒必要在嘴上自誇，」她說。「我覺得這種特質會讓你對他們有興趣，因為你沒辦法解釋。所以我就為此寫了這首歌。」[25]〈我想他懂我〉也恰如其詞意地充滿歡騰的喜悅，捕捉了一段令人興奮的關係所帶來的悸動。泰勒絲在快速的前導小副歌裡，把自己比喻成建築師，為她的男人建構未來──不用說，那是他們共享的未來──並誇讚對方那奔放自由的吸引力帶來的喜悅。

在《時代巡迴演唱會》中，每晚泰勒絲都以不同色系的 Versace 珠寶連身衣，盛裝開場──演唱〈美國小姐與心碎王子〉。

專輯歌曲

手作紙戒
Paper Rings

發行時間：2019 年 8 月 23 日
詞曲作者：Jack Antonoff、Taylor Swift
製 作 人：Jack Antonoff、Taylor Swift

泰勒絲對於她的歌曲，往往有十分明確的想法。就以〈手作紙戒〉為例，這首輕快蹦跳的歌曲談的是友情升級成另一種關係。「在《情人》這張專輯上的某些歌曲，我想嘗試這種模式，我想像我是婚宴上的樂隊成員，演奏新郎新娘想聽的歌曲，像是 1978 年代那樣或其他之類的……」泰勒絲說。[26]

因此，〈手作紙戒〉中的音樂以適合舞會的踩腳節奏和充滿活力的粗獷唱腔為特色，還有一個由戲劇性的音調變化來帶動的嘶吼橋段，泰勒絲說這是「受到一些龐克女子團體和她們過去的唱歌方式所啟發，用一種不做作的方式喊出她們的聲音。」[27] 總而言之，這首歌講述了完全傾心於一個人是多麼令人興奮的事，無論是陰鬱的日子還是冒險的日子。與此相關的是，泰勒絲製作這首歌時所想的概念，是基於這樣的想法：在成長過程中，人們可能會做白日夢，想知道自己想要什麼樣的結婚戒指，但對於一段十分牢固的關係中，閃亮的大石頭其實不是必要的。

「如果你真的愛一個人，你會說：『我不在乎』。」她說[28]。換句話說，即便只是手作戒指，也很完美。

在發行專輯《情人》後，泰勒絲唯一一場完整的演唱會，是在 2019 年 9 月 9 日巴黎奧林匹亞音樂廳的《City of Lover》演唱會。

198

07 | THE LOVER ERA | 情人

科妮莉亞街
Cornelia Street

專輯歌曲

發行時間：2019 年 8 月 23 日
詞曲作者：Taylor Swift
製 作 人：Jack Antonoff、Taylor Swift
其他版本：情人（巴黎現場）版

這首歌和泰勒絲其他歌曲不同的地方在於，這是根據她自己人生裡的真實事件來創作——她毫不保留地說，歌詞靈感來自她在該街租賃的豪華公寓裡的生活記憶，那是一棟位於紐約市西村四臥七浴的獨棟寓所。[29]

「有時在我們人生裡……我們多少會把記憶與記憶發生地點連結在一起，」她說。「我們要做的，只需要浪漫看待人生，而我也想這麼做。」[30]

〈科妮莉亞街〉的氛圍如微風搖蕩，有心跳般的韻律，記錄著一段看好的感情如何演變。歌曲開頭是兩人萌生情愫，相互吸引——泰勒絲高明地以微醺或多喝了幾杯的感覺來描述——接著說到一起相處時的幸福。然而，兩人之間最終有十分嚴重的意見分歧，導致歌曲中的敘述者最後離開了那棟公寓——不過在結局裡，她覺得這沒關係，因為吵架並非常態，他還是她的另一半。

當然，這個結論未必就是實情，因為副歌裡唱著，假如那段關係沒有結果，他們也不忍再回到那條街上。每當泰勒絲唱到細述這段戀情的不安全感與不穩定，立刻轉換為氣音唱腔，顯示她冒著龐大的感情風險，因為她是如此投入。

2019 年 4 月 23 日，泰勒絲在位於林肯中心爵士樂廳舉辦的，2019 年 TIME 100 Gala 宴會上演唱（她也是當屆的入選名人）。

199

專輯歌曲

凌虐到死
Death By a Thousand Cuts

發行時間：2019 年 8 月 23 日
詞曲作者：Jack Antonoff、Taylor Swift
製　作　人：Jack Antonoff、Taylor Swift
其他版本：情人（巴黎現場）版

泰勒絲在《情人》時期前後，對戀愛基本上抱持正面的態度，不過這不表示天空會沒有半片烏雲。〈凌虐到死〉的輕快氣氛只是假象，它是一首描述分手後難過以及悲慘日子的典型歌曲——還有感情的結束會如何將你千刀萬剮、消磨殆盡。

「我忽然感覺，這首歌曲要證明的是，我不必停寫關於心痛或分手的歌，」泰勒絲說，「對我而言，這可是不可思議的一件事。」[31] 不過她從哪裡獲得分手的情緒？首先，她的某些朋友與她們的伴侶分手，而泰勒絲也對此心有戚戚。「那些分手，是你得時時刻刻跟朋友訴苦的那種，也因為他們需要整天（找人）聊聊、每天聊聊，」她說。「於是我也跟著一天到晚都在聊分手的事情。」[32] 此外，她看了 2019 年的電影《忘情今夜》（Someone Great）而受到啟發，那部電影裡的主要角色因某次分手而感到人生天翻地覆。[33]（說來也巧，該片的導演兼製片珍妮佛·凱汀·羅賓遜 Jennifer Kaytin Robinson，實際上是從泰勒絲的專輯《1989》得到這部電影的靈感；她當時自己正經歷一場分手，而那張專輯「就像是一位摯友，帶來一瓶龍舌蘭酒並給你大大的擁抱」。[34]）到頭來，泰勒絲被這一切攻陷了。「這一切的結果是，我某一天早上醒來，滿腦子都是這首分手歌的歌詞，」她說。「我的感覺是，太好了，（那些靈感）都還在！真棒！」[35]

2019 年 12 月 13 日，泰勒絲在 Z100's iHeartRadio Jingle Ball 的舞台上，慶祝她的三十歲生日。

07 | THE LOVER ERA | 情人

專輯歌曲

倫敦男孩
London Boy

發行時間：2019 年 8 月 23 日
詞曲作者：Jack Antonoff、Cautious Clay、Sounwave、Taylor Swift
製 作 人：Jack Antonoff、Taylor Swift

對許多美國人而言，英國口音是很難抗拒的。要是再配上英俊的臉龐——有酒窩的那種——那就完蛋了，只能愛上他。這就是〈倫敦男孩〉的主旨，樂天開朗、雷鬼流行風的歌曲，唱著要搬到英格蘭，並跟一個血統純正的英國男孩相戀。

歌詞把這段關係定位為異性相吸的狀況——對比倫敦男孩，歌曲中的敘述者原先是一個喜歡威士忌和藍色牛仔褲的工人皇帝史普林斯汀歌迷，但在見到倫敦男孩之後全變了——後面接著列了一連串兩人一起做的事，全都以好玩和倫敦為核心：在肯頓市集及蘇活區閒逛、喝下午茶、在酒吧流連看橄欖球賽。「寫這首歌，我有點像是跟親友道別，說我要去倫敦住一陣子囉。」泰勒絲說，指的是她為了帥哥喬·艾爾文，花了大把時間橫跨大西洋去找他。[36]（她後來也澄清，〈倫敦男孩〉不是在談一個活動滿滿的日子——而是她「延續三年的人生。就像有人告訴我的，『他們以為你在談某一天，』而我則像這樣回答，『才不呢，你猜不到的』」。[37]）〈倫敦男孩〉還擁有多樂器演奏家卡歇爾斯·克雷（Cautious Clay）的〈Cold War〉插曲和由伊卓瑞斯·艾巴（Idris Elba）朗讀的前奏，增添了更多有趣的質感。

泰勒絲與她當時的男友喬·艾爾文

201

專輯歌曲

你很快就會好好的
Soon You'll Get Better (ft. The Chicks)

發行時間：2019 年 8 月 23 日
詞曲作者：Jack Antonof、Taylor Swift
製 作 人：Jack Antonoff、Taylor Swift

泰勒絲對她的家庭生活保密到家。不過在 2019 年，她透露她的母親安德莉亞癌症復發了。[38]「大家都愛自己的母親；誰沒有一位重要的母親，」她後來說。「不過對我而言，她真的是一股指引我的力量。幾乎我所做的每一個決定，我都會先跟她談過。所以，要我談她的病情，對我而言並不容易。」[39]

安德莉亞接受治療時，又發現長了一顆腦瘤。「那顆腦瘤造成的症狀，完全不同與以往我們所看到她因癌症而發生的任何情況，」她說。「因此，這是我們家裡非常艱難的一段日子。」[40]

泰勒絲以她最擅長的方式來處理這個消息：她寫下了〈你很快就會好好的〉。這首簡約、鄉村民歌風的歌曲，是泰勒絲整張專輯收錄的歌曲裡，最悲傷的且最感人的歌曲之一。〈你很快就會好好的〉的歌詞類似熱切的禱告；泰勒絲把她心中的哀悼、恐懼、焦慮與愛，灌注到這首強烈、誠實與充滿感情的歌曲裡，彷彿要用歌曲把她母親身上的癌症消滅一樣。泰勒絲幾乎像是要找一條慰藉的毛毯，她徵召了自己兒時最喜愛的樂團 The Chicks，為歌曲獻唱；他們的歌聲宛如溫暖的擁抱，而斑鳩琴與提琴則增添安慰與優美的音色。

2015 年，泰勒絲在 ACM 獎典禮上獲頒水晶里程碑獎（Milestone Award），她與母親安德莉亞同框。

07 | THE LOVER ERA | 情人

專輯歌曲

偽神
False God

發行時間：2019 年 8 月 23 日
詞曲作者：Jack Antonoff、Taylor Swift
製 作 人：Jack Antonoff、Taylor Swift

任何關係裡的蜜月期都不會永遠持續下去，如果在此之前一切順利，那麼到了要結束的那天，會讓人無法接受。〈偽神〉，一首複雜的歌曲，運用宗教暗喻來探索戀情的潮起潮落。（歌曲中往往藏有巧思：在第二段歌詞，泰勒絲提出一個看法：關愛有如天堂，吵架則如地獄，而事後的和好，則涉及懺悔與原諒。）

從某個角度來看，這首歌像是要大家小心，因為把男女關係當作宗教一樣看待的話會有其陷阱。美貌固然神聖，卻未必是你唯一該崇拜的東西——而關係會因為你一味相信、從不質問任何事而變得更困難。說穿了，〈偽神〉要大家注意一點，即使愛情沒有強烈到偶像崇拜的地步，但也可以是好事情，還是值得追求。這首歌清醒而內省，與豐富的主題相稱，R&B 式的慢節奏伴隨爵士風的薩克斯風，由 Evan Smith 演奏，他曾跟聖玟森（St. Vincent，也就是安妮・克拉克（Annie Clark），泰勒絲〈慘痛夏日〉的共同作詞人）合作。

2023 年 11 月 19 日巴西里約熱內盧《時代巡迴演唱會》，泰勒絲再次在雨中進行表演。

203

2019 年 MTV 音樂錄影帶大獎典禮上，泰勒絲演唱〈你需要冷靜一下〉。
這首歌的音樂 MV 名符其實贏得了年度音樂錄影帶獎。

07 | THE LOVER ERA | 情人

你需要冷靜一下
You Need to Calm Down

單曲

發行時間：2019 年 6 月 14 日（單曲）／ 2019 年 8 月 23 日（專輯）
詞曲作者：Joel Little、Taylor Swift
製 作 人：Joel Little、Taylor Swift
其他版本：Clean Bandit Remix 版、情人（巴黎現場）版

泰勒絲就像許多名人，總會招引來批評與抗議。但是除了性別歧視與汙衊帶給她的沮喪之外，她還得處理惡意的社運人士捏造荒唐可笑的指控。例如 2013 年，恐同出了名的 Westboro 浸信會稱她為「末日美國的蕩婦代表」，並說他們會到堪薩斯城市的演唱會現場抗議。[41]

等到專輯《情人》上路，她已受夠了這一切，如這首歌〈你需要冷靜一下〉所佐證的。彈性十足的律動，有如橡皮球在硬地上亂跳，而泰勒絲的目標是那些無知的人與惡毒的憎恨者——並明明白白地告訴他們，坐下、閉嘴並冷靜。「第一段歌詞是有關酸民與取消文化，」她說。「第二段歌詞談的是恐同人士與在她演唱會抗議的群眾。第三段則是成功的女性被迫自相殘殺。」[42]

這些反擊，有幾處十分搞笑：她把一則羞辱比喻為一杯龍舌蘭酒，對早上七點在網路上嘲諷她的陌生人翻白眼，表示不可思議。副歌也十分悅耳，把嘲諷藏在波波相連、色彩繽紛的多重合音中——這是利用甜言蜜語、客氣禮貌給把對方一刀斃命的典型方式。但是，她的歌詞也有尖銳十足的觀點：她提到非政府組織「同性戀者反詆毀聯盟」（GLAAD）這個致力於支持並增進大眾接受 LGBTQ 的團體，並告訴民眾，對於酷兒議題不能再用過去的觀點看待他們了。

2019 年 7 月 10 日，泰勒絲在 Amazon Music 的 Prime Day 音樂會上演唱。

除此之外，在〈你需要冷靜一下〉的 MV 結尾，泰勒絲分享了一則給美國參議院、支持美國平權法案的請願書，這是一條聯邦法律，主旨在尋求將民權法案擴大到禁止以性別認同及性傾向為基礎的歧視。泰勒絲在訪談中，被問到為什麼她近來開始放大聲量爭取 LGBTQ 權利。

「基本上，只要你不是異性戀、白人、順性別男性，你就沒有人權，」她回答。「我到最近才了解，我也可以為我自身所屬以外的團體發聲。這並非簡單的事，因為你會很害怕出錯，於是就止步不前。」[43] 正如《舉世盛名》所證明的，她說：「我的錯誤會如雷聲般響亮。只要出一點錯，迴響便會傳遍世界各個角落。即便沒事也會招惹評擊，躺著也會中槍，這是我人生故事裡的一部分，也是我事業領域的一角。」[44] 還好〈你需要冷靜一下〉是她事業領域的一處亮點：這首歌攀登《告示牌》百大熱門歌曲排行榜第二名，並獲葛萊美最佳流行歌手獎提名。

07 | THE LOVER ERA | 情人

餘韻
Afterglow

專輯歌曲

發行時間：2019 年 8 月 23 日
詞曲作者：Louis Bell、Adam King Feeney、Taylor Swift
製　作　人：Louis Bell、Frank Dukes、Taylor Swift

〈重回十二月〉大概是泰勒絲最有名的道歉歌了，也許是因為她在與泰勒·洛納分手後，寫了這首《愛的告白》中最受喜愛的歌曲。然而〈餘韻〉這首鬱悶的 R&B 流行風的歌曲，也是個絕佳的例子，證明當你還處在長期固定交往的關係裡，道歉會變得十分複雜。如歌曲開頭所唱，歌曲中的敘述者遭到斥責：他們因誤解而對伴侶大發雷霆，深深傷害了彼此，然後又百般道歉。然而，這場吵架又讓他們痛定思痛地反省；他們不想分手，也同時在想辦法理解為何他們要破壞這麼美好的關係。

正如許多泰勒絲的作品，橋段往往會加入更多曲折：敘述者心生不安全感，哀求伴侶要再三保證兩人的感情不會變，即使有時她們又會開始胡鬧。大家不敢正視卻又無法迴避的問題是，在這麼多無法化解的歧異之下，戀情還能存活下來嗎？雖然沒人能確定，不過在最後，敘述者希望他們能在餘暉裡相見——暗喻有個快樂的共享地點，這也和專輯光明與重生的主題相符。

我！
ME! (ft. Brendon Urie)

單曲

發行時間：2019 年 4 月 26 日（單曲）／2019 年 8 月 23 日（專輯）
詞曲作者：Joel Little、Taylor Swift、Brendon Urie
製　作　人：Joel Little、Taylor Swift
其他版本：情人（巴黎現場）版

泰勒絲就在〈我！〉的 MV 拍攝現場，領養了她第三隻貓班傑明（Benjamin Button）——就是 2023 年《時代雜誌》年代人物照片上，盤在她肩膀上的那隻。[45] 這是這首歌曲的吉兆，果然這首歌攀登《告示牌》百大熱門歌曲排行榜第二名，而且是《情人》的第一首單曲。「這首歌曲唱的是擁抱自己的獨特性並為此自豪，沒什麼好害羞的，」泰勒絲說。「我想，用流行歌曲來表達，能用燒腦的旋律讓人過耳難忘，我要大家聽了歌之後，會對自己更自信滿意。」[46] 然而，在泰勒絲所要強調的觀念裡，有一點需要特別加以清楚區別：「顯然世界上有很多關於『我很特別』的歌，但是近來我沒有聽到有哪一首是主張『我之所以特別，是因為我就是我』的歌。」[47] 而泰勒絲與 Panic! At The Disco 的主唱布倫登·尤里（Brendon Urie）合唱，讓這首歌曲增色不少。他是一位戲劇演員，把他風靡全場的功力帶進歌中。「尤里真是一個你怎麼誇他都誇不完的人，」泰勒絲說。「我希望尤里擔任我們居住的美麗新世界的領袖。他真的好棒。」[48]

布倫登・尤里（左）與泰勒絲在 2019《告示牌》音樂獎典禮上演唱〈我！〉

有個好友真好
It's Nice to Have a Friend

專輯歌曲

發行時間：2019年8月23日
詞曲作者：Louis Bell、Adam King Feeney、Taylor Swift
製 作 人：Louis Bell、Frank Dukes、Taylor Swift

　　事後想來，〈有個好友真好〉這首歌感覺像是泰勒絲對之後專輯《美麗傳說》與《恆久傳說》的鋪墊。這首歌是以〈Summer in the South〉（共同製作人弗蘭克·杜克斯與多倫多Regent Park音樂學院的學生一起錄製的歌[49]）的樣本為基礎，由纏繞的伴奏聲音、脆弱的豎琴和輕快的鋼鼓主導。歌曲中間有一段孤寂的小號獨奏，增添了幻境般的氣氛。

　　〈有個好友真好〉因為沒有任何泰勒絲的招牌特色及橋段等，因此更值得一聽。「寫一首只有歌詞的歌曲，真是好玩，」她承認。「因為我身心靈都想要寫副歌——每次當我坐下開始創作，我總會聽見自己說：『OK，副歌時間到了，先把副歌完成。』」[50]而編曲也合情合理，因為這個溫馨的故事，是關於找到一位戀人好分享自己的一切。「我喜歡那種有不只一個意涵的比喻，」泰勒絲說，「而我想我喜歡在一張名叫《情人》的專輯裡，唱我們都需要愛，我們都想要有人可以看見我們所看見的、聽見我們所聽見的，並一起經歷人生。」[51]她用青梅竹馬來形容這位生死不離的人——世上沒有別人能像這個人一樣，讓你完全放鬆而自在地相處。「我們只是在尋找這個人，」她補充，「但隨著年紀增長之後，機會卻如星火般希微。」[52]

曙光
Daylight

專輯歌曲

發行時間：2019年8月23日
詞曲作者：Taylor Swift
製 作 人：Jack Antonoff、Taylor Swift
其他版本：情人（巴黎現場）版

　　泰勒絲以幸福美好的〈曙光〉作為《情人》的壓軸歌曲，它風格輕柔，有如天空漸漸亮起的燦爛陽光，節奏沉穩，讓輕盈而波動的鍵盤能均勻漸增強度。歌詞也如預期的，讓我們聽到泰勒絲對那些重新開始與更幸福的日子進行省思，以及她這些年來所學到的一切。〈曙光〉巧妙地用幾行自我表白的話展示這個成長：例如，泰勒絲引用她自己的歌曲〈紅色〉時，指出愛是金色的不是紅色。不過泰勒絲也細細回想她怎麼從《舉世盛名》一路走過來。「我寫〈曙光〉時在想的是，《舉世盛名》對我而言，就美學角度及主題內容來看，感覺上有如一場漫漫長夜，過程中有狂風暴雨、火山爆發、洪水、颶風、冰雹、龍捲風、無盡的火災，還有小行星撞上地球，」她說。[53]然而，她從這些創傷中得到的結論是，「提醒自己，事情發生了就該讓它們逝去，即使一時之間還放不下也沒關係，這是有用的人生經驗。」[54]換言之，誰也不知道下一個街角會遇到什麼狀況——而最黑暗的日子也總會有幾點星光。「你可以在人生最惡劣的階段裡找到愛，」她說。「你可以在人生最不順利的日子裡找到友情。你可以在短暫又糟糕的時光裡，找到生命中最美好的東西，而這些東西將會永遠留在你的心中。」[55]

泰勒絲在巴黎奧林匹亞音樂廳（L'Olympia）舉辦的《City of Lover》演唱會的曲目，
跨越了她的整個歌唱事業。

07 | THE LOVER ERA | 情人

聖誕樹農場 *
Christmas Tree Farm

單曲

發行時間：2019 年 12 月 6 日
詞曲作者：Taylor Swift
製　作　人：Jimmy Napes、Taylor Swift
其他版本：Old Timey 版、2019 Live 版

　　由於泰勒絲的生日在 12 月，我們自然地覺得她會因此特別喜歡聖誕節。但是，她還有別的理由喜愛這個節日：在她小時候，曾住在位於賓州鄉間一座種植聖誕樹的農場裡，農場主就是她的父親史考特。「他把管理這座農場當作嗜好，」泰勒絲說。「他會早起四小時，開著曳引機去田裡割草。」[56]（泰勒絲同時則從樹上摘下螳螂卵匧，以免它們孵化。）而那些溫馨的兒時回憶終於在〈聖誕樹農場〉浮現，這首受爵士樂影響，如雪球般的歌曲，捕捉到節慶間充滿愛的那種感覺。一開始，弦樂如雪花飛舞，接著轉化成冬季景象，有雪橇鈴鐺與唱詩班的歡唱聲。泰勒絲以強勁的中氣唱出這首歌，精準表現節慶精神：「這首歌說的是你身在城市裡，被生活壓得喘不過氣，覺得人生陷入低潮，但你的心在聖誕樹農場。」[57]

美麗的幽魂 *
Beautiful Ghosts

宣傳單曲

發行時間：2019 年 11 月 15 日（宣傳單曲）／2019 年 12 月 20 日
　　　　　（原聲帶專輯）
詞曲作者：Taylor Swift、Andrew Lloyd Webber
製　作　人：Tom Hooper、Andrew Lloyd Webber、Greg Wells

　　泰勒絲能在 2019 年的音樂劇改編電影《貓》（Cats）裡拿下一個角色，一點也不令人意外——畢竟大概沒有太多人能像她如此愛貓的。而且，儘管電影的評價並不出色，泰勒絲為電影演唱的這首原聲帶歌曲〈美麗的幽魂〉，最終榮獲金球獎（最佳原創歌曲）以及葛萊美獎（最佳影視媒體作品歌曲）的雙料提名。這首歌使用了完備的交響樂團伴奏，氣勢恢宏，歌曲的觀點是「來自一個年輕的聲音，它自問，自己的精彩時刻何時會到來，」泰勒絲說。「她渴望擁有歸屬感，卻看到週遭的人們都已經找到了。」[58]
　　而與這首優雅詞句搭配的音樂，則是出自傳奇作曲家安德魯・洛伊・韋伯之手，他正是 1981 年百老匯音樂劇《貓》的原劇作者。「這是（在這部電影中）少數讓人享受的經驗，」他說。「若只能選擇一段享受的經驗，那非這段回憶莫屬了。」[59] 除了這件事，韋伯還稱讚泰勒絲是「真正的專業歌手」，也佩服她仔仔細細做足了功課：她研讀了大詩人 T・S・艾略特（Thomas Stearns Eliot）所寫的詩集《老負鼠的貓經》（Old Possum's Book of Practical Cats），而此音樂劇靈感，正是來自這本詩集。「她深得艾略特詩作的精髓，」韋伯說。「那可不是隨便湊合寫成的。」[60]

211

泰勒絲化身為貓,在 2019 年的百老匯音樂劇電影版《貓》中擔綱演出。

泰勒絲 2020 年的紀錄片《美國小姐》(Miss Americana),讓人近距離觀看她舞台外的生活。

07 | THE LOVER ERA | 情人

只有年輕*
Only the Young

宣傳單曲

發行時間：2020 年 1 月 31 日
詞曲作者：Joel Little、Taylor Swift
製 作 人：Joel Little、Taylor Swift

如同〈美國小姐與心碎王子〉，泰勒絲也在 2018 年期中選舉後寫出這首合成器流行曲風的歌曲。

首先要提的是，她對瑪莎·布萊克本（Marsha Blackburn）選上田納西州參議員的事情感到不滿，因為泰勒絲實際上曾為布萊克本的競爭對手民主黨的菲爾·布雷德森（Phil Bredesen）背書。而泰勒絲會失望也是因為「有許多年輕人為他們的候選人造勢，無論是參議員或眾議員，」她說。「看到這麼多人覺得自己已經去拉票、該做的都做了，但是努力無果，實在很難過。我看到許多年輕人的希望破滅。」[61] 這是「尤其不幸的，」泰勒絲補充，因為這個階層的人民「是感受槍枝暴力、學費貸款、茫然出路、昂貴生活費、氣候變遷、戰爭威脅等等影響，最切身感受的一群人——如今我們發現自己都得面對，這些情況與局勢。」[62] 歌詞直截了當地道出失望，對無望的感覺及幻滅感同身受，同時也鼓勵年輕人要動員起來，改變要從自身開始。而與泰勒絲合聲的歌手，自然而然由共同寫歌並製作的喬爾·立特（Joel Little）的幾位女兒擔綱——（她們為歌曲）增添青春的樂觀態度和鼓勵。

213

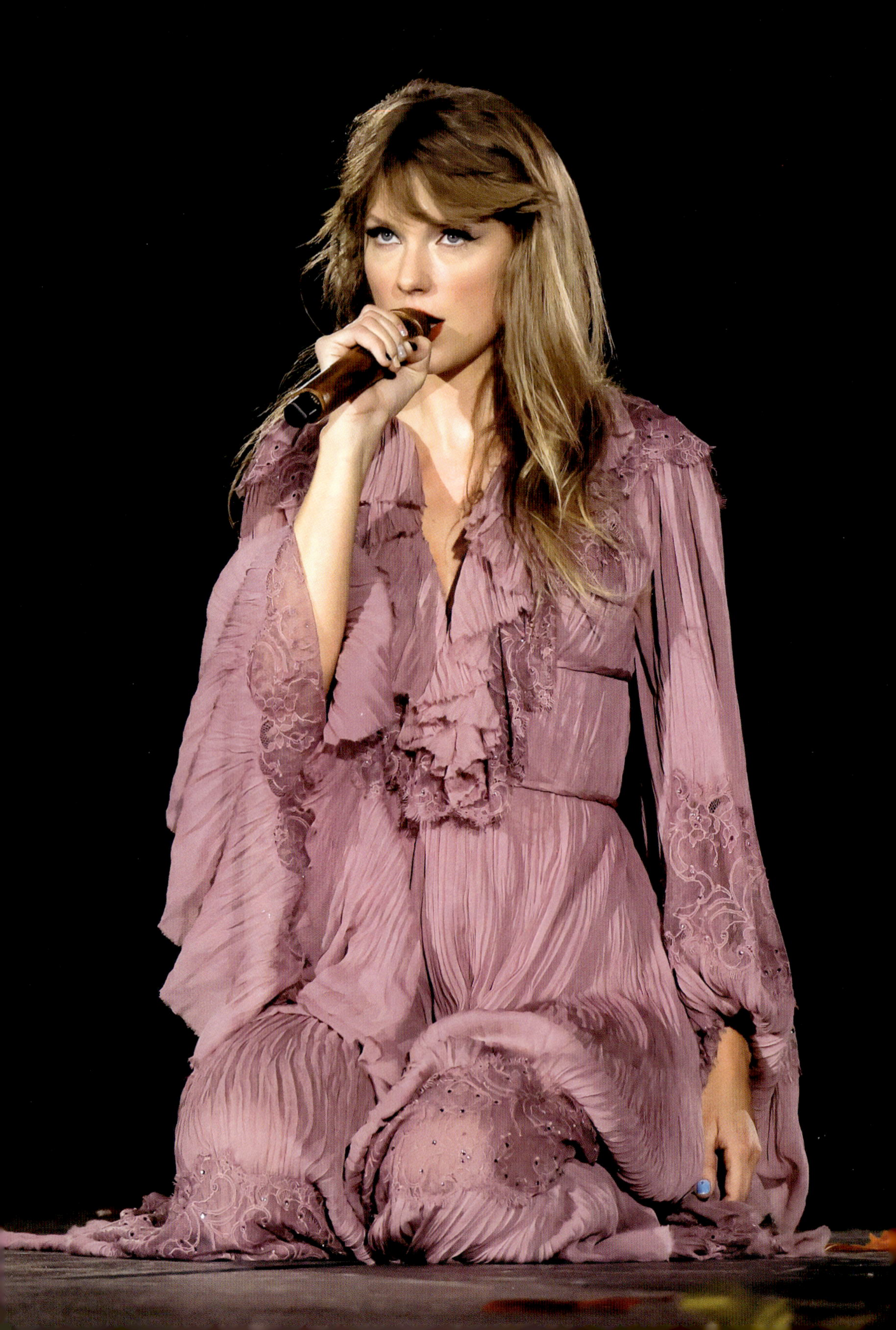

08 / 美麗傳說
THE FOLKLORE ERA

泰勒絲喜歡運用謎語和密碼，讓廣大 Swifties 翹首企盼──不過她在 2020 年又超越自己，更上一層樓；她在沒有向大眾預告的情況下，便推出了她的第八張錄音室專輯《美麗傳說》。「今年之前，我大概會為了找到完美的發行時間而絞盡腦汁，不過我們當下所處的世界，總在提醒我們，天底下沒什麼事保證一定要如何。」泰勒絲在發行專輯後寫道。「我的直覺告訴我，製作了自己喜歡的作品，就與世人發表分享吧。」[1] 這張專輯，接近獨立製作的風格，泰勒絲與安多夫、The National 的亞倫・德斯納以及她當時的男友喬・艾爾文，聯袂製作。

唯一
the 1

單曲

發行時間：2020 年 10 月 9 日（德國單曲）／ 2020 年 7 月 24 日（專輯）
詞曲作者：Aaron Dessner、Taylor Swift
製 作 人：Aaron Dessner
其他版本：《美麗傳說：長塘錄音室現場》版

2020 年 4 月，泰勒絲問了全方位演奏家德斯納一個耐人尋味的問題。德斯納說。「我收到一則短訊，上頭寫著，『嗨，我是泰勒絲，你願意為我寫歌嗎？』我說，哇，當然。」[2]

他們彼此可不陌生 ——2014 年年初，他們在「週六夜現場」（Saturday Night Live）就認識了——當時彼此就欣賞對方的才華。泰勒絲是對方樂團 The National 的粉絲，而他則為泰勒絲的《1989》所驚豔。「我想泰勒絲在歌唱與創作歌曲方面，都是如獨角獸般，罕見而奇特。」他說。[3]

德斯納與泰勒絲合作後，則更加佩服她。這雙人組最後合寫了《美麗傳說》的九首歌曲，包括這首懷舊的開場曲〈唯一〉。這首歌是為密紋唱片所寫與錄製的最後一首歌，由於肅穆的鋼琴聲與空中遊絲般的編曲，使歌曲充滿幽幽迷離的氣氛，作曲者是德斯納的雙胞胎兄弟暨 The national 團員布萊斯（Bryce）。

〈唯一〉的歌曲故事，是從前的某人告訴自己的前任，自己正忙些什麼，也在冒險嘗試新事物——並回想若當初兩人沒有分手，此刻會是如何。泰勒絲本人也確認，歌曲是有這個意思，但也補充〈唯一〉同時對她個人而言，也有個合情合理的第二層意思：「但這也可以形容我的音樂職涯，我心想：我決定說『好』（我就是要在最不適合發行唱片的時期來發行我的專輯，我決定勇敢說『好』）」[4]

08 | THE FOLKLORE ERA | 美麗傳說

羊毛衫
cardigan

單曲

發行時間：2020 年 7 月 27 日（單曲）／2020 年 7 月 24 日（專輯）
詞曲作者：Aaron Dessner、Taylor Swift
製 作 人：Aaron Dessner
其他版本：cabin in candlelight 版、《美麗傳說：長塘錄音室現場》版

泰勒絲與德斯納合作之初，建立了一個創作模式，他們在線上交換檔案。後者有匯集一個音樂點子的檔案夾，而泰勒絲「此時想要聆聽任何我有興趣的東西，包括稀奇古怪的、實驗性質的噪音，」德斯納說，注意到自己寄給她的第一批素材裡，有一些「相當非主流的素材。」[5]

大約五個小時之後，泰勒絲寄來一段〈羊毛衫〉完成曲的聲音備忘帶，後來這首歌曲一問世就登上《告示牌》百大熱門歌曲排行榜第一名，並獲得葛萊美年度歌曲與最佳流行歌手獎。「這首歌曲最初歌名叫「楓樹」（Maple）」，德斯納後來透露了這首歌的祕辛。「基本上就跟在唱片上的版本一樣，差別在管弦樂是後來我兄弟加上的。」[6]

〈羊毛衫〉是一首充滿畫面的歌曲，彷彿是使用八釐米攝影機拍攝的閃爍家庭電影，它也是之後這整張專輯的聲音藍圖。沉思般的鋼琴聲與藏在底層舒緩延展的神遊舞曲（trip-hop）節奏，加上若有所思的氣氛，並鋪上緊密交織的合成器音樂、大提琴、小提琴與鈴鼓。泰勒絲同時像一位聆聽你講述心事的敘述者——儘管不是傳達她的人生回憶，但講述了一則豐富、虛構，滿載著喜怒哀樂的故事。「這首歌唱著一段逝去多年的愛，」泰勒絲透露，「在回顧之際，回想它是如何讓你覺得自己獨一無二，想起

其中所有的美好、痛苦的部分。」[7]

〈羊毛衫〉順理成章呼應了《美麗傳說》專輯的主題概念與表達方式。「我在這張專輯裡特意設計的是，除了MV，我也在歌詞裡藏了許多彩蛋。」泰勒絲說。「我創造了角色群及重現主題，建構出一個藍圖讓你去找哪個角色唱哪首歌曲。」[8]其中最精彩的角色群出現在「三首歌曲構成的套曲中，我稱之為青少年的愛情三角關係，」泰勒絲補充，說明這三部曲是在「探索愛情中的三角關係，從三個人各自在人生不同時間點上的視角，來看他們的愛情。」[9]

廣大的Swifties迅速鎖定〈羊毛衫〉便是這套曲的三首之一，其他兩首則是〈貝蒂〉（betty）與〈八月〉（august）。泰勒絲之後也確認了這個猜想，解釋〈羊毛衫〉的敘述者是一位名叫貝蒂的人：「我腦子裡想的是，〈羊毛衫〉是〈貝蒂〉二十到三十年後的觀點，回顧這段風波不斷的往事。」[10]這當然只是講個大概而已：〈羊毛衫〉細述厚道的待人方式——值得一提的是歌詞把提升自尊，比喻成從臥室地板上救回一件舊毛衣——同時也細述那位伴侶拋棄她所造成的累累傷痕。然而，後來這個伴侶回來了——給糾結不清的愛情故事搭好舞台，預告了這個專輯接下來還有更多精彩發展……。

《美麗傳說》在新冠疫情大流行期間發行，終於在《時代巡迴演唱會》上，受到應有的重視，泰勒絲在一段由七首歌組成的組曲中，穿著不同顏色的Alberta Ferretti薄紗長裝，而在演唱之間，有時還會登上一個仿製的樸實小屋，這在2021年葛萊美獎的表演上也有看過（如P.216及P.218）。

泰勒絲在 2021 年的搖滾名人堂的頒獎典禮（Rock and Roll Hall of Fame Induction Ceremony）上演唱了與卡洛爾・金共同創作的歌曲〈Will You Love Me Tomorrow〉，為典禮揭開序幕。

末代大美國王朝
the last great american dynasty

專輯歌曲

發行時間：2020 年 7 月 24 日
詞曲作者：Aaron Dessner、Taylor Swift
製 作 人：Aaron Dessner
其他版本：《美麗傳說：長塘錄音室現場》版

在 2010 年初，泰勒絲考慮購置位於羅德島州上一座富麗堂皇的豪宅，名為「守望山海濱莊園」（High Watch）。當她來這座海岸第一線的房產參觀時，房地產經紀人與她談到上一任屋主的故事：傳奇性豪門女繼承人暨慈善事業家，蕾貝卡・哈克尼斯（Rebekah West Harkness）。

蕾貝卡來自聖路易，在 1940 年代晚期與丈夫威廉・海爾・哈克尼斯（William "Bill" Hale Harkness）移居至此，丈夫威廉可是 Standard Oil 財團的親戚。威廉在 1954 年過世後，蕾貝卡留下了豪宅——當時稱為「Holiday House」——多方傳聞她過著狂野不羈的夢幻生活。[11]

這讓泰勒絲好奇不已，在 2013 年買下莊園後便著手研究蕾貝卡——成為了蕾貝卡達人，泰勒絲帶朋友、客人參觀時，對於「哪個房間有什麼祕聞趣事」都能侃侃而談，如數家珍。[12] 在接下來的幾年裡，泰勒絲也延續了蕾貝卡的作風，開始在此大宴賓客、舉行豪華派對，吸引了新聞及記者的高度關注。「隨著我們兩人的人生呼應之處愈來愈多——都是住在山頭豪宅的女人，引得眾人議論紛紛——我一直在找機會寫有關她的作品，」泰勒絲說。「而機會終於出現了。」[13]

就音樂的部分而言，〈末代大美國王朝〉悅耳地組合了故障音樂節奏與喧囂的樂器音質。「我嘗試寫些迷人、

更亢奮而有點緊迫逼人的音樂，」德斯納說，他也補充歌曲還有受 Radiohead 搖滾樂團的影響：「我也有興趣用電子吉他，創作一些有如 in Rainbows 風格的音效。」[14] 就歌詞而言，〈末代大美國王朝〉也算得上是泰勒絲的絕佳之作，它述說蕾貝卡的故事，歌頌這位不在乎社會眼光的女性。

儘管歌詞裡對於事實略有調整——據傳聞蕾貝卡曾把一隻貓染成綠色，而非歌詞裡寫的狗[15]——但在敘述其熱鬧歡騰的生活時則大致是忠實的。例如蕾貝卡後來確實成為芭蕾舞的贊助者；她的丈夫死於心臟病發作；她的朋友群有個名號「Bitch Pack」；而她確實認識畫家達利（Salvador Dalí）。

「女人若隨心所欲、恣意度日，曾經會遭人側目與不恥，」泰勒絲說。「而我就愛這位女士能縱情享受自我的自由，才不管有誰會看了不爽、不贊同或是在背後議論她。她在那時候，所做的「女人當自由」的決定令人欽佩，在今天（這種態度）則更為重要。」[16]

在歌曲的尾聲，泰勒絲跳脫第三人稱的敘述觀點，直接宣布她買下了那棟聲名狼藉的豪宅。這個高明的觀點轉移，增加了歌曲的轉折張力，特別是因為泰勒絲運用部分談論蕾貝卡的第一人稱歌詞文字——如她最愛把事情弄得亂糟糟。當然，兩位女性還不只是在這方面呼應。1955 年，蕾貝卡開始一天練習鋼琴六小時，同時作曲寫歌，而那一年的成果斐然，還在卡內基大廳（Carnegie Hall）首演一首名為「Safari」的交響詩。

蕾貝卡（又稱為貝蒂）是十分自豪的人。「我想我在音樂上花的時間與精力，跟一位職業婦女花在她的工作上一樣多。」她說，後來又補充：「自從我五年前認真開始研習音樂，我有了一個雄心壯志。我要寫出流傳後代，世人會記得的作品。」[17]

蕾貝卡・哈克尼斯，1966 年的照片。

單曲

放逐

exile (ft. Bon Iver)

發行時間：2020 年 8 月 3 日（單曲）／2020 年 7 月 24 日（專輯）
詞曲作者：William Bowery、Taylor Swift、Justin Vernon
製 作 人：Joe Alwyn、Aaron Dessner
其他版本：《美麗傳說：長塘錄音室現場》版

許多情侶在新冠疫情大流行期間都待在一起，泰勒絲也不令人意外，《美麗傳說》自然就找了她當時的男友喬・艾爾文合作。（他選用「William Bowery」作為他的筆名。）

他們合寫的歌曲有清醒但催淚的作品〈放逐〉，而與泰勒絲對唱的是獲得葛萊美最佳流行團體／組合獎的獨立樂團 Bon Iver 的團長賈斯汀・弗農（Justin Vernon）。在第一段歌詞裡，弗農從深受傷害（且嫉妒）的男性角度來唱，情境是他在公開場所撞見前任女友與其他男人在擁抱。第二段則是由泰勒絲唱出這位前任的觀點；她不但唱了其他內容，也為她的行為辯護，再次聲明前段感情已經結束了。〈放逐〉「寫的是男女關係裡的溝通不良，而在這首歌的案例裡，我想像這種溝通不良殺死了這段感情，」泰勒絲解釋。「甚至到最後都分手了，他們還是沒在聽對方說什麼。」[18] 這首歌的音樂自然是以漸強的曲線讓焦慮的弦樂逐漸高漲，泰勒絲與弗農兩人都悲悼那段失敗的戀情，兩人的歌聲交疊在一起，卻沒有發生共鳴。

在《美麗傳說》和《恆久傳說》時期，泰勒絲與 Bon Iver 的賈斯汀・弗農合作，圖中是 2019 年倫敦維多利亞公園 All Points East 音樂節，兩人是北舞台的主秀。

08 | THE FOLKLORE ERA | 美麗傳說

我的眼淚再度流出
my tears ricochet

專輯歌曲

發行時間：2020 年 7 月 24 日
詞曲作者：Taylor Swift
製 作 人：Joe Alwyn、Jack Antonoff、Taylor Swift
其他版本：《美麗傳說：長塘錄音室現場》版

在《美麗傳說》上，泰勒絲在寫自己人生的事時十分挑剔。儘管〈我的眼淚再度流出〉裡有些歌詞靈感來自 2019 年那部令人痛心的電影《婚姻故事》（Marriage Story），片中詳細描述了一段崩潰的婚姻，這首歌也顯然更多地是受到一段個人的痛苦經驗影響：斯科特·波切塔（Scott Borchetta），泰勒絲之前所屬唱片公司「大機器唱片」的創辦人，他把泰勒絲最早期六張專輯的母帶，賣給音樂經紀人斯庫特·布萊恩（Scooter Braun）。

泰勒絲為《美麗傳說》寫的第一首歌〈我的眼淚再度流出〉，表達掙扎著處理因背叛而鬧翻的感情，歌詞遊走於憤怒、迷惑、報復心以及悲傷之間。「我發現我一聽到或看到談離婚的故事、電影或某段敘述，就會反應激烈，這有點怪，因為我沒離過婚，」泰勒絲說。「實在沒有理由這麼激動傷心，只是一時之間好像離婚的人是我。」[19]〈我的眼淚再度流出〉恰當地選用肅穆的葬禮輓歌風格；悽愴悠揚的管風琴與幽幽哀鳴的教堂唱詩班合聲起伏不斷，飄送著悲痛哀絕的詞意，還有憔悴的哀號與如脈搏般的節拍。

2021 年，泰勒絲在她的偶像卡洛爾·金（Carole King）入選搖滾名人堂時，為她感動致詞。

223

在《時代巡迴演唱會》中的《美麗傳說》的部分，泰勒絲以一首口語詩開場，這首詩融合了專輯《1989》〈狂野之夢〉和《美麗傳說》〈七〉的歌詞。

鏡球
mirrorball

專輯歌曲
發行時間：2020 年 7 月 24 日
詞曲作者：Jack Antonoff、Taylor Swift
製　作　人：Jack Antonoff、Taylor Swift
其他版本：《美麗傳說：長塘錄音室現場》版

在新冠疫情大流行讓旅遊業紛紛關閉之前，泰勒絲曾計劃推動一場短期的全球巡迴演唱會，名為《情人音樂節巡迴演唱會》（Lover Fest），結合節慶特色與館場演唱等等活動。後來她被迫取消這些 2020 年的演唱會，她立刻坐下來創作歌曲，並寫下這首反思自我的〈鏡球〉。

不出所料，其歌詞側面提到「封城」──在歌曲橋段裡，泰勒絲寫到馬戲表演取消了，馬匹與小丑回家去了──而歌曲內容其實更為沉重。鏡球只要受到光線照射，就能反射千百道光線，製造眩目的圖案，歌詞運用這個概念，探索在變化不斷的公眾前及私下時的自我，如果不受目光照耀，我們會有什麼行為反應。「那是對名人的一種隱喻，」泰勒絲說，「很多其他人，他們覺得自己必須⋯⋯每個人都覺得自己必須為不同的人表現出不同的人格，你必須要有不同版本的自己來應對不同的人。」[20]

當泰勒絲聽到〈鏡球〉的音軌，她心中立刻有了鮮活的場景──「寂寥的迪斯可舞池、閃爍的燈火、霓虹燈管標語、吧台邊喝啤酒的客人、舞池裡兩三對蹣跚的醉舞客，在希微的月夜裡，一個人在陌生的城市中，有點悲傷。」順著這個方向，歌曲配樂的感覺空蕩冷清，吉他聲潺潺流動，寂寞的風琴則勾起無限心事。

七
seven

專輯歌曲
發行時間：2020 年 7 月 24 日
詞曲作者：Aaron Dessner、Taylor Swift
製　作　人：Aaron Dessner
其他版本：《美麗傳說：長塘錄音室現場》版

《美麗傳說》在其核心深處「其實有一種逃避現實的渴望，」她說。「悲傷、美麗、不幸。就像一本充滿照片的相簿，所有的故事都隱藏在其後。」[21]而當中沒有幾首歌能比這首〈七〉，把心中隱隱作痛的感受表現得更具體，這也是德斯納與泰勒絲合寫的第二首歌曲。

動聽的曲調裡有熱切傾訴的弦樂與內省思索的鋼琴，有如多莉・艾莫絲在 2000 年初期的作品，這首〈七〉表達心中對孩提時期的殷殷沉湎，心情如天剛亮時的微弱日光，就像將要長大的孩童，依然天真爛漫的心，但也已感受到長大的門檻近在眼前。泰勒絲有時夾雜喘氣、略尖而高的唱腔，十分類似童音，彷彿歌曲讓她回到了還是孩童的過去。

不過，〈七〉儘管提到了過去像是在夏日喝著甜茶的美好回憶，卻未必全是快樂的。橋段是以孩童觀點來寫，他想拯救朋友，因為朋友每每在家裡遇到挫折，總會哭泣或躲進衣櫃。令人心碎的是，這個孩子覺得自己的朋友一定是活在鬧鬼的房子──因為朋友的父親老是在生氣──還建議朋友跟自己逃家去當海盜。讓人更揪心的是，泰勒絲常常在歌詞裡說，愛就像民歌一樣會世代相傳。「這就是這張專輯的任務，」德斯納說。「傳承留存，它記住愛、孩提時代與回憶。把人生當傳奇來對待。」[22]

八月
august

>專輯歌曲

發 行 時 間：2020 年 7 月 24 日
詞曲作者：Jack Antonoff、Taylor Swift
製 作 人：Joe Alwyn、Jack Antonoff、Taylor Swift
其他版本：《美麗傳說：長塘錄音室現場》版

這是泰勒絲《美麗傳說》三部曲的第二首歌，繼續補充三部曲開頭那首歌曲〈羊毛衫〉裡沒提到的細節。歌中引進一位聰明而難以捉摸的角色──後來我們知道他叫 James，以泰勒絲好友萊恩·雷諾斯與布蕾克·萊芙莉的女兒名字來命名──他與一位名叫 Augustine 或 Augusta 的孩子有段夏日戀情。[23] 儘管兩人愛得神魂顛倒，但她知道這段戀情不會長久；事實上，James 回到了 Betty 的身邊，給最後一首歌〈貝蒂〉做好了準備，完結整個三部曲的故事。

有趣的是，泰勒絲是在創作三部曲中的另外兩首歌曲之前，寫了〈八月〉這首歌。「這首歌是傑克寄器樂給我的時候，我當場就寫下來的。」泰勒絲說，「這是一種直覺。」[24]〈八月〉是一首如絲緞般的夢幻流行歌曲，讓人聯想到蘇格蘭樂隊 Cocteau Twins 的朦朧氛圍，歌曲從 Augus-tine 的角度出發──對這種棘手的情況表達同情。「她看起來是一個壞女孩，但其實不是。她是個很敏感的人，她深深愛上了他（James），」泰勒絲說，「試著表現很酷，讓自己看起來並不在乎，因為女生就是必須要那樣。」[25]

事實上，對於曾經在一段關係中感到不知所措的人來說，這是一段讓人心碎（也讓人感同身受）的故事：Augustine 承認自己為了這段戀情，犧牲了自己的需求和願望，並且幾乎是試探性地詢問她是否可以和 James 保持聯繫。

「大家往往認為，有個很壞、很反派的女生勾引了妳的男人，但這種想法其實完全是個迷思，因為事情往往根本不是這樣。」泰勒絲說，「每個人都有情感，希望被見到、被愛，而 Augustine 唯一想要的就是愛情。」[26]

08 ｜ THE FOLKLORE ERA ｜美麗傳說

我努力嘗試
this is me trying

專輯歌曲

發行時間：2020 年 7 月 24 日
詞曲作者：Jack Antonoff、Taylor Swift
製 作 人：Joe Alwyn、Jack Antonoff、Taylor Swift
其他版本：《美麗傳說：長塘錄音室現場》版

柔軟的搖滾歌曲〈我努力嘗試〉充滿了同情與溫柔，讓人覺得像是《舉世盛名》的保留曲目，因為歌詞裡的人物，請聽歌者能諒解她所處的艱難處境，以及要解決一些嚴重的問題。第一段歌詞裡有個人「正在處於人生危機之中」，因為他「覺得自己讓每一個人感到失望，」泰勒絲說。[27] 這個人甚至考慮一了百了算了，不過最終放棄了這個計劃，並向他人尋求幫助。第二段裡的角色染有毒癮，每日拼命只求能保持清醒，並彌補因自己過去行為所造成的傷害。「一天中的每一秒，你拼命阻止自己不再回到黑暗處，」泰勒絲說，「你的週遭卻沒有一個人看出這點，因此也沒有人對你的努力給予肯定。」[28] 接著到了歌曲的橋段，述說的是有個人想要冒險走出自己的躲藏處，不管會不會被前任盯上。「我在想，The National 的團員們，會怎麼做？」泰勒絲說。「麥特・貝南格（Matt Beninger）會怎麼寫這段歌詞？The National 會彈什麼和弦？」[29] 雖然泰勒絲的聲音在那一刻變得更加嚴肅，但她與生俱來的個性主義仍然熠熠生輝。「我把這首歌演奏給亞倫聽，他的反應與我類似，覺得那完全不像我們創作出來的東西，」泰勒絲說。「但他又說了像這樣的話，『我愛那首歌，只是跟我們一起合作的作品截然不同。』」[30]

在《時代巡迴演唱會》中《美麗傳說》這段泰勒絲的演唱實況

08 | THE FOLKLORE ERA | 美麗傳說

非法關係
illicit affairs

專輯歌曲

發行時間：2020 年 7 月 24 日
詞曲作者：Jack Antonoff、Taylor Swift
製 作 人：Jack Antonoff、Taylor Swift
其他版本：《美麗傳說：長塘錄音室現場》版

「這是有史以來，第一張不是百分之一百自傳式風格的專輯。」泰勒絲談論《美麗傳說》時說，她並補充自己很高興這張專輯「因為自己的價值而存在，而不只是被認為『哦，大家聽這張專輯，是因為它訴說著他們可以在小報裡讀到的故事。』」[31]泰勒絲在演唱〈非法關係〉前做了這段評論，不是沒有原因的，這是一首簡約的歌曲——探索遭到不忠對待而牽連出來的衝突情緒——仔細品味起來有如引人入勝的極短篇。這首歌是從其中一個劈腿者的角度來看，講述當不倫之戀的刺激快感，消耗殆盡後的情況；然而敘述者承認他們仍認為彼此以及這段不倫之戀的魅力難以抗拒，因此也導致各種受挫、困惑的感覺。「這首歌感覺像是專輯中真正的民謠之一，一首機智的敘事民歌，」德斯納說。「這也正彰顯了泰勒絲多樣的才華，以及她身為歌曲創作家的才能與她掌握文字的能力。」[32]

隱形的線
invisible string

專輯歌曲

發行時間：2020 年 7 月 24 日
詞曲作者：Jack Antonoff、Taylor Swift
製 作 人：Jack Antonoff、Taylor Swift
其他版本：《美麗傳說：長塘錄音室現場》版

〈隱形的線〉這首華美的情歌，聽起來有如用 Victrola 黑膠唱片機播放的珍貴古董唱片。這是伴奏音樂的功勞：十分簡潔的弦樂器撥奏編曲與泰勒絲意在言外的嗓音為主導。「就是只用吉他來演奏，就能感受到其中的情感，像是在沉思的指彈演奏方式，深深把我吸引，」德斯納說。「架了橡膠製琴橋來演奏，是我朋友架的，那個琴橋會降低琴弦的音色，讓吉他聲聽起來很古老。讓歌曲的核心聽起來就像一首民歌。」[33]就歌詞方面，泰勒絲同時運用了重複出現的意象：隱形的線，歌曲故事述說兩人不明就裡地彼此繞行，直到連成一線，全因兩人之間有一條隱形線——依此概念而寫成的歌曲「美麗、直白，陳述關係誕生的原貌，」德斯納認為。[34]泰勒絲對個人成長的認同，讓這首歌曲變得格外可愛，如同第三段歌詞裡她提到自己原本對前任抱持冰冷的恨意，但在歌曲中成長為會送禮物給前任男友的孩子。

瘋女人
mad woman

專輯歌曲

發行時間：2020 年 7 月 24 日
詞曲作者：Aaron Dessner、Taylor Swift
製　作　人：Aaron Dessner
其他版本：《美麗傳說：長塘錄音室現場》版

　　如歌名所示，〈瘋女人〉沸騰著個人的辱罵，面對如此攻擊時，試圖防衛自己與回擊，卻因此進退兩難。「最能挑起女性憤怒的元素，就是讓別人去質疑她們的理智，好幾個世紀以來，女人都被期望要去隱忍男性的行為，」泰勒絲說。[35]「正面回應不是解決之道，」她補充。「每每當我們一時想通了和鼓足勇氣了，去反擊男性的惡劣行徑——或某個做了極度過分事情的人時，而我們做出的反應，本身就會被認為是一種冒犯。」[36]

　　〈瘋女人〉也因其歌詞而值得一提，其中包括了泰勒絲有史以來第一個國罵歌詞。「有些情況，你就是必須忠於故事裡的語言情境，忠於故事線的發展，」泰勒絲說。「要是故事線與語言都相符了，結果該情境會讓人罵出髒話，那就罵吧。」[37] 相對於刀言劍語般的攻擊，其音樂則溫柔、悠遠，彷彿憂鬱的鋼琴聲，從旋緊的音樂盒傾洩而出。

頓悟
epiphany

專輯歌曲

發行時間：2020 年 7 月 24 日
詞曲作者：Aaron Dessner、Taylor Swift
製　作　人：Aaron Dessner
其他版本：《美麗傳說：長塘錄音室現場》版

　　泰勒絲的〈頓悟〉最初寫的是她的祖父 Dean，一位二次世界大戰的老兵，「他親自上戰場廝殺戰鬥過，」見過許多戰火激烈、傷亡慘重的情況，也因此身心受到重創。「我父親總會說這個故事，每當有人問他的父親有關戰爭的一切，大家總好奇經歷那麼多死亡與恐怖（的事情），為什麼你（祖父）怎麼還能這麼正面積極地看待人生？」泰勒絲說。「我祖父這麼回答：『這個嘛，我這條命本來就是撿回來的，我本該戰死沙場。』」[38] 在〈頓悟〉裡，泰勒絲把受義務兵役徵召而進入二次世界大戰戰場賣命的軍人，平行比照那些在新冠疫情大流行期間，冒著生命危險照顧病人的醫護人員。「就算他們能撐過這一切，就算他們能見到一切過後升起的太陽，他們也一定留下了全身的創傷，」她說。「他們一定目睹了慘烈難忘的景象，那些景象一輩子都將纏繞在腦海中，歷歷在目。」[39]〈頓悟〉有如冰封的苔原一樣荒涼，孤寂的號角和弦樂增添了令人肅然起敬的嚴肅感。

08 ｜ THE FOLKLORE ERA ｜美麗傳說

貝蒂
betty

單曲

發行時間：2020 年 8 月 17 日（鄉村單曲）／ 2020 年 7 月 24 日（專輯）
詞曲作者：William Bowery、Taylor Swift
製 作 人：Joe Alwyn、Jack Antonoff、Aaron Dessner、Taylor Swift
其他版本：第五十五屆美國鄉村音樂學院獎典禮 Live 版、《美麗傳說：長塘錄音室現場》版

《美麗傳說》三部曲的終章，以十七歲的 James 視角展開，他剛結束暑假那短暫的戀情回到學校，他覺得自己沒什麼錯，Betty 則發現了他劈腿的事，覺得很不高興。

〈貝蒂〉大半篇幅都花在 James 想辦法贏回 Betty 的心，雖然他的告白沒幾分是有道理的——他說他整個夏天的心都在 Betty 身上，雖然他一邊在勾搭另一個女孩，還常常裝傻耍笨，說不知道自己怎麼會做出那些事情——然後也做了一些華而不實的舉動：像是在派對上，公開請求 Betty 跟他和好。

泰勒絲完全沒想到，到頭來會跟喬・艾爾文合寫這首歌。「我碰巧聽到喬在另一個房間裡，唱完形式長度都完備的〈貝蒂〉的副歌，」她說。[40] 然而泰勒絲之所以喜歡她聽到的這個版本，是因為那是特別從「男性的」觀點來看。她解釋，「我已經從女性的角度，寫太多要求男性道歉的歌曲，我們決定要以一個青少年男孩的角度，看他在失去一生摯愛後，會怎麼為自己的愚蠢道歉。」[41]

在音樂方面，〈貝蒂〉取材於泰勒絲的鄉村歌曲時期，以甜美的木吉他搭配質樸的美國風格。這並非是湊巧的：德斯納說泰勒絲要模擬巴布・狄倫早期密紋唱片的風味，並且指名道姓說是模仿 1963 年的《The Freewheelin' Bob Dylan》這張專輯裡的他。而〈貝蒂〉也幾乎達到那個境界了——口琴聲及簡約的民謠聲調——德斯納則覺得：「『我們（把這首歌）更推向了巴布・狄倫 1967 年的密紋唱片《John Wesley Harding》，因為這首歌還用了鼓。」[42]

泰勒絲在 2020 年回歸她鄉村歌曲的根源，在納許維爾市的大奧普裡劇院（Grand Ole Opr）鄉村音樂學院獎典禮上演唱〈貝蒂〉。

08 | THE FOLKLORE ERA | 美麗傳說

平靜生活
peace

專輯歌曲

發行時間：2020 年 7 月 24 日
詞曲作者：Aaron Dessner、Taylor Swift
製 作 人：Aaron Dessner
其他版本：《美麗傳說：長塘錄音室現場》版

亞倫・德斯納與泰勒絲合力創作〈平靜生活〉，給予了泰勒絲極高的評價。這是一首樸素的歌，只留下「協調的低音和聲，搭配簡單節拍和一個貫穿全歌的持續音。」[43]「基本上，她運用這樣的基礎，寫了一首瓊妮・蜜雪兒式的情歌」，德斯納說，並且這首歌在一次試唱後就成為了定版。[44]（直接收錄到《美麗傳說》專輯上。）

因此〈平靜生活〉「與我個人人生有比較深的淵源，」也就不讓人意外——特別是她與喬・艾爾文那低調、迴避世人目光的愛情。「在我現在所處的感情裡，我下定決心要讓我的人生像真實人生，而不像八卦新聞上蜚短流長的那種，」泰勒絲說。「無論是決定居住地點、跟誰出遊、何時婉拒拍照——我實在不明白，隱私權為何還需要解釋，說白了，我就是想得到那麼一點生活的常態。」[45]

在某個層面上，〈平靜生活〉描述了建立成功的感情所需的尋常建材。然而再探究深一點的話，〈平靜生活〉的歌詞顯然絕非平靜無波的。「你聽到的歌詞是矛盾且帶有戲劇衝突的，但與其搭配的卻是平靜到不行的樂聲，」泰勒絲說。[46] 歌曲中的敘述者突然領悟她沒辦法給她的伴侶平靜；她用了一個比喻：雨總是跟著她下。最後她擔心這點恐怕會是兩人感情的致命傷。

泰勒絲在《時代巡迴演唱會》上的服裝有各種顏色及款式——包括在《美麗傳說》時期這段所穿著的黃青色 Alberta Ferretti 洋裝。

233

騙局
hoax

> 專輯歌曲

發行時間：2020 年 7 月 24 日
詞曲作者：Aaron Dessner、Taylor Swift
製 作 人：Aaron Dessner
其他版本：《美麗傳說：長塘錄音室現場》版

　　為《美麗傳說》所寫的最後兩首歌曲裡，「〈騙局〉又另闢蹊徑。我想起泰勒絲曾對我說，你要如何安排一首歌，一定是以你覺得最理所當然的方式。假如你把她留在一個有鋼琴的房間裡，我大概會彈奏類似這樣的音樂。」[47] 德斯納說。其成果便是這首脆弱的歌曲，不只有空闊的編曲，還以細細清流般的鋼琴及似有若無的背景弦樂為主導伴奏。

　　儘管樂音如此鮮明獨特，泰勒絲卻認為〈騙局〉這首歌「在主題方面，具體呈現了《美麗傳說》裡的所有內容，」同時包括「告白、包容的天性、感情的多變，以及模稜兩可。」（以及其他的一切）[48] 歌詞有點像印象派的畫風，指因為他人的行為而停滯不前，以及被有針對性的陰謀深深傷害。

　　泰勒絲提醒大家，〈騙局〉未必只牽涉一個狀況。「我想我曾說過，要是並非所有情感都跟同一人有關呢？要是我寫的是幾個不同的、極為支離破碎的狀況？一則是有關愛情，一則有關慘痛的生意經驗，另一則關於一段親如家人的關係，但是那真的讓我很傷心。」[49] 然而德斯納卻看見在這沮喪中有一道光。「悲傷是有的，但那是抱著希望的悲哀。那是認知到你為自己的伴侶和所愛的人承受負擔，以及他們的順逆起伏。」[50]

湖泊
the lakes

> 彩蛋音軌

發行時間：2020 年 7 月 24 日
詞曲作者：Jack Antonoff、Taylor Swift
製 作 人：Jack Antonoff、Taylor Swift
其他版本：原聲版、《美麗傳說：長塘錄音室現場》版

　　發行《美麗傳說》後，在毫無預警的情況下，泰勒絲又為歌迷拋出另一佳作。這張專輯原來有十六首歌曲，以〈騙局〉結尾。然而等《美麗傳說》實體唱片發行幾週後，它卻包含著「那張唱片真正的壓軸歌曲」[51]：豐富和弦的〈湖泊〉。

　　這首歌詞是她遊歷英國著名的湖區（Lake District）時獲得靈感進而寫下的，在這片美麗的湖光山色，曾有許多大詩人，如威廉‧華茲渥斯（William Wordsworth）、約翰‧濟慈（John Keats），居住於此。「他們曾因此而遭騷擾，因為他們的特異，他們像是古怪的藝術家，為住在那裡而住在那裡，因此被嘲笑，」泰勒絲說。[52] 然而她完全能體會為什麼他們會想離群索居，搬到那心靈相通的創作者聚居的荒山野嶺；畢竟這也跟泰勒絲希望自己哪天能夠躲到一處世外小屋的夢想相似。

　　她贊同這種行為的勇氣，而〈湖泊〉這首歌便是她的表達贊同的方式。「我去了華茲渥斯的墳墓並靜坐在墳旁，心想，哇，你（華茲渥斯）就這麼說做就做，說去住就去住了。你就這麼離開並繼續寫詩，沒有屈服於折磨你的事物，」泰勒絲說。創作《美麗傳說》時，她受此想法影響：她也可以過這種人生。「我也許此時此刻沒辦法去湖區或任何地方隱居，」她說，「不過，我可以在我的腦海裡進行，事實上，我也已經這麼做好幾次了……。」[53]

泰勒絲 2020 年《美麗傳說：長塘錄音室現場》影片的宣傳海報

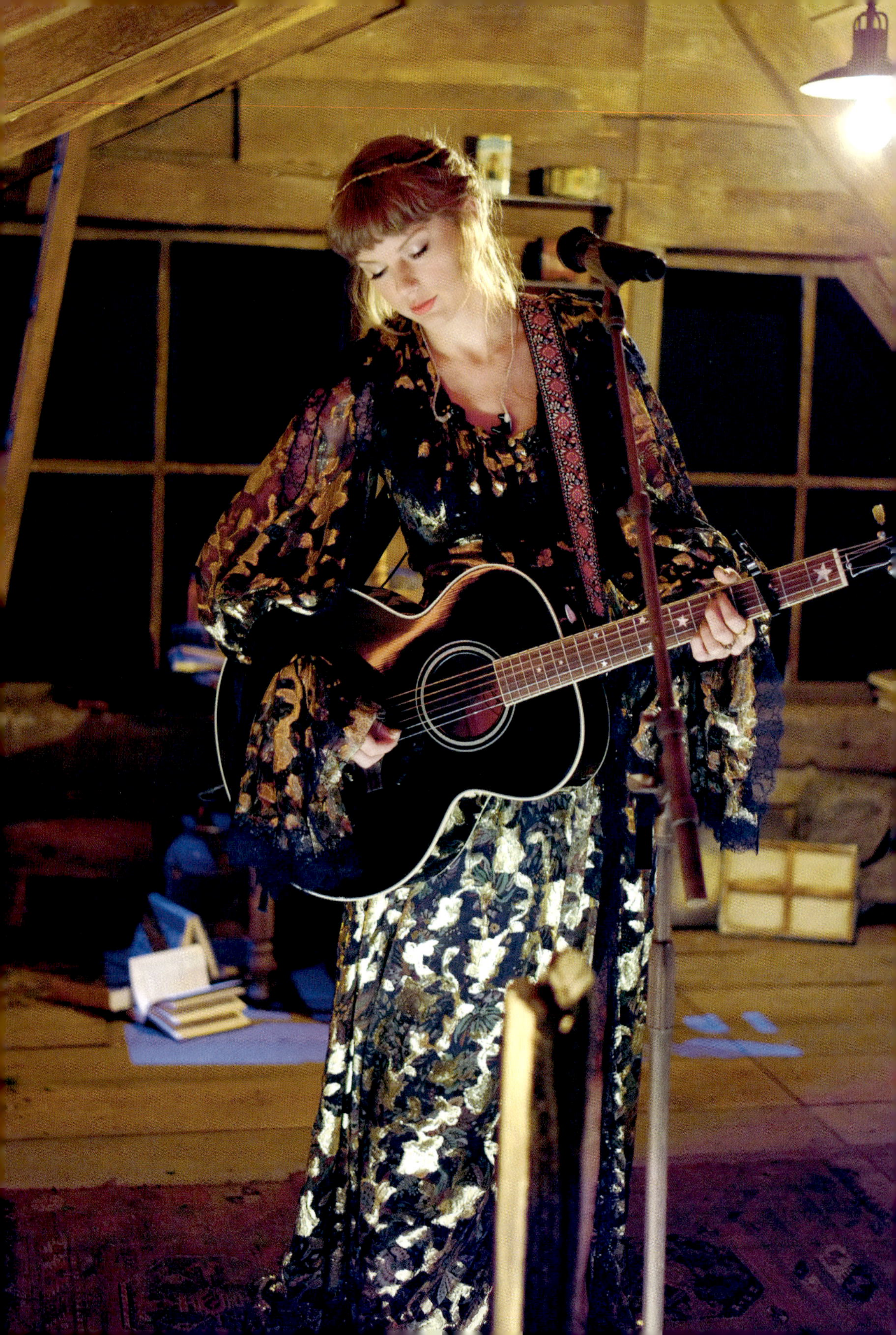

09 / 恆久傳說

THE EVERMORE ERA

誰說閃電不會擊中在同一個地方兩次呢？泰勒絲就會：在 2020 年，就在她給大家一個夏季的驚喜：發行《美麗傳說》後，結果當年 12 月，另一個驚喜再度發生：《恆久傳說》問世了。兩張專輯同年度獲得葛萊美年度專輯獎提名，並把榮耀分享給了共同創作的德斯納和喬・艾爾文。德斯納卻指出兩張專輯明顯是各有特色。「就美感而言，我覺得《恆久傳說》更為狂野奔放，許多地方像是活力四射的樂團音樂。你可以感受到她的歌詞寫作，也就是說故事的技巧比以往更加尖銳老練，也更放得開，才創造得出這些新歌。」[1]

單曲

柳
willow

發行時間：2020 年 12 月 11 日（單曲）／ 2020 年 12 月 11 日（專輯）
詞曲作者：Aaron Dessner、Taylor Swift
製 作 人：Aaron Dessner
其他版本：90s Trend Remix 版、Dancing Witch（Elvira Remix）版、Lonely Witch 版、Moonlit Witch 版、Instrumental 版、創作 Demo 版

《恆久傳說》曲勢展開的方式類似《美麗傳說》，這方面是因為泰勒絲與共同創作人德斯納密切合作，兩人的創意互動也大致相同。當德斯納寄給泰勒絲一則〈柳〉的音樂點子──當初他將歌曲命名為「Westerly」而泰勒絲便加以發展。「我覺得她把整首歌完成，從開始到結束，花不到十分鐘，然後就寄回來給我了，」德斯納說。「就好像一場地震。接著泰勒絲說，看來另一個專輯要成形了。」[2]

〈柳〉有著田園民歌的氣氛與樂器的配置，聽起來彷彿可以放進《美麗傳說》。然而歌曲中緊迫盤旋的吉他迴旋樂句以及鬼魅的交響樂，給歌曲蒙上一層超自然感的氛圍──這種氛圍也給予了和歌詞詞意相匹配的情緒，詞中運用詩歌意象，描述當你與某人心有靈犀的那一刻，那種無法解釋的奇妙感受。

泰勒絲的確受到音樂中的神祕色彩吸引，她細想這首歌曲，「聽起來就像一道咒語，施法後能讓某人愛上你。」[3] 並在某次訪談中形容這首歌曲像「巫術」。「感覺就像有人站在藥水旁製作愛情藥水，心裡想著他們心愛和渴望的對象，並拼命想在這輩子裡得到對方。」[4] 而彷彿〈柳〉的法力生效了，有一週它登上《告示牌》百大熱門歌曲排行榜第一名。

2021 年全美音樂獎（American Music Awards）典禮上，泰勒絲以連線方式，接受《恆久傳說》奪得的最受歡迎流行／搖滾專輯獎的消息。

09 ｜ THE EVERMORE ERA ｜恆久傳說

兩難
champagne problems

專輯歌曲

發行時間：2020 年 12 月 11 日
詞曲作者：William Bowery、Taylor Swift
製 作 人：Aaron Dessner、Taylor Swift

戀愛中的情侶往往也是創作的最佳伙伴。問泰勒絲就知道了，《美麗傳奇》及《恆久傳說》兩張專輯，就是和她當時的男友喬·艾爾文聯袂創作。「首先我們一起寫歌詞，我覺得只是巧合，但是在某方面卻不然，」泰勒絲說。「我們向來在音樂上有同樣的品味，而他總是把不同的歌手介紹給我，而他們的歌曲也變成了我喜愛的歌曲，就是這樣。」[5]

她與喬·艾爾文在《恆久傳說》合寫的三首歌曲中，步調沉穩緩慢，而由中速鋼琴伴奏，民謠風格的這首〈兩難〉並算不上「活潑輕快」，泰勒絲說。[6]它其實是一首心碎的歌，描述有位女子拒絕了男朋友的求婚──並留下男友一人獨自悲愴。這首生動的歌曲是從事情的結尾唱起（歌曲中的男友在火車上，顯然是想要離傷心地愈遠愈好），接著才漸漸解釋事情發生的經過，由泰勒絲以哀悼口吻和感同身受的嗓音敘述。

那位男朋友（對於自己和求婚）太過興奮與自信，自認一切都會順利發生，便先把事情告訴了自己的家人，他們便狂飲昂貴香檳和開始寫婚禮致詞。儘管歌詞後來有交代，那個男友忽視與女友之間兩人就是有不對盤的地方，而女友卻一時也想不出什麼明確的拒婚理由。在橋段裡，將整個故事中的空白處加以著墨填滿：我們得知他的朋友們（或許可想而知）並不喜歡這位如今已經成為前任的女孩，認為她才是有問題該先處理好的人，但是她覺得懊悔並承認在男友跟自己求婚之前，她也沒想到會拒絕對方。最後她希望他能找到與他更匹配的對象。

從字裡行間，可以看出故事中的

2021 年全英音樂獎（BRIT Awards）典禮上，泰勒絲接受全球偶像大獎。

兩人有可能來自不同的社會階層——他是富家公子，她是窮女孩——而這點讓女方不自在；從另一個角度來看，他們只是不了解對方，誤判了彼此對感情的認真程度。不過無論是哪種情況，那句充滿明確細節的歌詞，也說明〈兩難〉為何一發不可收拾：（用來求婚的婚戒）那不只是口袋裡的一只婚戒——那是他母親的婚戒——而他姊妹訂購的香檳是貴氣逼人的 Dom Pérignon。

〈兩難〉同時揭示了《恆久傳說》裡通篇涵蓋的主題。「主要主題中，有一個是衝突的解決，想辦法如何克服與某人、某事產生的難題，或者做某種告白，或者想告訴別人某件事，想辦法與他們溝通，」泰勒絲說。「《恆久傳說》處理各種類型及大小的結束——各種我們能結束愛情、友情、有害關係的方式，還有那伴隨而來的痛苦及各個階段。」[7] 儘管如此，泰勒絲強調，大家不該把〈兩難〉裡的焦急與悲傷，聯想到她與喬・艾爾文的感情。「我們只是喜歡悲傷的歌曲，」她說。「我還能說什麼？」[8]

專輯歌曲

淘金熱
gold rush

發行時間：2020 年 12 月 11 日
詞曲作者：Jack Antonoff、Taylor Swift
製 作 人：Jack Antonoff、Taylor Swift

這首歌曲「發生在一場白日夢裡，有那麼一瞬間，你忘情於某個念頭，然後又在下一秒忽然醒來，」泰勒絲說。⁹〈淘金熱〉首先以翻騰的弦樂和天使般的合聲吸引聽眾進入這個夢境，然後在如跳房子般的節奏與閃爍的打擊樂樂聲的驅使下，綻放出異想天開的音樂。泰勒絲在歌曲中的歌聲，就像多莉・艾莫絲大氣的唱腔與咬字，特別是在副歌裡。

這個白日夢的主角是個很棒的人；事實上，這個歌名指的是對方擁有炙手可熱的心上人地位。而泰勒絲縱容了一些輕鬆的幻想——例如，她想像自己在釣到人之後，她的老鷹 T 恤垂掛在門上——但她又說自己比較喜歡低調一點的人。換言之，名人戀情的誘惑，並非她所追求的。

〈淘金熱〉轉向泰勒絲心中的喃喃自語，她認為這個金光閃亮的偶像人生，有如一則傳說——引用的當然是她前一張專輯的名字，不過也巧妙地點出她正在談戀愛的對象是誰。那個領悟讓她從幻想中醒來，明白自己不需要這種偶像崇拜。（也許是回溯到《情人》的〈偽神〉？）正當她受誘惑想把白日夢實現時——她明白這未必是件好事。

《時代巡迴演唱會》裡〈恆久傳說〉的表演，泰勒絲常常選擇 Etro 的金色及地長洋裝，搭配緊身馬甲，上面有一些精緻的刺繡細節。

241

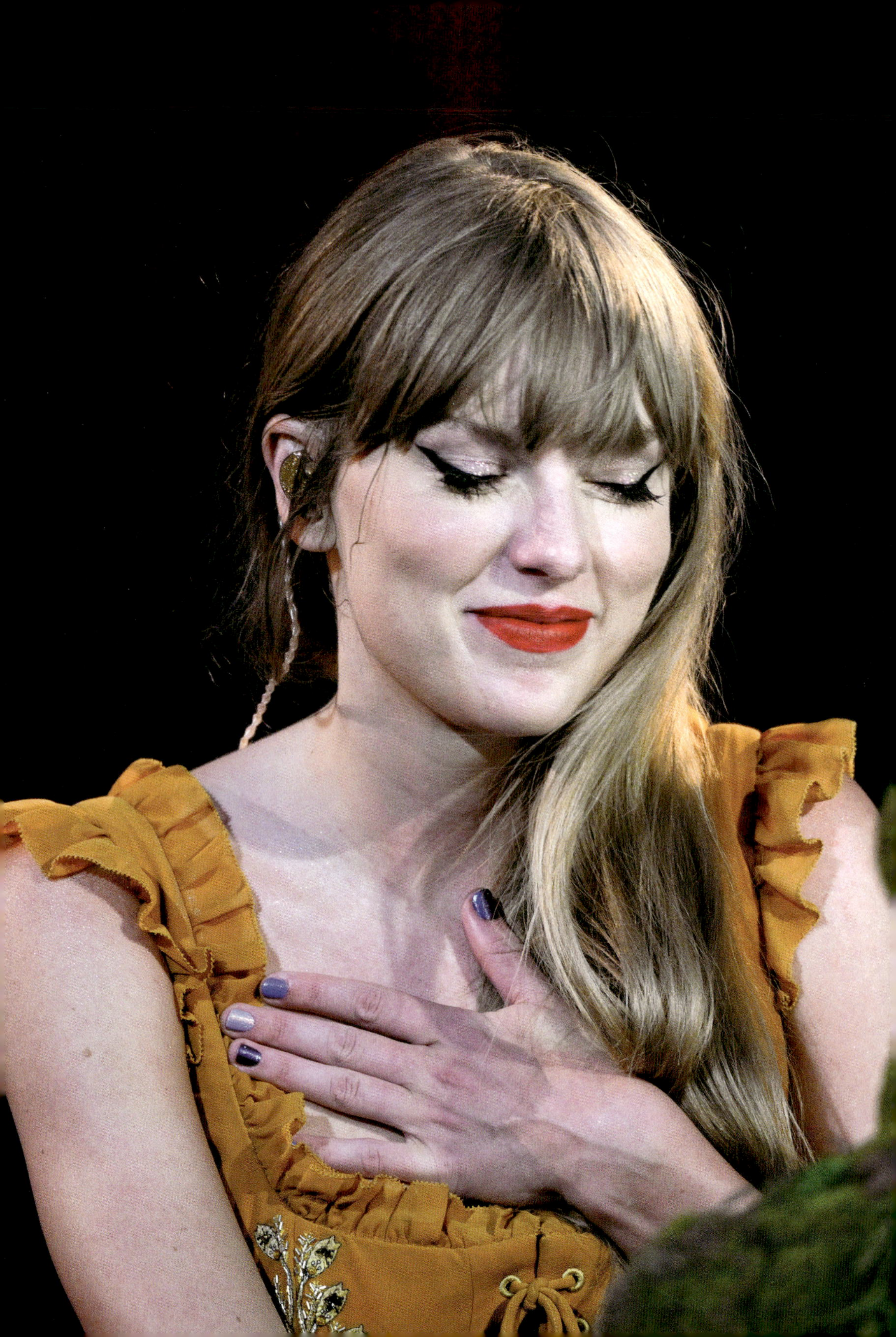

該死的季節
'tis the damn season

發行時間：2020 年 12 月 11 日
詞曲作者：Aaron Dessner、Taylor Swift
製 作 人：Aaron Dessner

專輯歌曲

長大離開家之後，在假期回家會是一種奇特的經驗。不只是會覺得與父母同住有些彆扭，你還可能因為遇到以前的戀愛對象而勾起複雜的情緒。這就是〈該死的季節〉的故事，裡頭的敘述者——也就是〈多蘿西婭〉（dorothea）那首歌曲裡的同名角色，想要重燃舊情，泰勒絲似乎是這麼透露的[10]。

2023 年 5 月，《時代巡迴演唱會》在麻塞諸塞州福克斯伯勒鎮的吉列體育場（Gillette Stadium）舉行的第二晚，天氣濕漉漉的。

顯然兩人戀情變淡進而分手，是因為其中一人搬到別處追求夢想了。然而敘述者卻好奇，離開這段家鄉戀情是否是錯誤的；畢竟她現在在外面混得順風順水。為了得到解答，她要求對方跟自己再共度一個週末，假裝一切如同她們當年在一起那般，看看相處是否還能勾起對對方的火花。

就音樂而言，〈該死的季節〉能扣人心弦，都是因為那讓人心痛的吉他、簡約的節奏以及顫動的弦樂。「我記得這是我一生創作中最喜歡的一個作品，儘管它只是簡單到不可思議的音樂小品，」德斯納說。「但是它有故事在裡頭，還有極簡風裡的單純以及與其搭配的鼓點。」[11] 他也喜歡吉他憂鬱、天鵝絨般的音色，同時也承認音色與他最愛的樂團 The National，十分相似：「如果你遞給我一把吉他，而我開始演奏，聽起來就是那個樣子。」[12]

泰勒絲在專輯《恆久傳說》的創作過程裡，非常早就寫下了〈該死的季節〉，她在半夜裡琢磨歌詞。後來她在廚房裡對著德斯納唱她創作的詞句，他稱這個經驗「是他們共同創作的整段時期裡，很深刻的時光。那首歌曲彷彿就是我會喜愛的，而且能只用純音樂的方式存在，」他說。「然而像她這種說故事及寫歌曲的奇才，把它變成更偉大的作品。這點我們都有同感。」[13]

243

百般容忍
tolerate it

發行時間：2020 年 12 月 11 日
詞曲作者：Aaron Dessner、Taylor Swift
製 作 人：Aaron Dessner

專輯歌曲

《恆久傳說》的第五首歌曲〈百般容忍〉是泰勒絲另一個標誌性的情感重擊——這首歌曲的歌詞講述「愛上一個忽冷忽熱的人，」泰勒絲說 [14]，不安的音樂設計有零星不均的鼓點，布萊斯・德斯納的精心編曲以及陰鬱的鋼琴。

當布萊斯的兄弟亞倫完成嚴肅的鋼琴配樂後，他猶豫了一會才寄給泰勒絲。「我是想說，『這首歌的風格強烈』，」德斯納說。「它上頭記著 10/8，是個怪異的日期寫法。我想了一會，也許我不該把這個寄給她，她不會有興趣。」然而泰勒絲立刻在她腦海裡浮現出這首歌的景象，並給德斯納回寄了一首「淒美哀絕的歌曲，」他說。「我想我第一次聽到的時候還哭了。」

那時候泰勒絲碰巧在閱讀（而且從中受到啟發）達夫妮・杜穆里埃的《蝴蝶夢》（Rebecca），那是一部 1938 年的小說，書中有一位二十出頭的女人嫁給了一位鰥夫 Maxim de Winter，卻發現自己跟丈夫的亡妻：飽受珍愛而逝的 Rebecca，根本無法相比。「我那時候在想，『哇，她的丈夫原來只是在忍受她。她盡一切努力，想盡方法取悅他，而他只是從頭到尾忍受相待，』」泰勒絲說。「我心中有一部分深有同感，因為我人生中也曾有這麼一段日子，所以有那種感受。」[15]

2021 年 3 月 14 日，在葛萊美獎新聞發布室裡，亞倫・德斯納、泰勒絲及安多夫（由左至右）同框。

09 | THE EVERMORE ERA | 恆久傳說

無證無罪

no body, no crime (ft. HAIM)

單曲

發行時間：2021 年 1 月 11 日（單曲）／2020 年 12 月 11 日（專輯）
詞曲作者：Taylor Swift
製 作 人：Aaron Dessner、Taylor Swift

經過五首主題沉重的歌曲，《恆久傳說》稍微把氣氛緩和一些，來一首老派悅耳的謀殺民謠，毒辣的〈無證無罪〉。泰勒絲老早就很喜歡這種音樂形式；舉個例子吧，像是火辣活潑的鄉村音樂樂團 The Chicks 的〈Goodbye Earl〉就是例子，泰勒絲在 2015 年與其樂團主唱娜塔麗‧麥恩斯（Natalie Maines）同台演出。不過〈無證無罪〉又更明確地說，是「我所著迷的真實犯罪 podcast 節目與紀錄片啟發了我。」泰勒絲說[16]，並特邀 HAIM 這個搖滾三人組暨她的長年閨蜜，加入其憂鬱的嗓音。

歌曲故事中的主要角色 Este（Este Haim，即 HAIM 的貝斯手兼主唱）發現在共有的銀行帳戶裡，有不尋常的珠寶購買支出，而且丈夫的氣息裡有不熟悉的酒香。劈腿是這些現象顯而易見的解釋——但是 Este 還沒來得及確認這些懷疑，人就消失不見了，而且立刻被一個新女人，也就是丈夫的情婦索取愛。泰勒絲與 Este 的妹妹，可不能容忍這種情況，於是計劃了一樁謀殺。然而，由於情婦也為那個無良的渣男買了一筆鉅額壽險，沒人確定誰能犯下完美的謀殺。

除此之外，〈無證無罪〉除了精彩地打進了謀殺民歌的經典之列，也紮紮實實地重現泰勒絲早期的鄉村歌曲風格，有熱鬧的鋼棒吉他，創造了那別具一格的惡兆氣氛。當 HAIM 為《時代巡迴演唱會》開場好幾天，泰勒絲自然樂於把這首歌曲加入《恆久傳說》的部分裡，這樣他們就可以一起演唱〈無證無罪〉，帶領著殺氣騰騰的嗓音，以及丹妮爾‧海姆（Danielle Haim）粗獷的電吉他獨奏。

在《時代巡迴演唱會》上，泰勒絲有時會擴充《恆久傳說》部分的曲目組合，並加入〈無證無罪〉這首歌曲，與她長期的摯友 HAIM 並肩演出。

為了呈現《恆久傳說》裡的大地感，泰勒絲有時會在覆滿苔蘚的鋼琴上演奏。

09 | THE EVERMORE ERA | 恆久傳說

幸福
happiness

專輯歌曲

發行時間：2020 年 12 月 11 日
詞曲作者：Aaron Dessner、Taylor Swift
製 作 人：Aaron Dessner

泰勒絲常在最後一刻，才再為專輯額外寫另一首歌曲。在《恆久傳說》上，就有這樣一首歌曲，就是這首有如頌歌般的〈幸福〉，「它真的就是在我們敲定專輯定版的前幾天才到我們手上，」德斯納說。[17] 而這一點都沒誇大：2020 年 12 月 11 日在〈柳〉MV 首播上，泰勒絲說她「上週」寫了這首歌——歌名可「完全不像現在這樣。」[18]

老實說，泰勒絲在著手創作這首歌曲前，早已先跑了一小步：德斯納在 2019 年就已經動手製作它的音樂，最初是為了他的另一個計劃：幫 Big Red Machine（註：由亞倫・德斯納和賈斯汀・弗農共同合作的一支美國獨立民謠樂團）準備這首歌曲。「然而她愛上了這個演奏曲，後來便動手為它寫上歌詞，」德斯納說，後來又補充，「這有點像是她工作的方式——她寫了許許多多的歌曲，然後到了最後一刻，她又多寫了一兩首，而那一兩首常常是重要作品。」[19]

泰勒絲在〈幸福〉裡，解析那令人崩潰的一刻：當你領悟一段長年的感情已經結束。敘述者處理著那些痛苦的情緒：他們不曉得沒有了這段感情，他們到底是誰（而等之後塵埃落定，他們又會成為誰），而且他們目前還想搞清楚，是從哪一刻或哪件事讓他們的關係變壞了。他們憤怒地指責對方的諸多錯誤，包括如今已是前任的對方劈腿（雖然似乎也沒有根據）；事實上，在 Tori Amosesque 的橋段，敘述者悲傷地承認，對方其實是個好人，跟這樣的人分手，實在很難看開。

多蘿西婭
dorothea

專輯歌曲

發行時間：2020 年 12 月 11 日
詞曲作者：Aaron Dessner、Taylor Swift
製　作　人：Aaron Dessner

在《美麗傳說》發行之後，泰勒絲與德斯納並沒有結束合作。事實上，她又寫了兩首：〈終止〉（closure）與〈多蘿西婭〉，原先似乎適合放在 Big Red Machine 裡。「我越是聆聽它們，」德斯納承認。「越覺得，雖然它們放進 Big Red Machine 也不錯，但它們感覺上就是有趣、令人興奮的泰勒絲歌曲。」[20] 而他的直覺沒錯。輕鬆自在、由鋼琴領奏的民歌風〈多蘿西婭〉包含了經典的泰勒絲元素——一位抱持著雄心壯志的主角，離鄉背井去追求名聲與財富——但有個轉折：這首歌的觀點是跟 Dorothea 一起長大但仍留在家鄉的朋友，從遠處看著她功成名就。

〈多蘿西婭〉當然呼應了泰勒絲在《美麗傳說》中，以角色主導的 Betty、Augustine、James 的愛情三角關係部曲。我們不意外泰勒絲會想像兩者之間的連結——「在我的想法裡，Dorothea 跟 Betty、James、Inez 上同一所學校，」泰勒絲開玩笑說[21]——並視 Dorothea 是嘗試多線交織故事的另一個實驗。如泰勒絲後來解釋，Dorothea 這女孩「離開她的小鎮家鄉，去追逐她的明星夢，」後來回家過年渡假時「再遇舊情人」——明顯呼應《恆久傳說》裡的另一首歌〈該死的季節〉。〈多蘿西婭〉裡的主角，就是那個舊情人嗎？猜測這些歌曲中的人物關係，更增添了聽這些歌的樂趣。

康尼島
coney island
(ft. The National)

單曲

發行時間：2021 年 1 月 18 日（單曲）／2020 年 12 月 11 日（專輯）
詞曲作者：William Bowery、Aaron Dessner、Bryce Dessner、Taylor Swift
製　作　人：Aaron Dessner、Bryce Dessner

《美麗傳說》是泰勒絲與德斯納緊密合作的成果。這自然而然也讓德斯納的樂團成員，包括他的雙胞胎兄弟／樂器演奏家布萊斯以及鼓手布萊恩・德文多夫（Bryan Devendorf），在許多不同部分裡貢獻各自的才華。泰勒絲接下來最合理的發展，似乎是與整個樂團合作——排在後面的，還有其他基於懷舊之情，等著同樣機會的明星們——而〈康尼島〉這首充滿後悔情緒的獨立搖滾歌曲，歌詞由泰勒絲與艾爾文合作完成，音樂則是出自德斯納兄弟。

「歌中故事實在是情節優美，從詞曲兩方來看，都是最棒的，」德斯納說。「不過聽過歌詞，我們共同的看法是，這與我們 The National 最為契合——簡直就像我們的主唱麥特・貝南格（Matt Berninger）會說的故事，或者我簡直會以為，鼓的部分是我們的鼓手布萊恩・德文多夫演奏的。」[22]

還好 The National 其他成員被問到意見時，也都殷切地想加入〈康尼島〉團隊，布萊恩・德文多夫加入了微妙的鼓聲，斯科特・德文多夫（Scott Devendorf）演奏低音及口袋鋼琴。貝南格則貢獻他如夜半告白般的招牌沙啞嗓音，完美襯托了泰勒絲歌喉的甜美、嬌柔。「說來也奇怪，因為這首歌很明顯讓人覺得是泰勒絲的作品，畢竟所有的歌詞都是她和喬・艾爾文寫的。但奇妙的是，這首歌也覺得好像是 The National 另一個不錯版本的歌。」德斯納說。「我喜歡麥特與泰勒絲聲音融合的成果。」[23]

泰勒絲與其前男友喬・艾爾文（照片中為 2019 年紐約市），在《美麗傳說》、《恆久傳說》時期，曾合寫好幾首歌曲。

常春藤
ivy

專輯歌曲

發行時間：2020 年 12 月 11 日
詞曲作者：Jack Antonoff、Aaron Dessner、Taylor Swift
製 作 人：Aaron Dessner

假如你覺得《恆久傳說》比《美麗傳說》更多了一點輕鬆的氛圍，那現實可不如你想像的。「我刻意在我的部分裡，加入更多冬季懷舊情懷到音樂裡，」德斯納承認。「我的想法是我要營造秋冬的景象——而（泰勒絲）也有談到這點，《美麗傳說》感覺像是春夏兩季，而《恆久傳說》則是代表秋冬。」[24] 他補充，這解釋了〈常春藤〉裡為什麼會有輕柔的雪橇鈴聲，這首老派民歌有飄逸的吉他樂句，故事是一個已婚男士愛上一個人，但那不是他老婆。歌詞委婉地展示這段婚外情在演變與加深之中。裡頭提到季節變化，從冬到春，也提到綠葉的意象；這個第三者被比喻為如常春藤纏繞並覆蓋這個劈腿男，比喻他們的生活愈來愈糾纏不清。在歌曲結束時，婚姻因為這樁婚外情鬧得不可開交——也許呼應泰勒絲在〈劫後餘生〉（The Great War）裡，那種動盪不安的關係。

高手過招
cowboy like me

專輯歌曲

發行時間：2020 年 12 月 11 日
詞曲作者：Aaron Dessner、Taylor Swift
製 作 人：Aaron Dessner

當泰勒絲發行《恆久傳說》時，她分享了一篇附文，調侃了專輯裡每一首歌曲。這首開放式美國民謠〈高手過招〉，自誇有來自馬庫斯・芒福德（Marcus Mumford）的背景客串助唱，故事隨歌曲進展，談的是「兩個年輕的詐騙集團人員，原來在有錢人出入的渡假勝地勾引貴婦行騙，沒想到在過程中彼此竟愛上了對方。」[25] 這對騙子對彼此有更深刻的了解，出乎雙方的意料；因此，雙方也並不期待誰會接下他們的行李袋。在歌曲最後，這對騙子似乎無法修成正果——至少其中一個騙子在愛上對方的同時，是抱持著兩人的感情最終可能會結束的想法——不過，此時此刻，兩人卻是彼此的絕配。

09 | THE EVERMORE ERA | 恆久傳說

長話短說
long story short

專輯歌曲

發行時間：2020 年 12 月 11 日
詞曲作者：Aaron Dessner、Taylor Swift
製 作 人：Aaron Dessner

〈長話短說〉像是一首來自《舉世盛名》的歌曲，但經過《恆久傳說》裡魔法森林式的電子音效民歌氛圍的洗禮。以故障音樂節奏及緊迫的速度為主要結構，呈現泰勒絲過去的那些壞日子——她人生中曾經為低自尊心而糾結的日子，害她愛錯人——而後，歌曲進展到今日，宣告她已揮別陰暗的過往，有一段健康的感情。她的嗓聲也幾乎從頭歡快到尾，彷彿她終於能結束生命中的這一章，問心無愧地向前邁進。

瑪裘瑞
marjorie

專輯歌曲

發行時間：2020 年 12 月 11 日
詞曲作者：Aaron Dessner、Taylor Swift
製 作 人：Aaron Dessner

泰勒絲先前在《美麗傳說》裡，寫了一首有關她祖父的歌，而在《恆久傳說》裡決定向她的祖母 Marjorie Finlay 致敬，她也是一位歌手，在泰勒絲十三歲時過世了。〈瑪裘瑞〉毫無意外，是一首動聽感人的歌曲，滿溢著崇高韻律的節奏以及音色明亮的鋼琴——與歌詞完美搭配，詞中講述對已逝親人的想念與想把回憶永存心頭的願望。「最難看開的後悔，就是在如此年輕的階段，便失去你還來不及學習、還來不及完整效法風範的長輩，」泰勒絲說，同時補充，「我媽媽時不時便會望著我說，『天啊妳和她好像』，即便有些動作是連我都沒看過，有除了我以外的人做過。」[26] 〈瑪裘瑞〉部分的背景合聲，還甚至用上了 Marjorie 的聲音——泰勒絲的母親找到 Marjorie 以前的舊唱片，雖然她唱的是歌劇，但德斯納就是有辦法把它加入混音之中——只是讓這首歌曲更加感人。「寫那首歌的經驗簡直太不真實了，因為創作的時候，我的心情一團糟，」泰勒絲說。「我有時會情緒崩潰。甚至每每在錄音室裡唱它，總覺得聲音頻頻瀕臨崩潰，因為實在有太多情緒在裡頭。」[27]

終止
closure

專輯歌曲

發行時間：2020 年 12 月 11 日
詞曲作者：Aaron Dessner、Taylor Swift
製 作 人：James McAlister、BJ Burton、Aaron Dessner

賈斯汀・弗農，以團體 Bon Iver 之名錄製唱片，「其實深入參與了（《恆久傳說》）的製作，甚至（參與程度）比上一張唱片（《美麗傳說》）還多。」德斯納說。[28] 這個情況當然影響了《恆久傳說》的音樂；其實以下這首前衛的作品，就是一個例子，也是泰勒絲曲目上最大膽的嘗試。

這首歌曲除了引以為傲的 5/4 拍節奏以及超小型工業音效鼓——讓這首歌的樂聲呈現某種放鬆自在的感覺，好像在遊樂場裡坐太多會旋轉的遊樂設施轉到微量之外——這首歌裡還有德斯納與弗農使用的獨門特效（「我們一起用 Messina Chain 聲音處理器，處理泰勒絲的歌聲。[29]」德斯納說。）而且同時也特邀 Bon Iver 的合作伙伴 BJ・伯頓（BJ Burton）製作。對於德斯納而言，在《恆久傳說》「往外發展再自然不過，」他說。「這個程序毫無限制。而在這些方面，我們更努力實驗音效或特殊的節拍，這感覺就是我們的日常工作。」[30] 就歌詞而言，〈終止〉歌中的敘述者覺得前任主動向她解釋很不是滋味，因為這個舉動讓人覺得對方是放下身段來屈就她。儘管她會生氣悲傷，但還是有自尊的——不需要前任來試著安撫自己，解釋分手是怎麼發生或者幫她釋懷。

2021 年 3 月 14 日葛萊美獎典禮上，安多夫、泰勒絲及德斯納共同演唱〈柳〉。

在《時代巡迴演唱會》上，泰勒絲演唱《恆久傳說》的〈該死的季節〉、〈柳〉、〈瑪裘瑞〉、〈兩難〉以及〈百般容忍〉。

恆久傳說

evermore (ft. Bon Iver)

專輯歌曲

發行時間：2020 年 12 月 11 日
詞曲作者：William Bowery、Taylor Swift、Justin Vernon
製 作 人：Aaron Dessner、Taylor Swift

泰勒絲與喬・艾爾文共同創作了這張專輯的同名歌曲[31]，一首肅穆的鋼琴民謠，然後把那段音樂寄給弗農加上橋段——這個創作與《美麗傳說》的〈放逐〉一模一樣，德斯納領悟《恆久傳說》與《美麗傳說》是姊妹作。但是〈恆久傳說〉是專輯《恆久傳說》初版的最後一首歌曲，這點別具涵義：這首歌談的是熬過灰暗的十一月及十二月後的日子——既是指真實氣候，也是指心情感受——但最後還是傳達出：明白一切痛苦與沮喪皆非永久的，晴朗的日子就在前方。

這首歌曲「就像你在仲冬時節赤腳走過森林，或站在陽台上讓寒風吹襲，而你就快凍僵了，」泰勒絲說。「接著，在最後一段副歌，這個人總算走進溫暖安全的屋內。詞意是有關重新尋獲希望的過程。」[32] 泰勒絲看到歌中「這些月分的雙重意義以及所提到的感受。」從某個層面來看，是在回顧她 2016 年所經歷的艱難日子：「那段時間裡，只能過一日算一日地撐下去。」[33] 然而她也是指 2020 年美國選舉期間的不確定。「我差不多像是在等著最糟糕的情況發生，」她說。「想辦法在隧道的盡頭找到微光。」[34]

2023 年初，在一場義賣會（MusiCares Charity Relief Auction）上，一把有泰勒絲親手簽名及《恆久傳說》特製圖案的吉他，以美金兩萬五千元賣出。

09 | THE EVERMORE ERA | 恆久傳說

在你離開我的地方
right where you left me

彩蛋音軌（《恆久傳說》豪華版）

發 行 時 間：2020 年 12 月 18 日
詞曲作者：Aaron Dessner、Taylor Swift
製 作 人：Aaron Dessner

　　這首個性十足的〈在你離開我的地方〉與〈幸福〉十分相似，都是在錄製《恆久傳說》過程的尾聲才出現。「這是我要去拜訪弗農前寫成的，因為我覺得，也許我們見面後可以一起寫些什麼，」德斯納說，「而泰勒絲聽到了，便寫下這首不可思議的好歌。」[35] 她的想法是「寫首歌曲來敘述，有個女孩還留在當年她心碎的那個地方，就是完全凍結在時間裡。」[36] 泰勒絲說歌詞的意義，其實就是字面的意思：那位二十三歲的角色，就在〈在你離開我的地方〉的中心，依然還在同一間餐廳的同一個座位上，當時她與另一半面對面坐在一張桌子前，後者向她坦誠自己有第三者。（在歌曲中有個極其有趣的細節，有灰塵堆積在他們花俏的髮型上。）然而，這個字面上的冷凍，同時有許多的暗示──主要原因是歌曲中的主角沒辦法放下過去，進而他們彼此也都沒辦法向未來前進，尋找新的愛。

重新出發
it's time to go

彩蛋音軌（《恆久傳說》豪華版）

發 行 時 間：2020 年 12 月 18 日
詞曲作者：Aaron Dessner、Taylor Swift
製 作 人：Aaron Dessner

　　正如歌名所暗示的，〈重新出發〉「講述你聽從自己內心的直覺，當它叫你離開的時候，」泰勒絲說。[37] 要談的可能是婚姻這件事──第一段歌詞描述某位配偶否認劈腿，但他的謊言又被識破──或者在職場上，升職機會老是跟你擦身而過，被更資淺的人搶先。這首歌曲第三段歌詞也明顯涉及泰勒絲無法擁有最初創作的六張專輯原始錄製版一事：她描述了一個未指出姓名的貪心人士，把她的過去囚禁起來──但是她有自信，因為她能依靠自己。
　　就音樂的部分而言，〈重新出發〉一開始有如沉思般的獨立製作流行歌曲風格和不斷迴旋的鋼琴聲與弦樂──再漸漸接到後段，像是充滿自信邁步向前的吉他與鼓。泰勒絲宣告著，有時你可以找到更好的東西，只要大膽地走出或逃離不適合的環境。「歌曲後段的拉奏……對我而言，就像是給《美麗傳說》與《恆久傳說》帶來美好、宣洩的結尾。」德斯納說。[38]

三個悲傷的處男[*]
（週六夜現場模仿秀）
Three Sad Virgins (SNL parody)

發行時間：2021 年 11 月 14 日

> 週六夜現場

　　泰勒絲已是週六夜現場節目的常客：她主持該秀、當音樂特別來賓，甚至擔任朋友，如 Ice Spice 的演唱表演介紹人。2021 年 11 月，她在該秀上獲得一個不同（也出人意料）的任務：在一個喜劇嘻哈音樂影片〈三個悲傷的處男〉擔任主唱，跟著另一位喜劇演員彼得・戴維森（Pete Davidson），一起整喜劇撰稿群「Please Don't Destroy」（也就是週六夜現場的腳本作者班・馬歇爾 Ben Marshall、約翰・希金斯 John Higgins 及馬丁・赫利希 Martin Herlihy）。「我們沒想到她會願意一起胡鬧，」希金斯說。「我們跟她講清楚，那個短劇名叫三個悲傷的處男，基本上是你跟彼得一起惡搞我們三人。她立刻答應，說『好耶』。」[39] 泰勒絲十分放得開，百無禁忌，指出「Please Don't Destroy」某個的成員看起來就像沒有羽毛的大鳥，而另一位則有負面的性吸引力，就像稻草人一樣。泰勒絲以甜美的流行曲調唱出這些羞辱——這種搭配更放大了表演的幽默感，並讓笑點更加搞笑。

2023 年 3 月 31 日德州阿靈頓市 AT&T 體育場，泰勒絲在《恆久傳說》大放光彩。

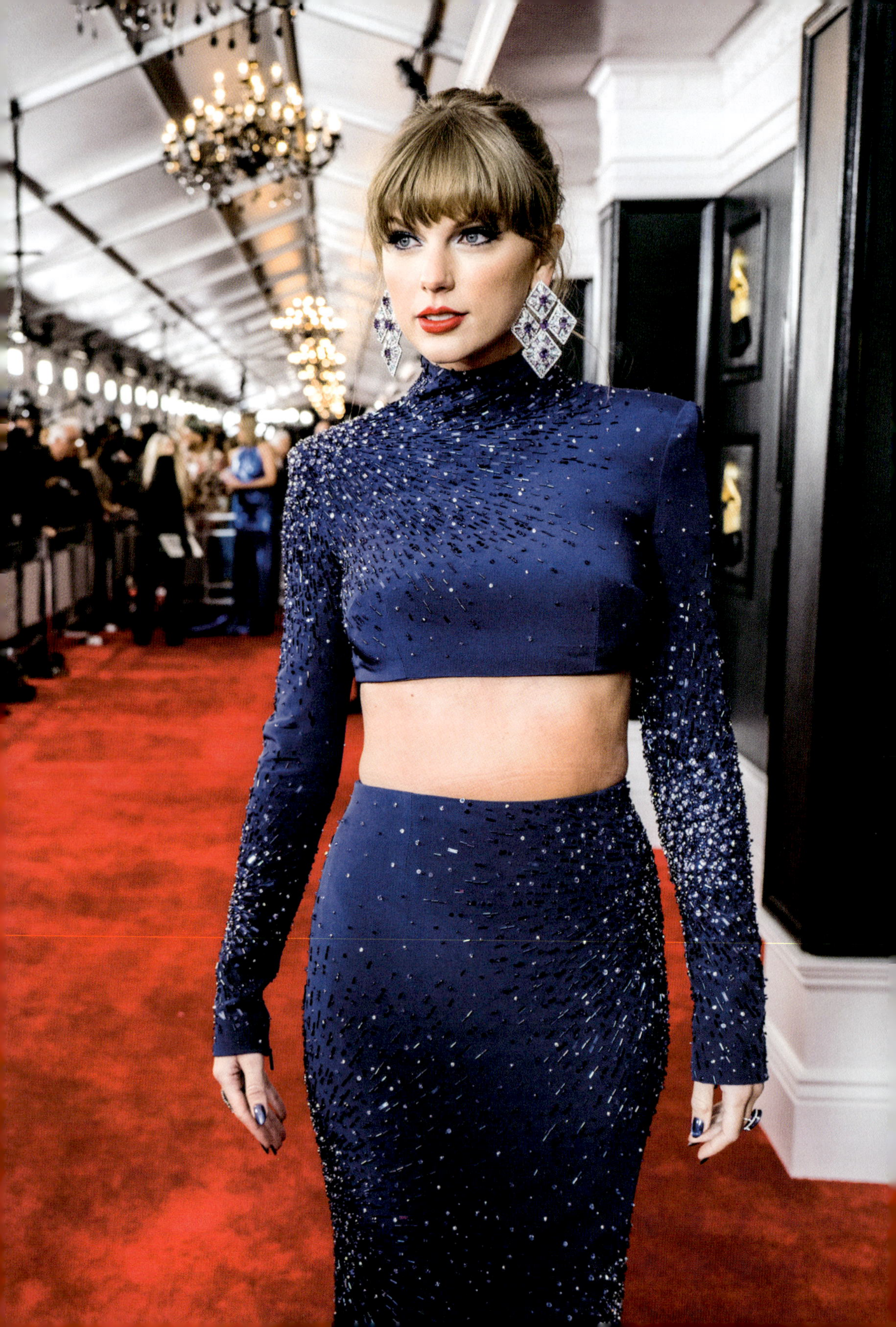

10 / 午夜
THE MIDNIGHTS ERA

《午夜》這個專輯的概念寬鬆,其中包含的「故事,分屬於十三個分散在我人生各階段的失眠夜晚,」泰勒絲說。[1] 這些深夜遐想,自然涵蓋著泰勒絲的千萬種情緒:後悔、慾望、懷舊和自我厭惡以及其他等等。泰勒絲與密切且長期的合作伙伴傑克·安多夫,聯手製作《午夜》,儘管「這是我們兩人第一次在沒有其他合作伙伴的情況下合作,」她說。「我們早就試想過許多點子,但是《午夜》實際上真的是共同腦力激盪出來的,而我們的伴侶(都是演員)也共同演出了一部電影《玩命獵殺》(Panama)」。[2] 這張專輯一推出即在全球各地的排行榜奪下冠軍,得到多項葛萊美獎提名,並贏得最佳流行歌唱專輯及年度專輯雙料獎項。

薰衣草薄霧
Lavender Haze

單曲

發行時間：2022 年 11 月 29 日（單曲）／ 2022 年 10 月 21 日（專輯）
詞曲作者：Jack Antonoff、Sam Dew、Zoë Kravitz、Sounwave、Jahaan Sweet、Taylor Swift
製 作 人：Jack Antonoff、Braxton Cook、Sounwave、Jahaan Sweet、Taylor Swift
其他版本：原聲版、Tensnake Remix 版、Snakehips Remix 版、Jungle Remix 版、Felix Jaehn Remix 版

〈薰衣草薄霧〉以泰勒絲在電視連續劇《廣告狂人》（Mad Men）所聽到的一個詞來命名的，靈感則來自她與喬·艾爾文的交往，是浪漫迪斯可流行風格式的誘惑。「〈薰衣草薄霧〉在 1950 年代，是表達人在戀愛中的常用說法，」泰勒絲說。「就好像說，假如你人在薰衣草薄霧中，那麼這表示你渾身散發愛情的光輝。」[3]

她沉浸在薰衣草氛圍的想法中，看到了許多現代的相似之處。首先，歌曲探討為保護這種愛伴隨而來的壓力，包括避免落入老套的模式，有多麼困難。泰勒絲巧妙地指出她有多厭惡別人想要把 1950 年代的思考模式，套用到她自己的愛情生活上；她也反對狹隘地把女人分為妻子或是一夜情人的這種想法。

而在大眾的檢視下，相處似乎又增添了一層障礙。「理論上，假如你人在薰衣草薄霧中，你應該盡一切能力留在其中，不要讓人們把你從雲端拉下來，」她說。「我認為許多人都必須處理這種狀況，不只是公眾人物而已，因為我們活在社群媒體的時代裡。假如世人發現你在跟誰談戀愛，他們會馬上想要介入。」[4]

共同作詞人馬克·安東尼（Mark Anthony Spears，他以 Sounwave 為名擔任製作人）提到〈薰衣草薄霧〉的音樂，原來不是專為泰勒絲所創作：「那都怪我，在嘗試各種音效十五分鐘後，最後意外湊出一個樂句。」[5] 安多夫當

泰勒絲讓《時代巡迴演唱會》每天都能在珠光寶氣中落幕，這要歸功於那件亮晶晶的緊身裝以及（在某幾場演出裡的）流蘇外套。

泰勒絲在賴曼禮堂（Ryman Auditorium）舉辦的 NSAI 2022 Nashville Songwriter Awards 典禮上，獲得 NSAI 十年最佳歌詞創作者頭銜（NSAI Songwriter-Artist of the Decade）之後，上台表演。

時也在現場，他很喜歡那個效果。有一位從華盛頓哥倫比亞特區來的薩克斯風演奏家，布拉克斯頓・庫克（Braxton Cook），寄來一段聲音備忘帶，內容是把這段「流行風的音樂」演奏給賈哈恩・斯威特（Jahaan Sweet）聽，他是賈哈恩・斯威特在茱麗雅音樂學院的室友，也與製作人安東尼合作過。

「裡頭就是我反覆唱幾個和弦，」庫克說，「賈哈恩將它變化，重新詮釋成他們的版本，讓它聽起來像是處理過的樣本。」[6]

有了這段非詞語的哼唱做基礎，安東尼及安多夫便與山姆・德（Sam Dew）合作——他也一起寫了泰勒絲與贊恩・馬利克合作的〈無愛不活〉——加上女演員柔伊・克拉維茲（Zoë Kravitz）。四人一起創作了華麗、如音樂劇般的歌曲，擁有流動的 R&B 樂句、脈搏般的節拍以及流暢的鍵盤音樂。「山姆帶來旋律，」安東尼說，而克拉維茲「其實也是一位充滿創意的天才。她不只是戲演得好而已。她能創造不同音效，並找到不同旋律，功力已到了更高的層次了。」[7]

安多夫最後把音樂寄給泰勒絲，她深受啟發；她的歌聲優雅而誘人。「當安多夫第一次邀我們去聽，我們全都驚呆了，」安東尼說。「她把它提升到另一個境界，變成她的音樂。她創造了我們沒聽過的方法。」[8]〈薰衣草薄霧〉是《時代巡迴演唱會》的固定曲目，在《告示牌》百大熱門歌曲排行榜衝到第二名的佳績。

10 | THE MIDNIGHTS ERA | 午夜

栗紅
Maroon

專輯歌曲

發行時間：2022 年 10 月 21 日
詞曲作者：Jack Antonoff、Taylor Swift
製 作 人：Jack Antonoff、Taylor Swift

在 2012 年，泰勒絲發行了一首名為〈紅色〉的歌曲，把愛一個人的經驗比喻成一抹豔紅色（還會是什麼呢？）。經過這些年，她的想法改變了；例如，在《情人》的〈曙光〉中，她覺得愛情更像金色。然而這首低調的〈栗紅〉，則充滿了延長的陷阱節拍和舒長的編曲，並且又更進一步運用蠟筆盒中與紅色相關的色彩，繪製出層次更多的圖畫。

副歌唱到勃根地紅酒色的酒漬，潑在 T 恤上──不知道是因為不小心或者吵架──一連串的事件讓酒漬漸漸變深，從豔紅色變成栗紅色：像是有人臉紅的顏色，或一個草莓印、一對唇印。然而同時，那交談不愉快的電話對話中又透露了其他事情：這個栗紅的意象還代表著缺乏溝通。

歌詞同時也玩各種與紅有關的色調。第一段記錄熱戀的幸福：喝了廉價玫瑰紅酒而微醺，兩人整夜相擁溫存。第二段則細述憤怒的吵架，顯示這對情侶只是兩朵康乃馨，不是玫瑰，我們又發現其中一人悲嘆他們犧牲像紅寶石般的愛。前者巧妙地述說他們的愛不是真愛，因為那個紅不是他們看到的紅；後者則是指失去了有真正價值的紅，同時也暗示感情已逝。

反英雄
Anti-Hero

單曲

發行時間：2022 年 10 月 21 日（單曲）／ 2022 年 10 月 21 日（專輯）
詞曲作者：Jack Antonoff、Taylor Swift
製 作 人：Jack Antonoff、Taylor Swift
其他版本：原聲版、ILLENIUM Remix 版、Roosevelt Remix 版、Kungs Remix 版、Jayda G Remix 版、Ft. Bleachers 版

合成器樂聲飛騰的流行搖滾歌曲〈反英雄〉，對於 Swifties 與泰勒絲本人來說，這首歌一發行就立刻成為經典，它「是我寫過的歌曲中，最喜歡的歌曲之一，」她說，並且還補充，「我覺得它是完全誠實的。」[9]

只透露到這樣實在是太輕描淡寫了：第一段歌詞我們聽到泰勒絲提到沮喪讓她徹夜難眠，過去犯的錯誤纏繞在她心中，揮之不去。同時，副歌呈現的泰勒絲又有點厚臉皮地自我介紹，說她就是那個問題人物，特別是因為她寧可直視太陽，也不願直視自己的缺點。「我想我從不曾這麼深入而仔細探討我自己的不安全感，」泰勒絲說。「我常想到如今自己的人生，已膨脹到我自己無法掌控的大小，為此苦惱不已，而且……說來也有點恐怖，我也常常苦惱，總覺得自己不再像是人類了。」[10] 因此，在第二段歌詞，她把自己比喻成巨人，像是彆扭恐怖片中的怪物。「這首歌曲正是一本導遊手冊，帶領大家參觀我最恨自己的各個地方。」她補充。「我們都恨跟自己有關的事物。而所有一切我們厭惡或喜歡的東西的各個層面，我們都得面對和處理，才能成為一個真正的人。」[11] 她如此不怕痛的誠實，自然能打動人心，〈反英雄〉在《告示牌》百大熱門歌曲排行榜上，穩坐冠軍寶座八週之久。

泰勒絲在 2022 年 MTV 歐洲音樂大獎典禮上獲得獎項

專輯歌曲

下雪的海灘
Snow on the Beach (ft. Lana Del Rey)

發行時間：2022 年 10 月 21 日
詞曲作者：Jack Antonoff、Lana Del Rey、Taylor Swift
製 作 人：Jack Antonoff、Taylor Swift
其他版本：More Lana Del Rey 版

愛情往往全靠時機。有時你單身，但你喜歡的人有了對象；有時你才剛開始跟人交往，但你的理想對象偏偏在此時恢復單身。然而最好的情況是，你跟你喜歡的人，同時看上對方，並且你們都單身。

青春、空靈的〈下雪的海灘〉所捕捉到的，正是這個神奇、火花四射的時刻，歌曲描述「當你愛上對方的那一刻，對方也正好愛上你，這是一種天雷勾動地火的感覺、命中註定的時刻；就是在這個當下，你明白對方對你的感覺與你對他的感覺一模一樣，」泰勒絲說。「而你一時四下張望，覺得這一切是真的嗎？這是夢嗎？真的發生了嗎？就好像你看到雪花落在沙灘（一樣不敢相信）。」[12]

〈下雪的海灘〉同時有個值得一提的合唱伙伴，拉娜·德芮（Lana Del Rey），一位標誌性的流行巨星，泰勒絲激動地說：「她是有史以來的最佳歌手之一。」[13] 拉娜在全曲都哼唱著如星光般的合音，為幸運的戀情讚嘆，讓泰勒絲本就美妙的歌喉更加完美。不過歌曲裡的巨星還不只這位，演員狄倫·歐布萊恩——他已在泰勒絲的〈回憶太清晰：微電影〉中演出過——之後更擔任本歌曲的鼓手，只因為他正好人在錄音室。就如泰勒絲所說：「有時就是這麼巧。」[14]

拉娜·德芮與泰勒絲在專輯《午夜》中合作——不過她們之前就已經相識，最值得討論的就是在 2012 年 MTV 歐洲音樂大獎典禮上，兩人同台。

> 專輯歌曲

孩子，你得靠自己了
You're On Your Own, Kid

發行時間：2022 年 10 月 21 日
詞曲作者：Jack Antonoff、Taylor Swift
製　作　人：Jack Antonoff、Taylor Swift
其他版本：Strings Remix 版

〈孩子，你得靠自己了〉是一首難得的合成器獨立音樂流行風格的歌曲，泰勒絲在這首歌裡，檢視她過去那些痛苦的時刻，並思考它們如何讓她變得更堅強。開頭幾句歌詞回顧她的青少年時期，她有遠大志向，要離家成為歌手，卻無法融入同儕；事實上，開頭幾行歌詞，她以近乎直白的語句，提到當時曾有一段短暫夏日戀情，就是她出道單曲〈提姆麥格羅〉唱的那段。

〈孩子，你得靠自己了〉的橋段，意思非常豐富。隨著逐漸變大增強的伴奏聲，她悲傷的故事，轉向正面方向發展。泰勒絲以側面角度把自己比喻成史帝芬金的小說《魔女嘉莉》（Carrie）書中的同名女主角，嘉莉在書中的結局裡，是在畢業舞會上被潑了一身的汙血，她一氣之下，對她的同儕進行報復。然而，這個結局被作為對照，讓泰勒絲看到了一個更好的解決方式：把痛苦拋在腦後──脫離有害的人際關係或情境──於是她向前邁進了。只能靠自己並不代表是孤單的，那是力量與獨立的呈現。

隨著橋段的結束，泰勒絲鼓勵人們把握當下，並製作友情手環，而這個可愛的意象，還有另一層意義，提醒你要永遠保持敞開的心。Swifties 聽進了這個訊息並加以發揮，演變成了一項 Swifties 間的傳統，在參加《時代巡迴演唱會》時，大家交換了手臂上的手環──這個動作也讓泰勒絲感受到，她不再只能靠自己了。

交換友情手環是泰勒絲演唱會的一個儀式──包括在演唱會當中時，像是她在唱〈二十二歲〉時，把她的帽子贈送給幸運歌迷。

午夜的雨
Midnight Rain

專輯歌曲

發行時間：2022 年 10 月 21 日
詞曲作者：Jack Antonoff、Taylor Swift
製 作 人：Jack Antonoff、Taylor Swift

　　假如你曾經在清晨兩點鐘還醒著，並逐頁翻看某個前任社群網站帳戶裡的相簿，那麼〈午夜的雨〉就是為你而寫。這首歌曲以答答作響的陷阱電子樂節拍與黑暗浪潮合成器電子樂為基底，襯托起泰勒絲的深夜心聲，歌曲述說一段好久好久以前的戀情，因為她與對方差異太大而告吹。他想結婚，過平凡的日子，但她想專注於事業，為成功而奮鬥。這些想法的源頭，似乎來自她的一張假日明信片，上頭有她的前任與其家人的合影；這讓她有所感觸，開始想像那條當初自己沒有選擇的路，並回想當初要是如何的話今天會變得怎麼樣。最後她的結論是，兩人現在的人生其實都還不錯：今天，他只有在電視上看到她才會想起她，而她也只有偶爾在深夜時才會想到他。

疑問……？
Question…?

專輯歌曲

發行時間：2022 年 10 月 21 日
詞曲作者：Jack Antonoff、Taylor Swift
製 作 人：Jack Antonoff、Taylor Swift
其他版本：Instrumental 版

　　作為〈午夜的雨〉最親近的音樂姊妹作──兩首歌曲都是極簡電子流行音樂風格的歌曲，有一樣輕快的節拍──而〈疑問……？〉讓人十分能感同身受，大家都對過去在一起但如今已分手的伴侶，有種浪漫的欲求。歌曲中的主角聚焦於一段改變一生的感情，後來（似乎是）分手分得極不愉快，因為字裡行間有種令人無法忽略的怒氣在。副歌是一連串尖銳的問題，指出一些有點渣的行為，像是跟對方溫存，卻沒有留下來過一整夜，也沒有真的有心，努力去把話說明白，像是去問對方更明確的問題：你到底還對這個人有感覺嗎？之類的。而隨著〈疑問……？〉接近結尾，歌曲的聲量與強度也有提升，更大聲的擊拍、更明顯的合成器裝飾音，以及在歌聲裡加入更多姿態與數位音效手法的操作。這個轉變顯示敘述者，因為嫉妒以及想知道前任跟新對象是否真的快樂幸福，於是歌曲中代表答案的表現，也就需要更加急切。

2022 年，泰勒絲出席 MTV 音樂錄影帶大獎典禮，領取〈回憶太清晰：微電影〉贏得的數座獎項，其中包括年度音樂錄影帶獎。

私刑正義
Vigilante Shit

專輯歌曲

發行時間：2022 年 10 月 21 日
詞曲作者：Taylor Swift
製 作 人：Jack Antonoff、Taylor Swift

　　在這首怪奇比莉（Billie Eilish）式的〈私刑正義〉中，泰勒絲唱出了復仇不必急於一時。如墨一般黑的節拍在背景裡搖擺不定，泰勒絲描繪了一位女性下定決心要毀了某個男性的人生，這是因為對方罪有應得。（是因為對方吸毒，還是進行了以錢財為目的的白領犯罪？各位可以自己選。）她跟這個男人未來的前妻交好，並交給對方一份致命檔案，保證在這無法避免的離婚結局裡，她能獲得子女監護權以及房子。在歌中有個沒有姓名的人（還會是誰？），同時也向 FBI 舉報那個人的行為。儘管有這麼多黑暗邪惡的事件，〈私刑正義〉主要的轉折，是當主角與前妻穿起她們的復仇者服裝時——這只是為了提高她們的自信心，並滿足個人的復仇心態——不是為了讓誰佩服。〈私刑正義〉在《時代巡迴演唱會》上又因伴舞群所跳的火熱編舞，更增加了一層深度。舞者們將椅背朝前，坐在上面表演，更顯性感的舞姿，泰勒絲與伴舞群進行了類似百老匯音樂劇《芝加哥》裡著名火辣的「監獄探戈」表演。「她告訴我，我就是要火辣性感，一定要像一場舞台劇一樣。我們會需要一排椅子，」這首歌曲的編舞 Mandy Moore 說。「而我說，『好，就試試這個！』」[15]

絢麗奪目
Bejeweled

專輯歌曲

發行時間：2022 年 10 月 21 日
詞曲作者：Jack Antonoff、Taylor Swift
製 作 人：Jack Antonoff、Taylor Swift
其他版本：Instrumental 版

　　當你覺得沒有安全感或覺得自己不時尚，老祖宗的智慧教我們去遵守這則格言：弄假成真。這也是這首閃亮的流行歌曲〈絢麗奪目〉所包含的訊息，歌詞唱的是「無論你是因為什麼原因而失去自信，重點是你如何再將它找回來，」泰勒絲說。「當你感到不安時，你會覺得自己任人踐踏。」[16] 隨著 1980 年代新浪潮所啟發的合成器音樂旋律在背景中如變化萬千的萬花筒旋轉，歌曲描述某人重拾過往熠熠神采──在感情裡堅定自己的立場，穿上風采迷人的服裝（以及態度）出去約會，在舞池裡獨領風騷。貫穿全歌的是，歌曲中的敘述者一直在重複的一句咒語，咒語說著他們可以看起來很花俏、很有品味。說來也巧，泰勒絲看出〈絢麗奪目〉這首歌，竟然與她的事業發展有呼應之處。「我想我心中總有些思路波折，推著我回到流行音樂，畢竟我已經花了這些年寫民歌風格的歌曲，讓我用一個比喻來說明，就好像我自己創造了一個音樂森林，而我自己還留在裡頭沒有出來。」[17] 泰勒絲強調她「喜愛」這個時間與地方，但也承認「心中還是有些聲音會湧起來，跟我說，『你辦得到，你依然是絢麗奪目的。』」[18]

迷宮
Labyrinth

專輯歌曲

發行時間：2022 年 10 月 21 日
詞曲作者：Jack Antonoff、Taylor Swift
製 作 人：Jack Antonoff、Taylor Swift
其他版本：Instrumental 版

　　〈迷宮〉是一項對比的研究。從一方面來看，其音樂簡樸而輕透，有蓬鬆如雲的合成器音效氛圍，輕若無聲的節拍和蜿蜒盤桓的鍵盤樂句，以及氣音十足的假音。然而歌詞則以痛心的情節作為開場──痛苦的分手帶來折磨──然後再將墜入愛河的意象與令人不安的場景相提並論，例如要小心飛機墜毀和提防快速的電梯。然而開頭之後〈迷宮〉開始沉澱成較平穩的樂句，歌曲中的敘述者也漸漸接受扭轉人生方向，再度找到愛情。泰勒絲的唱腔不再虛無縹緲，也變得不再驚慌，有時還會有個令人平靜的合音加入，排除她的感傷──聽者也會忽然醒悟，原來在這趟旅途裡，她並不孤單。

《時代巡迴演唱會》在泰勒絲演唱《午夜》中多首歌曲編成的組曲後，在高潮中落幕。

泰勒絲擁抱男友特拉維斯・凱爾西——她在〈業力〉（Karma）中有明顯提及對方——在此之前，凱爾西所屬的堪薩斯城酋長隊在 2024 年 1 月 28 日贏得 AFC 冠軍。

業力
Karma

發行時間：2023 年 5 月 1 日（單曲）／2022 年 10 月 21 日（專輯）
詞曲作者：Jack Antonoff、Keanu Beats、Mark Anthony Spears、Jahaan Sweet、Taylor Swift
製 作 人：Jack Antonoff、Keanu Beats、Sounwave、Jahaan Sweet、Taylor Swift
其他版本：Ice Spice 混音版

《午夜》裡最朗朗上口、最流行通俗的一首歌就是〈業力〉，這首歌曲愉悅好唱，還有如夢似幻的合成器音效，加上輕鬆慵懶的節奏。安多夫在〈薰衣草薄霧〉與安東尼合作過，後來又問他還有沒有其他音樂適合《午夜》。

「〈業力〉有如最後一刻補上的結束禱辭，」安東尼說。「我記得我正在跟我的伙伴 Keanu（Beats）忙著編曲寫歌，那時我們創作了一段素材，實在好得一定要讓泰勒絲聽過，」安東尼繼續說。「第二天，我就聽到加上她歌聲的完成品了。」[20]

討厭泰勒絲的人可能會覺得她當然會寫一首關於因果報應的歌，因為大家對她的刻板印象就是她只會寫報復，而且最好是報復前男友。再加上她之前在其他歌曲中也有談過因果報應，其中最引人注目的就是〈看是你逼我的〉。不過，就這首〈業力〉而言，泰勒絲要講的是一切都會好轉——而宇宙在冥冥之中眷顧著她。

「這首歌曲的創作角度是，當你的心真的覺得快樂、真的為人生的現況自豪，你會覺得這一定是做了好事而得來的好報，」她說。「這是一首我真心喜愛的歌曲，因為我們都需要有這種時刻。我們不能老是苛責自己。你一定也要有這類的時刻，你可以（向

泰勒絲與饒舌歌手 Ice Spice 發行另一版重混的〈業力〉，並於 2023 年 5 月 26 日在紐澤西州東盧瑟福鎮（East Rutherford）大都會人壽體育場（MetLife Stadium）首演。

歌詞一樣）跟自己說，『你知道嗎，因果報應就是我的男朋友』，這樣子就夠了。」[21]

　　泰勒絲為了示範這個積極的發展，把自己的經驗與其他那些沒那麼謹慎的人相比。歌詞描述人們正要面臨自食其果前的那一刻，而後續則描述報應降臨在他們身上之後所發生的事；除此之外，業力也像一位非追上獵物不可的賞金獵人，正疾速獵捕。然而在這段的最後，泰勒絲發現飛奔趕上她的業力，帶來的竟然是好事，而非報應──因為她走的是高尚的正途。這個情緒直接帶出令人無法抵抗的副歌，裡頭把業力比喻成許多強烈鮮明的事物──能呼嚕輕喚你、愛你的貓；在安寧的日子裡吹過頭髮的涼風；一位男友及一位神。

　　〈業力〉有種無法干擾的氣質，傳統上都作為《時代巡迴演唱會》裡馬拉松式串連歌曲的壓軸表演。泰勒絲還發行了一個重新混音版，特邀饒舌歌手 Ice Spice 一起合唱（曾攀登《告示牌》百大熱門歌曲排行榜第二名），後來也視情況調整歌詞。2023 年 11 月在阿根廷演出其間，泰勒絲令人難忘地為男友特拉維斯·凱爾西（Travis Kelce）更動一句歌詞，為了能在歌中提及他，而他當時也在演唱會上。這一晚，歌曲中的「業力」是一個在堪薩斯城酋長隊踢球的人──而他會立刻飛奔回家到泰勒絲身邊。

甜蜜情話
Sweet Nothing

專輯歌曲

發行時間：2022 年 10 月 21 日
詞曲作者：William Bowery、Taylor Swift
製 作 人：Jack Antonoff、Taylor Swift
其他版本：Piano Remix 版

　　泰勒絲繼續與當時的男友喬・艾爾文合作寫歌，創作出《午夜》裡這首 1970 年代輕搖滾歌曲〈甜蜜情話〉。（這極有可能是他們最新也是最後的合作成果，因為泰勒絲與艾爾文在 2023 年初，兩人和平分手了，原因是「這段感情緣分已盡。」²²）這首歌沉浸在溫暖、豐富的管風琴聲中，有時穿插有精神的爵士小號，感覺上像是想要回到《恆久傳說》與《美麗傳說》的那種溫馨的心靈狀態。〈甜蜜情話〉裡的男女關係，似乎是阻擋世間風暴的保護傘，屏蔽了油滑奸詐的生意人、外頭世界裡的喧囂紛擾以及內在批判指責的聲音。歌中的情侶也在有意義的回憶中找到慰藉——例如，以前撿到後來作為紀念品的小石頭——還有他們共同建造的家園所帶來的安慰。歌曲中的敘述者，感激對方接受自己，以及有能力可以無所顧忌地去愛對方——還有那無價的平淡生活，讓他們的浪漫得以安穩存在。

大計謀家
Mastermind

專輯歌曲

發行時間：2022 年 10 月 21 日
詞曲作者：Jack Antonoff、Taylor Swift
製 作 人：Jack Antonoff、Taylor Swift

　　回到泰勒絲在發行專輯《舉世盛名》時，她曾坦承自己抱持著崇高的說故事目標。「我渴望成為頂尖的伏筆安排高手，像是《權力遊戲》的作者那樣。」她發誓。²³ 在接下來的幾年裡，泰勒絲確實釋放了這個才華，她成為了安排彩蛋以及製造線索的高手，連專輯宣傳也都在安排範圍之內。

　　〈大計謀家〉創作於她觀賞保羅・湯瑪斯・安德森（Paul Thomas Anderson）的電影《霓裳魅影》（Phantom Thread）之後，歌頌宣揚她擅於策劃的心思，特別是與愛情相關的事情。「我想，寫首有關心機算計的歌詞，不也十分有趣嗎？」泰勒絲問。「這種事常有人拿來向我挑釁，如今我只當作是另一種恭維。」²⁴ 這一點也沒錯，橋段強調算計也不是件壞事——泰勒絲是因為好意才設計一切——然後也揭示為何需要算計：因為她有孤獨的童年，以及她內心渴望被接納與被愛。

　　於是，〈大計謀家〉的音樂也是精心設計出來的。儘管背景從頭到尾有個快步邁進的合成器節拍，副歌則在毫無感覺間注入戲劇化的編曲，與歌詞相異。「我們希望主體歌詞聽起來像浪漫的故事，音樂充滿好人英雄的形象，而副歌則唱的是剛進房間的壞蛋，要把前面的敘述翻轉，原來這一切的相遇，從頭到尾都是在設計及安排之中，讓一切看來像是意外邂逅。」泰斯絲說。「好像是我與我的歌迷之間私密的笑話，而這就是我的意思。因此，這首歌像是浪漫版的算計。」²⁵

2023 年泰勒絲跳上飛機，飛越大西洋支持她朋友碧昂絲巡迴演唱會電影《文藝復興：碧昂絲的電影》（Renaissance: A Film by Beyoncé）的倫敦首演。

與眾不同*
Hits Different

> 彩蛋音軌（《午夜》薰衣草版）
> 發行時間：2022 年 10 月 21 日
> 詞曲作者：Jack Antonoff、Aaron Dessner、Taylor Swift
> 製 作 人：Aaron Dessner、Taylor Swift

　　真愛會使你從內在改變。事實上，當你與你真正關心的人分開，你的言行可能會不再像你自己，而分手就是會讓你發現自己有所不同的地方，如這首歌的歌名所示。〈與眾不同〉是首歡樂流行搖滾風格的歌曲，聽起來像是《愛的告白》或《無懼的愛》專輯中更複雜的歌曲版本，歌中敘述某人在感情結束後徹底崩潰。敘述者經歷許多反應，每當想起彼此的前任現在和別人在一起，他們就會反胃想吐（以及感到悲傷）和受折磨；也無法忍受在公開場合聽到「他們的歌」。到頭來，心碎的敘述者領悟了，其實他們反而是往好的方向改變了。他們如今變得更溫柔也更細膩——即使現在的他們很容易在酒吧哭泣——但對於愛情不再冷酷無情。

比天空更龐大的思念*
Bigger Than the Whole Sky

> 彩蛋音軌（《午夜》3AM 版）
> 發行時間：2022 年 10 月 21 日
> 詞曲作者：Taylor Swift
> 製 作 人：Jack Antonoff、Taylor Swift

　　哀傷的〈比天空更龐大的思念〉是你可能會在告別式上演奏的歌曲。這首歌曲關於向某人或某事告別，他們在世上停留的時間太短暫，歌曲一開頭以肅穆的鍵盤，造就氣場豐沛的背景配樂，接著有蕩漾的節拍與如同飛鳥高升的木吉他樂句加入，增添悲傷的氣氛。〈比天空更龐大的思念〉的副歌明顯運用了〈早知如此，何必當初〉（Would've, Could've, Should've）這首歌的歌名作為部分歌詞，也運用了該歌曲的情緒，特別包括了這個想法：一切都不可能再跟過去一樣了。然而，歌名在這艱難時刻提供了慰藉——讓我們想到，我們如此絕望地思念的這個人（或事、物），如今已變得像天空一樣無所不在且無比重要，甚至超越了宇宙的邊界。

《時代巡迴演唱會》的首場夜晚的演唱

劫後餘生 *
The Great War

彩蛋音軌（《午夜》3AM 版）

發行時間：2022 年 10 月 21 日
詞曲作者：Aaron Dessner、Taylor Swift
製 作 人：Aaron Dessner、Taylor Swift

〈劫後餘生〉有電子音樂點綴的背景音樂以及樸素簡單的編曲，感覺像是《恆久傳說》的延續。就歌詞而言，它也平行呼應了《恆久傳說》中的〈幸福〉，在那首歌曲裡，敘述者因一時憤怒，指控其伴侶出軌，在感情中種下了猜忌的種子，導致兩人快要分手。而〈劫後餘生〉的副歌則是描述這個關鍵時刻，首先化用搖滾樂團 Tommy James and the Shondells 在 1968 年的經典歌曲〈Crimson and Clover〉。然而全歌將那些歌詞中延展出的比喻交織結合，把兩人的衝突比喻成一場戰鬥。最令人揪心的部分是橋段：被指控行為不檢的伴侶，被比喻成遭到圍困即將被俘（或遇到更糟的境遇）的士兵──後來敘述者看出他們靈魂裡的誠實並決定把部隊調走或不再憤怒（這是一種比喻說法）。渡過這關鍵的一幕，〈劫後餘生〉漸緩而和平收場，還說到這對情侶決定規畫一個紀念花園，提醒自己絕不再重蹈覆轍。而結局究竟是感情結束了，還是兩人只是厭倦吵架，就不得而知了，因為副歌的歌詞也持續出現提醒字句：說這對情侶即使吵架時也會握著手。

巴黎 *
Paris

彩蛋音軌（《午夜》3AM 版）
發 行 時 間：2022 年 10 月 21 日
詞曲作者：Jack Antonoff、Taylor Swift
製 作 人：Jack Antonoff、Taylor Swift

〈巴黎〉是首步調時髦輕快的合成器音樂流行風歌曲，有如霓虹變幻般的節奏，歌曲主旨是忽視那些不實的情色流言（一位朋友的妹妹與某個小演員前任男友胡搞，而且穿著還完全不入流！）並且把愛情留在個人領域，因為那才是健康的作法。目標是保護浪漫精神，並努力隔絕外在世界的壓力。其實這對情侶，只是在家中喝著平價的紅酒和假裝他們喝的是香檳，而他們的心，也已經在那個什麼事情都可能發生的大城市──巴黎中閒晃。

高度不忠 *
High Infidelity

彩蛋音軌（《午夜》3AM 版）
發 行 時 間：2022 年 10 月 21 日
詞曲作者：Aaron Dessner、Taylor Swift
製 作 人：Aaron Dessner、Taylor Swift

這首歌完全沒有參考 1980 年搖滾樂隊 REO Speedwagon 的密紋唱片專輯（註：該樂隊有張專輯名稱是《Hi Infidelity》），只是一首輕快電子音樂兼流行音樂風格的歌曲，從一個與已婚（從歌詞中有如刀子般的白色木板圍籬意象來猜測）卻劈腿的人的角度來看，這個第三者還為劈腿者的行為辯護，指出對方的婚姻只是互相記仇、沒有愛情。〈高度不忠〉裡也因為有一句歌詞提到 4 月 29 日這一天而格外顯眼，從此這個日期也成為辨認 Swifties 的試金石。

跳針 *
Glitch

彩蛋音軌（《午夜》3AM 版）
發 行 時 間：2022 年 10 月 21 日
詞曲作者：Jack Antonoff、Sam Dew、Mark Anthony Spears、Taylor Swift
製 作 人：Jack Antonoff、Sounwave、Taylor Swift

搖滾樂團 Radiohead 風格的這首〈跳針〉，跟〈薰衣草薄霧〉在同一個錄音室與同一段時間裡產生，這也解釋了為何兩首歌都以流暢的製作品質與活躍的節拍著稱。〈跳針〉的歌詞也十分符合它的氛圍：歌名裡的 Glitch（意思近似 Mistake 誤會）一字，指的是主角覺得他們彼此都打算繼續跟對方做朋友，或是各取所需，不會有太多羈絆──但是誰知道他們竟意外走進一段穩定、健全的男女關係，那可真是歪打正著。

早知如此，何必當初*
Would've, Could've, Should've

彩蛋音軌（《午夜》3AM 版）

發行時間：2022 年 10 月 21 日
詞曲作者：Aaron Dessner、Taylor Swift
製 作 人：Aaron Dessner、Taylor Swift

　　沒有副歌的〈早知如此，何必當初〉一推出立刻成為歌迷的最愛，泰勒絲在裡頭回顧一段成長時期談的戀愛，它留下了長年不退的印記。就像〈回憶太清晰〉——這是另一首想要從難以處理的戀愛中，學到什麼的歌曲——這首歌也把許多令人坐立難安的細節，放到歌詞上；為呼應這種內容，〈早知如此，何必當初〉有如狂風暴雨般的電吉他、強而有力的鼓以及緊密的編曲。就像《情人》的〈偽神〉，泰勒絲在此也使用了宗教意象暗喻她的經驗。例如，她暗示要是自己從未與這個人有瓜葛（沒有和惡魔嬉鬧……），那麼她就能保持純真（跪在地上持續禱告）。她把她經歷的痛苦比喻成天堂，不過也察覺那讓她害怕的鬼魂，也代表害怕自己重犯一樣的錯誤。同時，橋段表達了對她所失去的一切感到後悔，她並未釋懷，也無法再重獲青春時的心態（一個表面上是耶穌的墳墓，卻打開了聖潔的彩色玻璃窗）。德斯納為了表現〈早知如此，何必當初〉對泰勒絲有多麼特別，在 2023 年 5 月納許維爾的開演現場，一場雨中的驚喜加演場，特別為這首歌現身上台合唱，還帶了一把木吉他。

2022 年，泰勒絲抵達多倫多國際影展（Toronto International Film Festival）參加《In Conversation With... Taylor Swift》的活動，活動包括一場五十分鐘的訪談，與觀賞〈回憶太清晰：微電影〉。

親愛的讀者 *
Dear Reader

彩蛋音軌（《午夜》3AM 版）

發 行 時 間：2022 年 10 月 21 日
詞曲作者：Jack Antonoff、Taylor Swift
製 作 人：Jack Antonoff、Taylor Swift

　　〈親愛的讀者〉受到神遊舞曲影響，有黑暗版《舉世盛名》的氛圍。這首歌中的敘述者，滿口說著許多智慧之語，但大半的內容卻都憤世嫉俗，是來自一個對生活不抱太多希望的人的觀點。（副歌清楚且不停反覆告誡聽者，不要聽信一個會讓自己陷入困境的人的意見。）在對方建議的方案中，有逃離你現在生活的選項——去哪裡並不重要，帶上地圖就可以出發——把過去的痕跡清除，守好祕密並與魔鬼套好交情。橋段又給敘述者展現不可靠的黑暗面，並多了一些背景交代：那些人他們既走投無路也孤獨沒有朋友。不過到了結尾，〈親愛的讀者〉則告誡聽者該向別人尋求指引——而這是一個精明的建議，泰勒絲告訴我們，只跟自己崇拜的人求取指引，未必永遠是最好的辦法。

卡羅萊納
Carolina

宣傳單曲

發 行 時 間：2022 年 6 月 24 日（宣傳單曲）／
　　　　　　2022 年 7 月 15 日（原聲帶專輯）
詞曲作者：Taylor Swift
製 作 人：Aaron Dessner、Taylor Swift
其他版本：影片版

　　泰勒絲喜歡閱讀迪莉婭・歐文斯（Delia Owens）2018 年的暢銷懸疑小說《沼澤謀殺案》（Where the Crawdads Sing），因此第一時間便抓住機會，創作了這首「幽暗、空靈的作品，來呼應這個讓人著迷的故事」[26]，作為瑞絲・薇斯朋（Reese Witherspoon）製作的改編電影版配樂。簡樸、美麗、清唱式的民謠風歌曲〈卡羅萊納〉，是泰勒絲在幽微的凌晨裡獨自創作，再與德斯納修潤而成。「（我們）仔細琢磨每一個音，好讓它更能貨真價實地像是從故事發生地點傳來的聲音，」泰勒絲說。[27]〈卡羅萊納〉的歌詞也依照小說的情節量身訂做，目的在讓歌詞能跟著（電影裡的角色）Kya 的故事來發展，她是一個堅忍強悍的女孩，雖然得應付人生中困難重重的艱鉅挑戰，但還是都咬牙撐過。「這首歌將她的寂寞與獨立並排陳示，」泰勒絲寫道。「她的渴望與她的沉靜；她的好奇與她的恐懼，全都糾纏在一起。她堅定的溫柔……卻被世人加以背叛。」[28] 對於〈卡羅萊納〉歌曲的深度，葛萊美獎給予了最佳創作影視媒體歌曲獎提名的肯定。

所有你愛過的女孩 *
All of the Girls You Loved Before

> **宣傳單曲**
> 發行時間：2023 年 3 月 17 日
> 詞曲作者：Louis Bell、Adam King Feeney、Taylor Swift
> 製 作 人：Louis Bell、Frank Dukes、Taylor Swift

　　為了紀念《時代巡迴演唱會》的開始，泰勒絲到她的私藏歌曲庫找出並釋出了四首未發行的歌曲：三首泰勒絲全新版的歌曲及一首《情人》時期的歌曲，名叫〈所有你愛過的女孩〉，而這首歌在官方宣布的前一週就已經到處流傳了。〈所有你愛過的女孩〉是一首仿 90 年代的 R&B 歌曲，配上交錯的合聲以及緩慢節奏的樂句。〈所有你愛過的女孩〉對那些沒成功或不對盤的戀情表達感謝，因為它們引導你到適合你的愛情。歌詞一大半圍繞一位沒有透露名字的敘述者，她提醒她的伴侶，那些寂寞的早晨與愚蠢的爭吵其實都是值得的，因為他們的關係平等有愛。然而泰勒絲也認為，自己也屬於該心懷感激的一方：她回想自己痛苦的時刻，像是為一個渣男在浴室裡哭泣，這些過去其實也幫她塑造了自己的世界觀，以及學會珍惜伴侶珍貴的一面。

漸行漸遠 *
You're Losing Me

> **私藏曲（《午夜》深夜版）**
> 發行時間：2023 年 5 月 26 日
> 詞曲作者：Jack Antonoff、Taylor Swift
> 製 作 人：Jack Antonoff、Taylor Swift

　　2021 年 12 月 5 日，泰勒絲吃了一包葡萄乾當點心後，就和安多夫創作並錄製了這首揪心的〈漸行漸遠〉。[29] 在這首低調、數位修調的歌曲裡，敘述者對自己長年的感情陷入考慮，因為目前伴侶處於臥床插管的狀態，於是她在考慮這段感情是否該結束了。歌詞中明顯透露著疲憊，顯示感情中有多處致命傷：溝通崩解、沒有感同身受，或就是厭倦了每次意見不同就得衝突等等。〈漸行漸遠〉的主要音樂特徵是每分鐘 103 拍的節奏，近似正常的心跳聲。泰勒絲本人就是以採用自己的心跳而著名（參見《1989》的〈狂野之夢〉），在這首歌中這個聲音主要是為了彰顯歌詞，因為裡頭一再提到，敘述者沒辦法再讓她的心為她的伴侶跳動。美國心臟協會注意到它的節奏，在社群媒體上貼了一個有用的點子：「歌詞也許讓人心碎，不過節拍卻能把心救回來。〈漸行漸遠〉呈現了徒手實施 CPR 的正確速度。」[30]

我們的歌：
合作創作集
Our Song: Collaborations

泰勒絲不只幫自己的專輯創作了大量了不起的原創作品，多年來也有許多歌手錄唱泰勒絲所創作或與人合寫的作品。在有些例子中，她會把自己的特色留在歌曲裡，例如在泰勒絲受 Sugerland 邀請演唱〈Babe〉之後，她重新演繹的 Little Big Town〈Better Man〉、Sugerland〈Babe〉，都收錄在《紅色》（泰勒絲全新版）中，泰勒絲也現場演唱〈Permanent Marker〉——並覺得可以放在未來的專輯裡，即 2008 年的《無懼的愛》[31]——不過最後並沒有實現；反而是 2010 年的美國好聲音（The Voice）參賽者 Mary Sara 唱了另一個版本。

而其他泰勒絲與別人合寫的歌曲，就沒那麼容易釐清了，就從以下幾首算起，受布里特尼・胡佛（Britni Hoove）憂鬱美式風格影響的〈This Is Really Happening〉（2007）以及莎兒・費雪（Shea Fisher）輕快的〈Bein' with My Baby〉（2009）。接著還有凱文・哈里斯聲勢浩大並有蕾哈娜助陣，2016 年的電子音樂流行暢銷歌曲〈This Is What You Came For〉，泰勒絲與哈里斯（她當時的男友）合作創作可謂傳為佳話，甚至泰勒絲還用了 Nils Sjöberg 這個化名。

泰勒絲在 2008 年與凱莉・皮克雷（Kellie Pickler）合作的流行鄉村歌曲〈Best Days of Your Life〉便比較可以看出泰勒絲的影子——因為泰勒絲出現在官方的音樂 MV 裡，並在背景合聲中獻唱。此外在 2022 年紅髮艾德〈The Joker and the Queen〉的重混版裡，她則在鋼琴加電子音樂版裡演唱。由於在《美麗傳說》及《恆久傳說》中密切跟 The National 的亞倫・德斯納與 Bon Iver 的賈斯汀・弗農合作，泰勒絲也為這個兩人組當時同步進行的案子貢獻才華，那個案子就是 Big Red Machine。她出現在〈Birch〉中，但也合寫並演唱了 2021 年發行的〈Renegade〉，那是一首故障音樂風格的獨立電子樂歌曲，它也同時有個流行風格的版本。泰勒絲

後來也出現在 The National 2023 年的專輯《First Two Pages of Frankenstein》中，為憂鬱的〈The Alcott〉貢獻歌聲，也同時參與該歌曲的創作。

在其他時候，泰勒絲也會全力投入自己沒有參與創作的歌曲。在她事業初期，她為傑克・英格拉姆（Jack Ingram）質樸風格的歌曲〈Hold On〉唱合聲；她出現在〈Half of My Heart〉裡，那是約翰・梅爾 2009 年的歌曲；她還在 B.o.B，2012 年的熱門歌曲〈Both of Us〉，演唱了一段美妙又富旋律的重點副歌。[32] 2015 年與肯尼・薛士尼引人暇想的男女對唱，則出現在他的專輯《Live in No Shoes Nation》裡，她也與齊斯・艾本並肩出現在提姆・麥格羅的〈Highway Don't Care〉裡，這首 2013 年備受矚目的歌曲，是各大音樂獎項的常勝軍，並登上《告示牌》美國鄉村歌曲電台點播率排行榜上的第一名。此外她還貢獻了 HAIM 在 2020 年重混版的〈Gasoline〉。

多年來，泰勒絲也有進行多首歌曲的翻唱。2008 年，她與英國搖滾樂隊 Def Leppard 一同參加美國鄉村音樂十字路口電視特別節目（CMT Crossroads TV special），在節目裡他們合唱彼此的歌曲。「我媽媽懷我的時候，都聽 Def Leppard 的歌曲，」泰勒絲曾說，同時提到她是聽那個樂團長大的。「他們差不多已烙印在我的基因裡，我自然而然地喜愛 Def Leppard，因此能跟他們合作真的很酷。」[33]

然而，經典搖滾樂絕非她唯一的喜好。泰勒絲的翻唱涵蓋了許多類別的歌曲，就舉幾個明顯的例子，像嘻哈（Eminem 的〈Lose Yourself〉）；情緒搖滾（Paramore 的〈That's What You Get〉；Jimmy Eat World 的〈The Middle〉）；新浪潮（Kim Carnes 的〈Bette Davis Eyes〉）；流行歌曲（Train 的〈Drops of Jupiter〉；Gwen Stefani 的〈The Sweet Escape〉；OneRepublic 的〈Apologize〉；蕾哈娜的〈Umbrella〉）；靈魂 R&B（Earth, Wind & Fire 的〈September〉；Jackson 5 的〈I Want You Back〉）；軟式搖滾（Phil Collins 的〈Can't Stop Loving You〉）以及美式鄉村歌曲（David Mead 的〈Nashville〉）。

在 2010 年《Hope for Haiti Now》慈善演唱會，她挑戰 Better than Ezra 的〈Breathless〉，而 2019 年的音樂劇電影版《貓》，她則唱了戲劇性十足的〈Macavity〉。此外，還有一種表演是歌迷的最愛，只演唱一次的獨一無二演出：2009 年在 CMT 獎典禮上，她與 T-Pain 合唱搞笑版的〈Love Story〉，將其改名為〈Thug Story〉，歌曲中她以饒舌的方式唱怎麼烘焙餅乾、織毛衣，並博得了暱稱「T-Swizzle」。

泰勒絲（在《時代巡迴演唱會》裡〈紅色〉這段）無論演唱自己的作品還是其他歌手的作品，永遠都是閃亮耀眼。

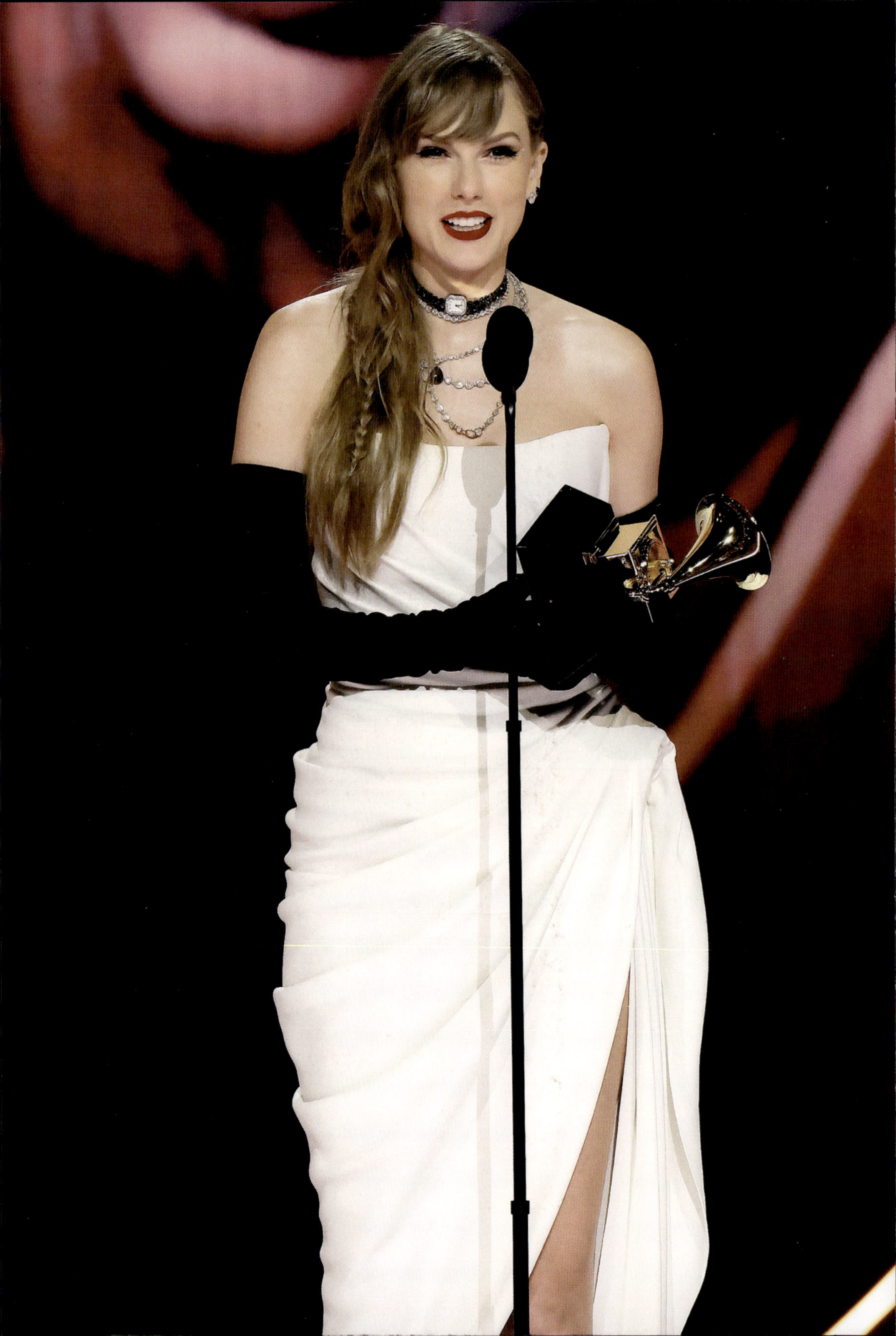

11 / 折磨詩人俱樂部

THE TORTURED POETS DEPARTMENT ERA

「我從來沒有哪一張專輯，會像我在製作《折磨詩人俱樂部》時那樣需要創作寫曲，」泰勒絲說。那是 2024 年 2 月在澳洲墨爾本市的《時代巡迴演唱會》上說的，她也在那時發表了一首名為〈飛毛腿〉（The Bolter）的歌曲。[1] 其實這種說法，根本只是輕描淡寫而已：當時的泰勒絲不只要處理兩張重錄的專輯，還要處理其他心碎的狀況——一段長年關係的崩解和一段以火爆爭吵結束的短暫戀情——《折磨詩人俱樂部》體現了泰勒絲的口頭禪，「在愛情與詩歌之中，一切都是平等。」細膩的歌詞與沉湎的音樂，讓泰勒絲在全球各地大破銷售與串流點唱記錄，Swifties 馬上愛上了全新的歌曲。

十四夜

Fortnight (ft. Post Malone)

單曲

發行時間：2024 年 4 月 19 日
詞曲作者：Jack Antonoff、Austin Post、Taylor Swift
製 作 人：Jack Antonoff、Taylor Swift
其他版本：BLOND:ISH Remix 版

就如歌名所提示的，《折磨詩人俱樂部》處理許多非常龐雜的感受。「這是一張深信宿命論的專輯，裡頭有許多激動的歌詞在談論生死抉擇，以及『我愛你，但這份愛正在摧毀我的人生』的情況──這些話都誇張而戲劇化，」泰勒絲說。「但是，這張專輯就是這樣。它就是──你知道的嘛──戲劇化、藝術化並以悲劇的心態看待愛情與失落。」[2]〈十四夜〉這首鬱悶的電子流行單曲，特別要「展示許多《折磨詩人俱樂部》常見的主題，」泰勒絲補充。「其中一個便是宿命論，和渴望、憔悴以及失去的夢想。」[3]

〈十四夜〉是與饒舌歌手波茲·馬龍（Post Malone）合作的成果，描述一段快速逝去但依舊刺心的戀情，尤其是因為歌中的主角仍對對方抱持一分留戀。但是命運設下一個反諷（而殘忍）的轉折，兩人竟冤家路窄搬進同一個街坊居住，讓他們三天兩頭就會在信箱前巧遇，或許還要客套地談一下天氣避免尷尬。泰勒絲巧妙地把生活中住宅區的日常情境，與一閃而過的黑暗對比。這位主角憤恨地（甚至動起殺機）嫉妒對方的老婆──儘管對方的老婆渾然不覺，她只是一位在路邊澆自家花園花草的婦人──主角只好偷偷以酒澆愁。泰勒絲嗓音裡的感情既火熱也無奈，而馬龍則了貢獻殷切且如奶油般絲滑的優美合唱，更增添了歌曲中飢渴的感受。

「我總是想像〈十四夜〉的發生地點，在某些美國的城鎮上，在那裡你以為能圓你的美國夢，但其實沒有，」泰勒絲說。「你最後在一起的人，不是你愛的那個，現在你得日日面對這個現實，好奇當時要是如何，今天

2024 年 5 月，《時代巡迴演唱會》在巴黎的第三晚，泰勒絲穿上軍樂隊外套，演唱〈世上最可悲的男人〉（The Smallest Man Who Ever Lived）。

饒舌歌手波茲・馬龍和泰勒絲在《折磨詩人俱樂部》單曲〈十四夜〉裡合作，他在 2024 年 Rolling Loud California 嘻哈音樂節上台表演。

的結果會是如何等等，也許當時多堅持一陣子就會⋯⋯但這實在是蠻可悲的想法，真的。」[4]

泰勒絲撰寫並執導了〈十四夜〉的 MV，成果可謂是「完美呈現了我這張專輯想要講述的故事，」她說。「我想要呈現我在腦海裡看到的各個世界給各位看，以此作為製作其音樂的基礎。差不多歌曲中的每一個比喻或彩蛋，都跟專輯裡的各個角落有所呼應。」[5]而這點也轉化到 MV 裡了，讓歌詞以不同的方式活生生呈現在眼前。不過，還有其他有趣的地方：伊森・霍克（Ethan Hawke）與喬許・查理斯（Josh Charles）受邀參與演出一個片段，他們過去曾演出 1989 年受影迷鍾愛的電影《春風化雨》（Dead Poets Society）──「受折磨的詩人們，來見見你們的同事和那些死去的詩吧。」泰勒絲開了個玩笑[6]──就當她是故意玩了一個常見的文字遊戲，是因用字類似而誤植的詞句，以專輯的名稱裡的「折磨」（tortured）取代該片片名中的「已逝」（dead）。

〈十四夜〉歌曲聲勢強勢難擋，一推出即攻上《告示牌》百大熱門歌曲及全球兩百大歌曲等兩個排行榜的雙料冠軍寶座。

290

折磨詩人俱樂部
The Tortured Poets Department

專輯歌曲

發行時間：2024 年 4 月 19 日
詞曲作者：Jack Antonoff、Taylor Swift
製 作 人：Jack Antonoff、Taylor Swift

　　泰勒絲指出，〈折磨詩人俱樂部〉是回想那「一個轉眼即逝且命中註定的時刻裡所發生的事情、當時所抱持的想法以及心中感受到的情緒——既興奮卻也悲傷，兩種情緒難分高下。」[7] 其中的細節似乎在專輯包裝的封底上，那則優雅的序言有說明，她既提到一段已結束了的長年感情，也提到因彌補失落心態而談上的短暫戀情，而後者則結束得十分不愉快。儘管泰勒絲是出了名的不愛談自己靈感來源，但在這裡我們不難從她的現實生活裡猜出故事中的人是誰以及她所指的是哪件事：一是她與喬・艾爾文三年感情的告終，接著又與搖滾樂團 The 1975 的主唱馬蒂・希利（Matty Healy）約會。於是，這張專輯的同名招牌歌曲——風格屬於 1980 年代晚期的優雅搖滾風格流行歌曲，有著嘆息般的合聲與時不時出現的鼓聲——描述歌曲中兩位創意型的人之間的強烈愛情。儘管他們倆在許多層面無比契合，但敘述者卻擔心她男友捉摸不定的個性會毀了她們的戀情。她彷彿想給這個狂野的詩人一劑認清現實的藥，戳破他每個浮誇的奇想，也指出她自己既不是歌手兼作詞家帕蒂・史密斯（Patti Smith），而她那位在打字機上敲著鍵的男友也不是什麼詩人歌手狄蘭・湯瑪斯（Dylan Thomas）。

我的男孩只會親手毀壞心愛玩具
My Boy Only Breaks His Favorite Toys So

專輯歌曲

發行時間：2024 年 4 月 19 日
詞曲作者：Taylor Swift
製 作 人：Jack Antonoff、Taylor Swift

　　領悟到你所愛的人正在背叛你，實在是令人心痛，特別是你還不想放棄這段感情。〈我的男孩只會親手毀壞心愛玩具〉的隱喻豐富，音色為難得的厚實合成器樂風；以否定語氣來作為感情自衛的機制，「因此，在我們的世界裡，談一段有害、破碎的感情，依然可以有希望，」泰勒絲說。[8] 可惜事情未必可以這麼樂觀。敘述者的伴侶害怕承諾，而且有自殘的傾向。事實上，泰勒絲寫這首歌時，是「從一個小孩玩具的角度來看——它曾經是某人心愛的玩具——然而有一天，他們把你玩壞了，再也不跟你玩了。」泰勒絲細密地在歌詞裡編織情節事件，像是熔化的軍隊玩偶以及推倒的沙堡。「你知道的，那是代表大家的感情現狀，」她解釋，「一開始我們是某人珍惜的對象，忽然有一天，他們把我們弄壞了，或者心中已不再珍視我們，而我們卻不放開對方，還對對方說：『不，你應該像是第一次看見我時那樣看我，這樣你才會重新看見我。』」[9]

低迷境地
Down Bad

專輯歌曲

發行時間：2024 年 4 月 19 日
詞曲作者：Jack Antonoff、Taylor Swift
製 作 人：Jack Antonoff、Taylor Swift

〈低迷境地〉是《折磨詩人俱樂部》專輯裡最能讓人產生共鳴，也最為狂放的一首歌曲。曲勢以幽微緩慢且沉重的樂句推進，副歌更是典型分手後的哀號：在健身房哭泣了一陣子，詛咒你的那位前任，然後誇大自己情緒上的痛苦。歌詞倒是以獨一無二的觀點看待一段變質腐敗的關係。泰勒絲把如今已消散的旋風式戀情，比喻成被外星人綁架，但那是場愉快的綁架──「這個想法，你知道的，好像有人把你的世界翻個天翻地覆，並讓你對此著迷，但你在愛情這方面卻是慘敗的，」她如此說道。[10]「（歌曲中的敘述者）想要待在外星人那邊，接著他們把她放回她的家鄉，她卻說：『等一下，不要。你們要去哪裡？我喜歡你們那裡，雖然是個怪地方，不過很酷啊，快回來』，」泰勒絲說。「歌中的角色才突然明白，自己剛才見到了一個完全不同的銀河系和宇宙，那是她前所未聞的。但怎麼可以就這樣又把她放回原處？」[11]

再見，倫敦
So Long, London

專輯歌曲

發行時間：2024 年 4 月 19 日
詞曲作者：Aaron Dessner、Taylor Swift
製 作 人：Aaron Dessner、Taylor Swift

《折磨詩人俱樂部》的第五首歌曲〈再見，倫敦〉是對一段多年但緣分已盡的感情做不捨告別。其實歌中的敘述者終於厭倦了背負讓戀情存活的重擔，並堅信分手是自保的辦法。即便如此，這個揪心的醒悟，仍帶來了剪不斷理還亂的千愁萬緒，包括因盡心付出努力而累垮，對方全無半點回應的表現以及多年的青春卻換不來一點點的關心。在音樂方面，〈再見，倫敦〉採用如馬蹄行進或落雨聲的電子音效連續節拍，泰勒絲如在耳畔的嗓音，讓人感覺她彷彿在輕吟葬禮上的輓歌。開場的樂句就已鞏固了這個氛圍：它聽起來像是教堂鐘聲的合鳴，而泰勒絲用顫抖的聲音唱著歌詞，彷彿她跟著天使般的教堂唱詩班齊唱聖歌。可以將這首歌曲當作是《情人》中〈倫敦男孩〉的對照版，但前者快樂、樂觀，後者則悲傷、哀怨。

專輯歌曲

但 爹地我愛他
But Daddy I Love Him

發行時間：2024 年 4 月 19 日
詞曲作者：Aaron Dessner、Taylor Swift
製 作 人：Jack Antonoff、Aaron Dessner、Taylor Swift
其他版本：原聲版

《折磨詩人俱樂部》有告白式的風格與喜歡用第一人稱的傾向，但這不表示歌詞就是直接摘錄自泰勒絲的日記，或者直白地描述她的親身經驗。

聆 聽〈但 爹地我愛他〉時更要小心不能有這種誤會；該歌曲充滿電影般的情節與弦樂掃奏、獨立製作及民歌風格，歌曲中的主角是個思想自由、調皮的角色，她反抗保守的教養，並嘲諷那些愛批判異己的自大狂，要那些教她禁慾守貞的人滾開。果不其然，她因非主流、浪漫隨心的選擇而遭到排擠。然而，她才不在乎；事實上，她假裝懷孕，好激怒那些批判她的人，並選擇跟情人遠走高飛。在她的想法裡，她只對自己的選擇負責，不喜歡好管閒事的人士干涉她的人生。最後，敘述者和她的愛人等一切風雨平息才返回家鄉，並完全保留住了他們的愛，準備結婚，也得到了她父母的祝福。（雖然鎮上的三姑六婆仍不放過她，但那是她們的損失。）若照字面上來理解，〈但 爹地我愛他〉可以理解為泰勒絲斥責歌迷太過於關切她的私人生活以及她對對象的選擇。然而，那股憤怒以及斥責的口吻，實在跟她的個性不合；更合理的看法是，〈但 爹地我愛他〉裡有個虛構故事，唱的是無法阻擋的愛情對抗傳統期待，與愛上也許不該愛的對象。

在《時代巡迴演唱會》裡，泰勒絲把〈低迷境地〉裡外星人太空船的比喻，化為實體道具。

愛囚重生
Fresh Out the Slammer

專輯歌曲

發 行 時 間：2024 年 4 月 19 日
詞曲作者：Jack Antonoff、Taylor Swift
製 作 人：Jack Antonoff、Taylor Swift

　　《折磨詩人俱樂部》發行之前，歌迷發展出一個理論，這張專輯（及其衍生的作品）代表了五個哀悼的階段。泰勒絲也接受這個想法，她讓 Apple Music 的播放清單，按照這個想法把整個泰勒絲歌單整理成這幾個不同階段。有一張播放清單，主題是「關於容納接受，並能向前邁進，揮別損失與心碎」她說，她把〈愛囚重生〉列在這裡。「這些歌曲代表能做出開拓心靈空間的抉擇，好容納更多人生裡美好的事物。因為在許多情況裡，我們有失去，就會有獲得。」[12] 這首歌曲也十分切題地觸及

泰勒絲發行過多種不同版本的黑膠唱片，每一種都會附上一篇史蒂薇・妮克絲的暖心散文，以及一首獨一無二的彩蛋歌曲。

這個想法：糟糕的關係能讓我們感到窒息與像入獄一般的不自由，而歌中描述主角在出獄，也就是從一段令人無法呼吸的戀情解脫後，立刻打電話給前任。在音樂上，這首歌和《恆久傳說》中的〈高手過招〉一樣，有著荒涼、牛仔在黎明奮戰的氣氛，彷彿灰塵滾滾的旋律和緩慢的節奏。

佛羅里達！！！
Florida!!!
(ft. Florence & The Machine)

專輯歌曲

發 行 時 間：2024 年 4 月 19 日
詞曲作者：Taylor Swift、Florence Welch
製 作 人：Jack Antonoff、Taylor Swift

　　吉他手芙蘿倫絲・威爾希（Florence Welch）與泰勒絲共同創作了這首〈佛羅里達！！！〉，並為這首歌曲貢獻了其強勁的歌喉。歌中類似電影《末路狂花》（Thelma and Louise）的情節，展現強力的音效處理、如雷鳴的鼓聲樂句以及在歌詞中談到逃離自己闖下的禍或不愉快的環境。「當你經歷一場心碎，你的某一部分會想，我要有個新名字，我要有一段新人生，我不要任何人知道我去過哪裡或是認識我，」泰勒絲說。[13] 泰勒絲向來喜歡觀看電視上的實境犯罪秀《日界線》（Dateline），裡頭常報導罪犯需要找個安全的藏身處所，於是她做了個結論：「你要到哪裡改造自己，再次混入社會？（答案是）佛羅里達州！」[14] 歌詞也恰如其主旨，呼應了《恆久傳說》裡那首謀殺民歌〈無證無罪〉，縱容自己胡思亂想：那個胡思亂想的願望，就是要把前任們都投入沼澤中讓他們消失不見，而認為佛羅里達州就是那個處理無良劈腿前任的好地方。而〈佛羅里達！！！〉同時也有揉合這個陽光之州的詭異之處；包裝的內襯有行說明，這首歌的「怪異」，要歸功於艾蜜莉・珍・史東（Emily Jean Stone），也就是泰勒絲的長期好友艾瑪史東。

罪愛
Guilty as Sin?

專輯歌曲
發行時間：2024 年 4 月 19 日
詞曲作者：Jack Antonoff、Taylor Swift
製 作 人：Jack Antonoff、Taylor Swift

　　《折磨詩人俱樂部》在所有泰勒絲的專輯裡，擁有最多明確的流行文化彩蛋，在開頭的同名歌曲裡，不只提到合作對象會有帕蒂・史密斯與狄蘭・湯瑪斯，還有 CP 查理（Charlie Puth）和樂團 The Chelsea Hotel。〈罪愛〉是首如夢似幻、老派流行風格的作品，而它還正中另一個目標：歌曲一開始的歌詞隱約提到蘇格蘭樂團 The Blue Nile 以及他們韻味十足的 1989 年作品〈The Downtown Lights〉。（敏銳的 Swifties 立刻認出，這點可以是與馬蒂・希利有關的彩蛋，因為他可是眾所周知的 The Blue Nile 歌迷。[15]）歌曲中的敘述者繼續自問，追求這個火熱一夜情情人的奇幻想法是否值得，或者最好把這一切感受深深埋進心底。〈罪愛〉的橋段，是這個專輯裡最棒的一個，泰勒絲運用了宗教典故（也就是耶穌死後復活，把墓穴的石門推開）來展示這段戀情的兩難與矛盾。敘述者也許是虔誠而完美，但世人卻還是拿更高的標準來批判她——即使她選擇接受這個愛人，已經是一件神聖的事。

誰會害怕從前那個渺小的我？
Who's Afraid of Little Old Me?

專輯歌曲
發行時間：2024 年 4 月 19 日
詞曲作者：Taylor Swift
製 作 人：Jack Antonoff、Taylor Swift
其他版本：First Draft Phone Memo 版

　　〈誰會害怕從前那個渺小的我？〉是這張專輯裡最黑暗的歌曲，有歌德式、Tori Amos-meets-Depeche Mode 的背景音樂，搭配熱鬧的鍵盤、大氣的製作和激昂的打擊樂。這首歌曲是泰勒絲獨自在鋼琴上完成的，當時她「氣整個社會及文化環境，對歌手們所做的事，」而不得不誠實地把這負面衝擊說出來。「我們是怎麼對待我們的作家、藝術家或有才華的人？」她質問。「我們讓他們受罪。我們細看他們的作品，然後批評得體無完膚。我們愛看這些藝術家痛苦。」[16]

　　當中受苦的藝術家顯然也包括泰勒絲。當她唱到與歌名相同的那句歌詞時，她完全發揮她的高亢嗓音，呈現椎心刺骨的悲哀與情緒的痛楚，把歌中超乎常人的主角，恰適地呈現出來：像是有法術的郝薇香小姐（Miss Havisham，狄更斯小說裡最著名的憤世嫉俗的怨女），世人（不實地）將她汙名化為心機算盡而刻薄的人後，又把她的利牙全部拔除。「世人總以為他們自己擁有你，而不只是有權說你而已；他們還覺得自己責無旁貸，必須批判你、挑剔你、管訓你。但這可是會把你玩死的。」[17]

我能救贖他
（我真能做到）
I Can Fix Him (No Really I Can)

專輯歌曲

發行時間：2024 年 4 月 19 日
詞曲作者：Jack Antonoff、Taylor Swift
製 作 人：Jack Antonoff、Taylor Swift

　　柔媚、美式風格的〈我能救贖他（我真能做到）〉是這張專輯裡音效最令人印象深刻的歌曲，你要聽的話，最好是用手裡最高級的耳機來聆聽。在歌詞方面，講的是一個流傳至今的故事：你以為自己可以改造與你交往的人，能修補他的缺陷或改變他的個性——然後再經歷殘酷的夢醒時分，簡單地說，這些就是不可能的事。〈我能救贖他（我真能做到）〉的敘述者與一位渣男交往，對方非常沒禮貌又粗魯，連旁人都好奇兩人怎麼會在一起。然而她還是想把這個壞男孩體內的善良本性找出來——直到歌詞最後一行，敘述者才領悟這個爛人已經無可救藥。泰勒絲也頗有見解地把這首〈我能救贖他（我真能做到）〉放進 Apple Music 的播放清單裡，「有一種歌曲，唱的是你怎麼都看不到危險燈號亮個不停，」她說。「可能是因為自己拒絕接受事實，也有那麼一點是因為還存有幻想。」[18]

一生缺憾
loml

專輯歌曲

發行時間：2024 年 4 月 19 日
詞曲作者：Aaron Dessner、Taylor Swift
製 作 人：Aaron Dessner、Taylor Swift

　　一般來說，歌名的這四個字母代表「love of my life」的縮寫，也就是「一生摯愛」的意思。但是在這首歌的最後一行裡，泰勒絲把代表愛的「L」，換成損失「Lost 的 L」，這個巧妙的調換，也正體現了這首歌曲的核心主旨：終於領悟一件事，已經熄滅的愛情火苗，熄了就熄了吧。清脆欲碎的鋼琴聲貫穿這首椎心刺骨的歌曲，重複的樂句有如對方一再的食言（包括談到婚姻與子女問題時）及一次次的背叛。然而，相對於這位敘述者最後斬斷孽緣，泰勒絲最後在 Apple Music 的播放清單上，把這首歌曲歸類於沮喪悲傷的那一項，她常以寫這類歌曲來化解痛苦。「儘管這種事非常、非常、非常難熬，」她指出。「但我常覺得，當我聆聽或創作這類處理損失與無望所帶來的衝擊的歌曲，通常那時候也是我能揮別這段過去的時候。」[19]

即使心碎
我也無怨無悔
I Can Do It With a Broken Heart

專輯歌曲

發行時間：2024 年 4 月 19 日
詞曲作者：Jack Antonoff、Taylor Swift
製 作 人：Jack Antonoff、Taylor Swift

　　《折磨詩人俱樂部》在泰勒絲呈現對比題材的這一部分是大放異彩的。以最受歌迷喜愛的歌曲〈即使心碎我也無怨無悔〉來看，就樂曲風格而言，它是毫不退縮、樂觀進取的 1980 年代新浪潮熱門歌曲，有霓虹閃爍般的脈動與強勁不止的節拍。然而就主題而言，〈即使心碎我也無怨無悔〉卻屬於心碎俱樂部歌單的那一類，那些訴苦的歌詞，述說著分手後也不能大聲崩潰，因為你身處在大眾的目光下。敘述者為了掩蓋自己的沮喪，裝出一副快樂的樣子，從而忽略了自身的心碎和早已亂七八糟的個人生活，並且尖銳地指出，即便作為公眾人物的他們無法停止哭泣，但他們仍然很有生產力。這首歌聰明地在背景音樂裡，納入一個定期數拍子的人聲，像是那種現場演唱者在耳機裡會聽到的提示，這點更強調了泰勒絲就算面臨心碎，也完全不影響她演出的進行。於是在歌曲尾聲裡，她誇大地哀號內心的傷痛時，聲音似乎是近於淚崩的──也凸顯了她為了隱藏心痛所承受的壓力。

來自樂團 The 1975 的馬蒂‧希利，2023 年在 Lollapalooza 音樂節演唱，傳聞他是《折磨詩人俱樂部》裡某些歌曲的主題對象。

世上最可悲的男人
The Smallest Man
Who Ever Lived

專輯歌曲

發行時間：2024 年 4 月 19 日
詞曲作者：Aaron Dessner、Taylor Swift
製 作 人：Aaron Dessner、Taylor Swift

　　〈世上最可悲的男人〉是一首發洩怒火的歌曲，歌中主角遭人狠心背叛，對方又不告而別，完全沒有對自己的行為或消失解釋──果不其然，在 Apple Music 的播放清單上，泰勒絲把這首歌放在關於處理憤怒的歌單底下。「這些年來，我明白憤怒會以許多方式表現出來，而最健康的方式，就是讓它在我創作歌曲時發光發熱，也常常因為這樣，我的怒氣得以宣洩，」她說。[20] 這首歌曲一開始是平靜的，泰勒絲先是無奈地大嘆一口氣，然後襯著清脆的鋼琴聲淺唱，並以微弱的電子音樂聲響搭配。然而在歌曲的尾聲裡，泰勒絲的沮喪流露出來。她把旋律分成高低音兩部，創造既憤怒又焦慮的氛圍，唱出鋼鐵般堅定的信念，而配樂則在鋼琴重重彈出和弦、樂團猛奏樂句，最終在情緒高漲快要爆炸的一刻又煙消雲散。

2024 年，泰勒絲在《時代巡迴演唱會》歐洲站演唱〈十四夜〉。

11 | THE TORTURED POETS DEPARTMENT ERA | 折磨詩人俱樂部

鍊愛術
The Alchemy

專輯歌曲

發行時間：2024 年 4 月 19 日
詞曲作者：Jack Antonoff、Taylor Swift
製　作　人：Jack Antonoff、Taylor Swift

　　泰勒絲長久以來便有將運動相關的內容，寫入歌詞的作品——例如〈留下來〉裡提到橄欖球員專用的頭盔、〈天生一對〉裡的啦啦隊長、以及〈準備好了嗎？〉裡的激戰。但是她在《折磨詩人俱樂部》裡的第一首主要浪漫情歌〈鍊愛術〉可謂超越了自己，更上一層樓了。這首朦朧的電子音樂流行風歌曲談的是感情初期刺激興奮的日子，那時候兩人發現彼此間有電光石火般的化學反應，並為對方神魂顛倒。泰勒絲為了形容這個現象，十分有技巧地將競技體育編進〈鍊愛術〉的歌詞裡。例如，表現不佳的球員被比喻成從主枝幹砍除（或是在起跑線上就被從行列中剔除），以及圓滑地運用同音字提到 Touchdown（達陣）。而橋段則形容歡樂愉快、喝爆啤酒的錦標賽贏家球隊，那位鹹魚翻身的勝利方球員，直直地奔向並擁抱他的伴侶，將其作為慶祝贏球的方式——抱著她就像抱著冠軍獎盃一樣，這是一個比喻，不是真的抱著獎盃。我們可以看到後者在現實中的變化版本，發生在泰勒絲與她的男友特拉維斯·凱爾西之間，2024 年他所屬的球隊贏得超級盃冠軍——不過，任何即將墜入新感情的人，都能對〈鍊愛術〉有深深的共鳴。

克拉拉·鮑
Clara Bow

專輯歌曲

發行時間：2024 年 4 月 19 日
詞曲作者：Aaron Dessner、Taylor Swift
製　作　人：Aaron Dessner、Taylor Swift

　　〈克拉拉·鮑〉是一首含情欲訴，由弦樂主導的歌曲，歌名中的人物是 1920 年代紅極一時的女演員，她拒絕配合社會期待的束縛而勇闖星路，先是主演默片，接著是有聲電影。就主題而言，這首歌曲呼應了兩首《紅色》專輯裡有關盛名之累的歌曲：如警世故事般的〈幸運的人〉以及與菲比·布里傑斯合作的〈了無新意〉。〈克拉拉·鮑〉的歌詞描述一個心懷大志、渴望獲得成就的小演員，夢想著離開家鄉小鎮並被發掘——這是一個好賭注，她被拿來與 1975 年代的史蒂薇·妮克絲相比。

299

泰勒絲將妮克絲與克拉拉相比是精心考慮過的。「我挑選的女性，在過去有重大貢獻，而成為娛樂界裡偉大的原型，」她說。「克拉拉・鮑是首位『話題女王』。妮克絲則是一個時代標誌，以及想要寫歌、製作音樂的人的絕佳典範。」[21] 然而，這首歌曲警告剛站穩腳步的年輕藝術家，盛名有其壞處──別的先不提，光是群眾的偶像崇拜，以及你的容貌會受到超乎情理的要求──接著，歌曲自然會有個曲末的轉折：有一句歌詞拿那位小演員與泰勒絲相比。

這裡隱含的寓意是，再大牌的明星，終究都會被取代，在這裡是更年輕、更漂亮版的她，有新特質可以欣賞。「我有這麼一個想法，那是一位年輕女性與坐在大桌子前的辦公椅上，握有實權的男性的一場對話──或者是握有實權的女性──她們坐在辦公桌的另一邊說，『你讓我想起前面那位女士──不過，別擔心，你比她強。我們要把你變成新版的她。』」[22]

把〈克拉拉・鮑〉視為泰勒絲在音樂產業裡的個人經驗，一點都不牽強。「當我還是個小孩子，就常待在唱片公司裡，想辦法談成唱片合約，」她回憶。「他們說：『妳知道嗎，妳讓我們想起……』，然後他們會提起某位藝人的姓名，然後又會說些損她的話：『妳就像她，不過妳更好。』不是這方面，就是其他方面。這就是我們教導女性看待自己的方式，好像在說，妳可以成為取代她的新版本，即便她在妳之前有過優越表現。」[23]

克拉拉的家人全心全意支持泰勒絲這首歌曲，她的曾孫女 Nicole Sisneros 承認當她聽到這首歌曲時，簡直頭皮發麻，並認為這首歌「把克拉拉與泰勒絲作對比，如詩般奇妙，兩人都是直爽又才華驚人的藝術家。我家人與我都喜愛這首歌曲，也感激泰勒絲透過歌曲創作，視自己為克拉拉對藝術貢獻的延續。」[24]

女演員克拉拉・鮑，是《折磨詩人俱樂部》專輯的亮點。

黑狗酒吧 *
The Black Dog

> 彩蛋音軌／《折磨詩人俱樂部精選集》
>
> 發行時間：2024 年 4 月 19 日
> 詞曲作者：Taylor Swift
> 製 作 人：Jack Antonoff、Taylor Swift
> 其他版本：First Draft Phone Memo 版

　　正好在 2024 年 4 月 19 日清晨兩點整時，泰勒絲在社群媒體上公告天下《折磨詩人俱樂部》「是祕密雙專輯。」[25] 就這樣，她發行了《折磨詩人俱樂部精選集》，裡頭包含了額外的十五首歌曲：四首先前已公布的彩蛋音軌，以及十一首額外增加的曲目。「過去兩年，我寫了那麼多首的受難詩篇，想要跟你們大家分享，」[26] 她寫道。這張豪華版以〈黑狗酒吧〉這首彩蛋音軌開場，這是一首感情強烈的歌曲，由泰勒絲一人完成。這首歌曲以一家南倫敦酒吧的名字命名，吶喊式的民謠，只簡約運用鋼琴與不時冒出的電吉他掃音製作；歌詞方面，它談的是敘述者如何痛苦地發現某位前任已跟別人攜手邁向新人生，過著自己原先想跟對方一起過的生活。〈黑狗酒吧〉也參考了流行樂團 The Starting Line，這是一條明顯的線索，指向誰是那位在歌曲中的前任：精明的歌迷立刻想到馬蒂．希利在 2023 年 5 月的 1975 樂團的演唱會上，所唱的那首情緒龐克風格的〈The Best of Me〉。

狂喜的 Swifties 參加巴黎站《時代巡迴演唱會》場次，泰勒絲在那裡首演她的《折磨詩人俱樂部》組曲。

我會找到你 *
imgonnagetyouback

> 《折磨詩人俱樂部精選集》
>
> 發行時間：2024 年 4 月 19 日
> 詞曲作者：Jack Antonoff、Taylor Swift
> 製 作 人：Jack Antonoff、Taylor Swift

　　亞倫．德斯納處理《折磨詩人俱樂部精選集》的創作與製作重擔。不過，泰勒絲的長期合作伙伴安多夫，也幫忙關照這次發行專輯裡的幾首精選曲目，包括〈我會找到你〉，這首低調、流行 R&B 曲風且有如沉思的歌曲。它運用輕柔的鍵盤以及慵懶、受陷阱音樂影響的節拍，感覺就像質樸、電音流行風格的專輯《午夜》的延續。就主題而言，〈我會找到你〉也符合那張專輯夜半沉思過往的主線，歌詞表現敘述者亟欲復合，不論這樣的關係健康與否。事實上，這首歌的名稱可以有兩種解釋：它可以指某人想跟舊情人復合──或者某人密謀要怎麼對前任進行甜如蜜糖的報復。

信天翁 *
The Albatross

彩蛋音軌／（《折磨詩人俱樂部精選集》）
發行時間：2024 年 4 月 19 日
詞曲作者：Aaron Dessner、Taylor Swift
製 作 人：Aaron Dessner、Taylor Swift

　　《折磨詩人俱樂部》在主題上，與 2017 年的《舉世盛名》所探討的主題，若看出兩者似乎有呼應之處的話，是一點也不牽強的。就看看這首優雅、由交響樂伴奏開展的〈信天翁〉就知道了，歌曲裡頭充滿非常《舉世盛名》的加碼想法：你因為大眾對你的看法而對你的感情帶來負擔。然而這一次，不只是泰勒絲承受這種被疏離的經驗：〈信天翁〉裡講的是，看到別人跟你遭受相同的命運。

蔻依或山姆或
蘇菲亞或馬可斯 *
Chloe or Sam or Sophia
or Marcus

《折磨詩人俱樂部精選集》
發行時間：2024 年 4 月 19 日
詞曲作者：Aaron Dessner、 Taylor Swift
製 作 人：Aaron Dessner、Taylor Swift

　　看到前任與別人共譜新人生，真是令人難受，尤其是你心裡頭還老是有個揮之不去的想法，覺得你們倆之間還藕斷絲連。這便是〈蔻依或山姆或蘇菲亞或馬可斯〉的關鍵，敘述者理解他們為什麼分手，但是又忍不住好奇要是當時情況不同，兩人如今會有什麼不同的發展。Wilco 搖滾合唱團的格倫・科奇（Glenn Kotche）為這首民歌色彩的流行歌曲，貢獻了鼓樂及其他打擊樂，伴隨著曼陀林琴、鈴鼓與弦樂，為這首歌增添了更細膩的質感。

怎麼結束的？ *
How Did It End?

《折磨詩人俱樂部精選集》
發行時間：2024 年 4 月 19 日
詞曲作者：Aaron Dessner、Taylor Swift
製 作 人：Aaron Dessner、Taylor Swift

　　〈怎麼結束的？〉這首憂鬱的好歌，既尖銳地批判那些喜愛窺探別人隱私的八卦人士，說他們總是刺探私人感情裡的大小諸事——特別是那些搖搖欲墜的感情——也哀嘆太快結束的戀愛經驗。迴旋不止的鋼琴合聲音階串串相連，優雅地結合了如潮起潮落般的弦樂，全靠德斯納兄弟（兩人都屬於 The National 樂團）合力完成。

11 | THE TORTURED POETS DEPARTMENT ERA | 折磨詩人俱樂部

夢回高校＊
So High School

《折磨詩人俱樂部精選集》
發行時間：2024 年 4 月 19 日
詞曲作者：Aaron Dessner、Taylor Swift
製 作 人：Aaron Dessner、Taylor Swift

　　就算是受難的詩人，有時也會把悲傷的書寫放在一邊，抽個空寫些有快樂結局的故事。而在《折磨詩人俱樂部精選集》裡，就是那首以愛心眼睛 emoji 出現的〈夢回高校〉，這首歌曲以吉他為動力，有獨立製作搖滾風格，感覺像是現代音樂才女（如 Snail Mail、足球老媽 Soccer Mommy）和 1990 年代晚期的浪漫情歌相遇產生的結晶。泰勒絲描述一段被愛情沖昏頭的戀情，讓敘述者覺得自己好像又變年輕了，彷彿回到高中時期，重談青少年之間純純的愛。〈夢回高校〉成功展現這種愛情的迷人青澀——第二行提到瞄見喜歡自己的人，害羞地躲進人群不讓他們看見——然後一連串純情青少年會做的事：一起看賣弄噁心的喜劇《American Pie》，與他的朋友玩電玩《俠盜獵車手》（Grand Theft Auto），兩人還會玩「真心話大冒險」、「轉瓶子」這類的遊戲。若從歌詞內容推測，我們可以八九不離十地猜測，這首歌曲談的是她與特拉維斯·凱爾西的戀情。別的不說，敘述者提到他比演員亞里斯多德·阿薩里（Aristotle Athari）還要強，而她的心上人則是位足球員，同時也用了一個「真心話大冒險」的遊戲玩法，在每一輪你會被告知有三個對象，你把三個對象與三種對待方式（Kiss, Marry, Kill）一一配對。在 2016 年，凱爾西在玩這個遊戲時，他抽到的三個對象是亞莉安娜·格蘭德、凱蒂·佩芮和泰勒絲——他把 Kiss 給了泰勒絲。

凱爾西在球場上與泰勒絲慶祝球隊贏得第五十八屆超級盃冠軍

我討厭這裡 *
I Hate It Here

《折磨詩人俱樂部精選集》
發行時間：2024 年 4 月 19 日
詞曲作者：Aaron Dessner、Taylor Swift
製 作 人：Aaron Dessner、Taylor Swift

　　若說《折磨詩人俱樂部》只不過是幾首談論愛情與交往的歌曲，這並不正確。如：〈我討厭這裡〉這首華麗的民歌流行風格歌曲，聽起來放進《美麗傳說》也一點都不違和。敘述者有個不安的心靈，渴望找到讓自己有歸屬感的地方。這位主角在大半的情況裡，心滿意足地活在自己腦海裡的世界，在那裡他們能想像並沉浸在法蘭西絲・霍森・柏納特（Frances Hodgson Burnett）的童書所帶來的慰藉中，在那著名的祕密花園裡獨處，或去月球表面神遊，藏身於不同的坑洞角落。不過這張專輯最常被引用的話，是敘述者與朋友玩一個遊戲，並坦白他們不介意活在 1830 年代，儘管當時種族歧視盛行，女性沒有婚姻自由。而在這首歌曲裡，敘述者利用一個唱片刮傷的情節，讓歌曲中的對話戛然停止，這顯然在大聲疾呼一個觀點：展示一個更開闊的視野，指出濫情地美化過去，會帶來什麼危險。

多虧有你，艾咪 *
thanK you aIMee

《折磨詩人俱樂部精選集》
發行時間：2024 年 4 月 19 日
詞曲作者：Aaron Dessner、Taylor Swift
製 作 人：Jack Antonoff、Aaron Dessner、Taylor Swift

　　就音樂而言，〈多虧有你，艾咪〉是一首在家中以木吉他創作的民歌流行風的歌曲，聽起來像是泰勒絲早期較純樸的曲風但是更為成熟的版本。然而就歌詞而言，這首便較黑暗。故事中有個名叫艾咪的霸凌女孩，她的代表作是一尊噴了仿曬劑的雕像，故事聚焦在她做了一些報復行為後要面臨的後果。〈多虧有你，艾咪〉的主角顯然對此有所掙扎──裡頭提到薛西弗斯的神話，呼應艾咪的行動──不過她不是受害者。於此相反，這首歌唱的是：這一切困境與傷痕讓敘述者成為更強大、更堅韌的人。泰勒絲並未提到她這首歌曲的靈感來源，但是歌名故意將艾咪一字的某些字母以大寫拼出，讓許多人猜想這首歌曲會不會

在《折磨詩人俱樂部》發行前的日子裡，一處洛杉磯 Spotify 快閃店透露了有關專輯歌詞及主題的暗示、線索與彩蛋。

指的是泰勒絲長年來的敵人金・卡戴珊。而後者也顯然看出了這個指涉。有個消息來源形容這位明星在實境秀裡的反應是，「她已經放下了，覺得泰勒絲也該邁步前進，」並提到卡戴珊「不明白為何泰勒絲還老是提她，都過好多年了。」[27]

11 | THE TORTURED POETS DEPARTMENT ERA | 折磨詩人俱樂部

我望著
人們的窗戶 *
I Look in People's Windows

《折磨詩人俱樂部精選集》

發行時間：2024 年 4 月 19 日
詞曲作者：Jack Antonoff、Patrik Berger、Taylor Swift
製 作 人：Jack Antonoff、Patrik Berger、Taylor Swift

　　在 Swifties 圈內有句說法：「taylurking」指的是有幾次泰勒絲在社群媒體上對歌迷的貼文偷偷點讚或留言。這首結構如蛛網交錯、不插電的民歌風歌曲〈我望著人們的窗戶〉則呈現了一個更為可悲的 taylurking，主要角色是一位孤獨的圈外人，因某次生死別離而孑然一身。敘述者渴望與人連結，並希望能與前任再續前緣，因為他們不免好奇當時若如何，今天會有什麼不同。

　　這是一首與 Patrik Berger 合寫的歌曲，他也寫了《1989》（泰勒絲全新版）裡的私藏曲〈蕩婦！〉。〈我望著人們的窗戶〉出現在 Apple Music 曲目裡的這一個項目，「探索那些常糾纏我歌曲的沮喪所帶來的感受」，泰勒絲說。「在這種時刻，我會因為感到寂寞或無望而寫首歌曲──而寫歌似乎成為處理某個情緒或強烈反應的唯一方式。」[28]

預 言 *
The Prophecy

《折磨詩人俱樂部精選集》

發行時間：2024 年 4 月 19 日
詞曲作者：Aaron Dessner、Taylor Swift
製 作 人：Aaron Dessner、Taylor Swift

　　〈預言〉是一首關於渴望的歌曲，講述某人經歷慘痛的失敗戀愛，悲嘆哪天自己的感情才能開花結果。但事實上，敘述者已經受夠樂觀看待單身生涯；他們像是一團亂糟糟的絕望情緒，才不管別人知不知道。就音樂表層來看，主導〈預言〉的是輕快疾步的吉他掃音，與隱約可聽見、洋溢著優雅的交響伴奏。而就主題而言，泰勒絲將〈預言〉放在 Apple Music 歌單的這一項下：這些歌曲「是我還在感情場上與人周旋角力的階段時所寫的，」泰勒絲說，「在那些時刻，你會想辦法跟自己或跟你在乎的人達成某種情感共識。」[29] 於是〈預言〉的敘述者最後寧願拿財富換取伴侶。「你努力改善狀況，但你仍常覺得無助失望，」她說。「因為我們常有個直覺告訴我們，事情不會順心如意，這讓我們更加無助失望，於是我們只好對狀況討價還價。」[30]

卡珊德拉 *
Cassandra

《折磨詩人俱樂部精選集》
發行時間：2024 年 4 月 19 日
詞曲作者：Aaron Dessner、Taylor Swift
製 作 人：Aaron Dessner、Taylor Swift
其他版本：First Draft Phone Memo

　　泰勒絲把〈卡珊德拉〉排在〈預言〉後，應該不是意外。在希臘神話裡，卡珊德拉是一位公主──她的父母是特洛伊城邦的國王 Priam 及其王后 Hecuba──而且她擁有天賜預言的能力。但這個能力不幸受到詛咒，也就是說，人們不會相信卡珊德拉的預感是真實的。泰勒絲寫了這首輕柔溫暖、有鋼琴及弦樂點綴的歌曲，在歌詞中要將這個想法呈現在現代世界裡。副歌指出卡珊德拉在人民拒絕聽從她的警告後遭到殺害，接著泰勒絲將故事接上現代世界的敘述者，她像卡珊德拉一樣勇敢發聲，卻也一樣沒人相信她。後者的話雖然後來得到證實是正確無誤的，但是這當中要付出的個人代價卻沉重不菲：敘述者因勇於發聲而遭攻擊，卻沒有受到同等的注意或諒解──即使事後證實她說的沒錯。〈卡珊德拉〉的文字豐富，似乎有條隱形的線，將它與《舉世盛名》連在一起。例如歌中提到的蛇群，以及有個人把憤怒與怨恨往心裡藏，變成其整個人格的一部分。然而這首歌曲也有人詮釋它與〈多虧有你，艾咪〉有關聯，這點在橋段中便清楚可見：典型的泰勒絲短篇故事，抨擊那貪婪無度的一家，敘述者對大眾高呼，他們不是好東西。

彼得潘 *
Peter

《折磨詩人俱樂部精選集》
發行時間：2024 年 4 月 19 日
詞曲作者：Taylor Swift
製 作 人：Aaron Dessner、Taylor Swift

　　小時候的夢想總是最難割捨，特別當這個夢想還包括有一天能與你的初戀復合，修成正果。但這首華爾茲鋼琴民謠裡的主角，等這個人已經等到累了──請讀看看歌名中的提示，這個人名叫彼得，如同永遠年輕的男孩彼得潘──因為他在很久很久以前背棄了他的承諾。敘述者的失望之情溢於言表，後來她放棄了與他重修舊好的可能。

飛毛腿 *
The Bolter

彩蛋音軌／（《折磨詩人俱樂部精選集》）
發行時間：2024 年 4 月 19 日
詞曲作者：Aaron Dessner、Taylor Swift
製 作 人：Aaron Dessner、Taylor Swift

　　〈飛毛腿〉是一首低調漸暖的民歌風歌曲，敘述者在成長的過程中，十分難搞，所以只有她的父親愛她。在長大成人後，她變得無法與任何人定下來談感情，於是只要一有什麼困難便拔腿就跑。（也因此有了這個暱稱）然而，一件年幼時的瀕死經歷──在她六歲時差點溺死在冰冷的水中──不但讓她性格更堅忍，也促使她不會因為無法承受的處境而感到太傷心。

羅賓
Robin *

《折磨詩人俱樂部精選集》
發行時間：2024 年 4 月 19 日
詞曲作者：Aaron Dessner、Taylor Swift
製 作 人：Aaron Dessner、Taylor Swift

　　隨著《折磨詩人俱樂部精選集》的尾聲漸近，接下來便是這首細膩的鋼琴民歌風〈羅賓〉，創作的視角是一位大人溫柔地欣賞（並想要保護）一個孩子甜美的純真。年長的大人會因年輕的孩子嬉鬧玩樂的行為而感到欣喜——例如拿著玩具恐龍假裝怒吼，甚至完全忘了自己在跟對方玩泥巴——並熱切地許願，這美好的感覺能永遠留存。輕柔的豎琴聲與 Wilco 合唱團格倫・科奇的打擊樂加入呼應節奏，有如歌曲活躍的心跳。

手稿
The Manuscript

彩蛋音軌／（《折磨詩人俱樂部精選集》）
發行時間：2024 年 4 月 19 日
詞曲作者：Taylor Swift
製 作 人：Aaron Dessner、Taylor Swift

　　〈手稿〉別具涵義，因為這是原錄音室版本的延長版，同時也是泰勒絲親手寫的《折磨詩人俱樂部精選集》壓軸歌曲。這首歌曲以清脆鋼琴及輕柔交響樂合奏開始（包括婉轉的弦樂以及尊貴的法國號聲）為主導，在開頭由敘述者談起一段痛苦的分手。泰勒絲彷彿想要表明這並非個人經驗，所以她以搜尋故事手稿的方式，講述這段關係及其後果。其文字豐富，細節歷歷在目——例如她在分手後，吃不下任何東西，只能強吞一些兒童麥片，和只有在母親的床上才能略睡片刻。

　　在橋段中，歌曲的情緒開朗了一些，有天使合聲般的吟唱以及樂觀的弦樂，敘述者同時沉思，到最後自己尋到真愛，這中間的時光已如何飛逝了。單一的鋼琴和弦漸漸淡去，接上泰勒絲的歌聲，呼應其歌曲

泰勒絲在《時代巡迴演唱會》中演唱戲劇性十足的佳作〈誰會害怕從前那個渺小的我？〉。

的情緒，最後以一則公告收尾：她在社群媒體上宣布《折磨詩人俱樂部精選集》即將發行：「從此，那則故事不再屬於我……全部屬於你們。」[31] 換言之，《折磨詩人俱樂部》並非泰勒絲對同一種題材的重複或停留在哪一個階段，而是寫出她擁抱自我的事實，這樣她才能邁步過她的人生——並創作出更多精彩的歌曲。「這位作者堅信，我們的淚水要轉化成紙上的字跡，才能得到昇華，」她說。「最悲傷的故事一旦說出口，我們便能得到解脫。」[32]

註解 NOTE

INTRODUCTION

1 Taylor Swift Tumblr post, June 30, 2019

CHAPTER 1: THE DEBUT ERA

1 "Taylor Swift Explains How Her Songwriting Has Grown," MTV News, May 27, 2011
2 "When She Thinks 'Tim McGraw,' Taylor Swift Savors Payoff," CMT, December 1, 2006
3 "Tim McGraw" story, TaylorSwift.com (archive)
4 "20 Questions With Taylor Swift," CMT News, November 12, 2007
5 "Tim McGraw says he knew Taylor Swift was unstoppable," CNN, August 17, 2023
6 "Tim McGraw" live, accessed via YouTube
7 "Picture to Burn" story, TaylorSwift.com (archive)
8 "Taylor Swift Fans the Flames on 'Picture to Burn,'" CMT News, March 18, 2008
9 "Taylor Swift Fans the Flames on 'Picture to Burn,'" CMT News, March 18, 2008
10 "EXCLUSIVE: The high school boyfriend who left Taylor Swift for her close friend… and inspired one of the star's most bitter songs," Daily Mail, December 23, 2014
11 "Taylor Swift Explains How Her Songwriting Has Grown," MTV News, May 27, 2011
12 "Her Song: Talking Taylor Swift," Washington Post, February 8, 2008
13 "A Place in This World" story, TaylorSwift.com (archive)
14 "A Place in This World" story, TaylorSwift.com (archive)
15 "2008's Country Lolita: Taylor Swift," Rolling Stone, May 1, 2008
16 "Cold As You" story, TaylorSwift.com (archive)
17 "The Outside" story, TaylorSwift.com (archive)
18 "The Outside" story, TaylorSwift.com (archive)
19 "Getting to know Taylor Swift," Entertainment Weekly, July 25, 2007
20 "Stay Beautiful" story, TaylorSwift.com (archive)
21 "Stay Beautiful" story, TaylorSwift.com (archive)
22 "Taylor's Time: Catching Up With Taylor Swift." Rolling Stone, January 25, 2010.
23 "Taylor Swift Says Yes To No.'" Great American Country, May 19, 2008.
24 "Mary's Song (Oh My My My)" story, TaylorSwift.com (archive)
25 "Mary's Song (Oh My My My)" story, TaylorSwift.com (archive)
26 "Her Song: Talking Taylor Swift," Washington Post, February 8, 2008
27 "Our Song" story, TaylorSwift.com (archive)
28 "Taylor Swift, 'Our Song' — Story Behind the Song," The Boot, January 30, 2015
29 "Wal-Mart 'Eyes' New Taylor Swift Project," Great American Country, July 15, 2008
30 Swift Legacy Podcast, "Robert Ellis Orrall," August 27, 2021
31 Swift Legacy Podcast, "Robert Ellis Orrall," August 27, 2021
32 Swift Legacy Podcast, "Robert Ellis Orrall," August 27, 2021
33 Robert Ellis Orrall Instagram post, January 15, 2020
34 "Taylor Swift's Stone Harbor," The Philadelphia Inquirer, May 14, 2009
35 The Philadelphia Inquirer, May 14, 2009
36 "Invisible" (Commentary) – Taylor Swift (Big Machine Radio Release Special), 2006
37 "A Perfectly Good Heart" (Commentary) – Taylor Swift (Big Machine Radio Release Special), 2006
38 "A Perfectly Good Heart" (Commentary) – Taylor Swift (Big Machine Radio Release Special), 2006
39 "Taylor Swift Loves The Feeling Of Christmas," Big Machine Label Group weekly audio bite, December 8, 2013
40 "Taylor Swift – Paper Napkin Interview," Southern Living, December 2014
41 TODAY Show interview, December 25, 2007
42 TODAY Show interview, December 25, 2007

CHAPTER 2: FEARLESS ERA

1 "Taylor Swift Is Even More 'Fearless,' One Day Early," MTV News, October 26, 2009
2 "Fearless" story, TaylorSwift.com (archive)
3 "Fearless" story, TaylorSwift.com (archive)
4 TSA (Teen Service Announcement) interview about "Fifteen," Best Buy's @15 initiative
5 "Fifteen" story, TaylorSwift.com (archive)
6 "Taylor Swift's Fascination With Fairy Tales Comes Through on New Album," CMT News, November 10, 2008
7 Fearless story, TaylorSwift.com (archive)
8 "My Cat Snores," MySpace blog, September 17, 2008
9 "Love Story" story, TaylorSwift.com (archive)
10 "Love Story" story, TaylorSwift.com (archive)
11 "Taylor Swift Compares 'Lover' to 'Reputation', Talks #MeToo Movement With Zane Lowe For Beats 1 Interview," Billboard, October 30, 2019
12 "Little Miss Sunshine," New York Times, October 23, 2009
13 New York Times, October 23, 2009
14 "White Horse" story, TaylorSwift.com (archive)
15 "White Horse" story, TaylorSwift.com (archive)
16 "Taylor Swift talks about new single 'You Belong With Me,'" YouTube interview, November 4, 2008
17 YouTube interview, November 4, 2008
18 "You Belong With Me" story, TaylorSwift.com (archive)
19 "Liz Rose Panel Interview - Working with Taylor Swift on 'You Belong With Me,'" YouTube interview, February 18, 2016
20 "You Belong With Me," The New Yorker, October 3, 2011
21 Liz Rose YouTube interview, February 18, 2016
22 Fearless (Taylor's Version) Alexa Skill commentary, Amazon Music, 2021
23 "Colbie Caillat says working with Taylor Swift was a 'fascinating' experience: 'She makes you feel like she's known you forever,'" Business Insider, April 28, 2020.
24 "Tell Me Why" story, TaylorSwift.com (archive)

25 "Tell Me Why" story, TaylorSwift.com (archive)
26 "You're Not Sorry" story, TaylorSwift.com (archive)
27 https://www.mtv.com/news/qwiovx/taylor-swift-getsher- csi-cameo-but-does-she-die
28 "The Way I Loved You" story, TaylorSwift.com (archive)
29 "The Way I Loved You" story, TaylorSwift.com (archive)
30 "Joe Jonas & Taylor Swift: A Post-Breakup Timeline," Billboard, April 8, 2021
31 "She's writing her future," The Los Angeles Times, October 26, 2008
32 Taylor Swift NOW, Chapter 3: That One Time I Was Nostalgic, YouTube interview
33 "Taylor Swift Recalls That Her 'Best Days' Were Spent With Her Mom," Taste of Country, May 8, 2011
34 CMT News, November 10, 2008
35 "Change" story, TaylorSwift.com (archive)
36 "Taylor Swift Talks 'Fearless' Re-Release, New Songs," MTV News, November 4, 2009
37 "Nathan Barlowe of Luna Halo talks about Taylor Swift and 'Untouchable,'" The Tennessean, November 24, 2009
38 "Come In With the Rain," taylorswiftswitzerland.ch 39 iTunes interview, quoted on the "The Other Side of the Door" Genius lyrics site
40 "Taylor Swift earns swift success with 'Today Was A Fairytale,'" The Tennessean, January 21, 2010
41 Fearless (Taylor's Version) Alexa Skill commentary, Amazon Music, 2021
42 Audacy interview, April 16, 2021
43 Taylor Swift tweet, April 3, 2021
44 "Keith Urban says he was Christmas shopping when Taylor Swift enlisted him for 'Fearless (Taylor's Version),'" NME, April 15, 2021
45 Fearless (Taylor's Version) Alexa Skill commentary, Amazon Music, 2021
46 "Taylor Swift Named Songwriter-Artist of the Decade by NSAI: Read Her Speech," Pitchfork, September 20, 2022
47 Fearless (Taylor's Version) Alexa Skill commentary, Amazon Music, 2021
48 "Boys Like Girls Interview: Love Drunk and In High Spirits," MTV News, August 25, 2009
49 "Seth Meyers Praises Taylor Swift for Writing Her Own "Perfect 'SNL' Monologue,'" The Hollywood Reporter, November 1, 2003

CHAPTER 3: THE SPEAK NOW ERA

1 "Taylor Swift Talks About Her Album Speak Now, Her Hits 'Mine' And 'Speak Now,' And Writing Her Songs," SongwriterUniverse, October 11, 2010
2 SongwriterUniverse, October 11, 2010
3 "Taylor Swift Confronts Mayer, Laments Lautner In New Album," Yahoo, October 18, 2010
4 "Sparks Fly" story, TaylorSwift.com (archive)
5 "YouTube Presents Taylor Swift," September 1, 2011
6 "Back To December" story, TaylorSwift.com (archive)
7 "People Are Still Asking Taylor Lautner About Dating Taylor Swift," August 9, 2016
8 "Taylor Swift "I Can See You" world premiere. 7-7-23 GEHA Stadium," YouTube
9 Yahoo, October 18, 2010
10 "Speak Now" story, TaylorSwift.com (archive)
11 "Dear John" story, TaylorSwift.com (archive)
12 "Taylor Swift Tells Glamour the Stuff She Usually Only Tells Her Girlfriends in Her November 2012 Interview," Glamour, September 30, 2012
13 "John Mayer: Taylor Swift's 'Dear John' Song 'Humiliated Me,'" Rolling Stone, June 6, 2012
14 Glamour, September 30, 2012
15 "Taylor Swift Asks Fans Not to Cyberbully as She Unearths 'Dear John' for First Time in 11 Years," Rolling Stone, June 25, 2023
16 "Taylor Swift learns to 'Speak Now,' reveal her maturity," USA Today, October 23, 2010
17 "Mean" story, TaylorSwift.com (archive)
18 "Grammys," Lefsetz Letter, February 1, 2010
19 "That Taylor Swift Song....," Lefsetz Letter, October 19, 2010
20 "Nothing Lasts," Lefsetz Letter, August 1, 2023
21 USA Today, October 23, 2010
22 Yahoo, October 18, 2010
23 USA Today, October 23, 2010
24 "Never Grow Up" story, TaylorSwift.com (archive)
25 "Never Grow Up" story, TaylorSwift.com (archive)
26 "Adam Young: What Really Happened With Taylor Swift," US Weekly, June 15, 2011
27 "Enchanted" story, TaylorSwift.com (archive)
28 US Weekly, June 15, 2011
29 "Taylor Swift: 'Sexy? Not on my radar,'" The Guardian, August 23, 2014
30 Yahoo, October 18, 2010
31 "Haunted" story, TaylorSwift.com (archive)
32 "Haunted" story, TaylorSwift.com (archive)
33 "Last Kiss" story, TaylorSwift.com (archive)
34 "Long Live" story, TaylorSwift.com (archive)
35 "Long Live" story, TaylorSwift.com (archive)
36 "Ours" annotated lyrics, People Country, April 2012
37 People Country, April 2012
38 "Taylor Swift performs rare Speak Now track'Superman' in concert," Taste of Country, September 25, 2011
39 "Boys Like Girls Interview: Love Drunk and In High Spirits," MTV News, August 25, 2009
40 MTV News, August 25, 2009
41 Taylor Swift Twitter post, July 8, 2023
42 Instagram post, June 5, 2023
43 "Interview: Paramore's Hayley Williams on returning to New Zealand and Australia with their 'This Is Why' album tour," Coup de Main, July 5, 2023
44 Coup de Main, July 5, 2023

CHAPTER 4: THE RED ERA

1 "500 Greatest Albums: Taylor Swift Looks Back on Her 'Only True Breakup Album' Red," Rolling Stone, November 18, 2020
2 Good Morning America interview, October 15, 2012
3 "State of Grace" (Commentary), YouTube, December 12, 2018
4 "Red" live at Harvey Mudd College on October 15, 2012, later aired as VH1 Storytellers
5 "Red" live at Harvey Mudd College on October 15, 2012, later aired as VH1 Storytellers
6 Swift diary entries published in the Lover Deluxe Edition, Version 1

7   Swift diary entries published in the Lover Deluxe Edition, Version 1
8   "Dan Wilson on Semisonic, Adele, and the sincerity of Taylor Swift," The A.V. Club, April 18, 2014.
9   "Taylor Swift Opens Up About Bleeding Red, Living Under a Magnifying Glass + Still Growing Up One Year at a Time," Taste of Country, October 22, 2012
10 Taste of Country, October 22, 2012
11 Rolling Stone, November 18, 2020
12 "Taylor Swift Q&A: The Risks of 'Red' and The Joys of Being 22," Billboard, October 19, 2012
13 "Taylor Swift on Going Pop, Ignoring the Gossip and the Best (Worst) Nickname She's Ever Had," Time, October 19, 2012
14 Time, October 19, 2012
15 Red (Taylor's Version) Alexa Skill commentary, Amazon Music, 2021
16 The Tonight Show Starring Jimmy Fallon interview, November 12, 2021
17 Ibid.
18 Ibid.
19 "Songwriter Spotlight: Liz Rose," Rolling Stone, October 24, 2014
20 Billboard, October 19, 2012
21 Taylor Swift Red track-by-track video, YouTube, 2012
22 Red track-by-track video
23 Red track-by-track video
24 "Taylor Swift sees 'Red' all over," USA Today, October 17, 2012
25 USA Today, October 17, 2012
26 Red track-by-track video
27 Red track-by-track video
28 Red track-by-track video
29 Billboard, October 19, 2012
30 Billboard, October 19, 2012
31 Taylor Swift Red track-by-track video, YouTube, 2012
32 Taylor Swift Red track-by-track video, YouTube, 2012
33 Taylor Swift Red track-by-track video, YouTube, 2012
34 "Primary Colors," Billboard, October 27, 2012
35 "Taylor Swift Channels The Kennedys For Her New Album 'Red,'" Wall Street Journal, October 18, 2012
36 Taylor Swift Red track-by-track video, YouTube, 2012
37 "Taylor Swift Wants to 'Begin Again' on New Single: Listen," Billboard, September 25, 2012
38 "Taylor Swift Wears a 'Cute Tiara' at Family-Filled Birthday Party," People, December 14, 2010
39 "Exclusive! Taylor Swift Sheds Light on 'Red' Bonus Tracks… And 'The Worst Experience Ever,'" Our Country, October 24, 2012
40 "Taylor Swift Wears a 'Cute Tiara' at Family-Filled Birthday Party," People, December 14, 2010
41 Red album release party, as quoted on "Come Back… Be Here" Genius page
42 Our Country, October 24, 2012
43 "Exclusive! Taylor Swift Sheds Light on 'Red' Bonus Tracks… And 'The Worst Experience Ever,'" Our Country, October 24, 2012
44 Red (Taylor's Version) Alexa Skill commentary, Amazon Music, 2021
45 "Why didn't Taylor Swift keep 'Better Man' for herself? Little Big Town says, 'We didn't ask,'" SiriusXM, November 15, 2016
46 Swift journals published in the Lover Deluxe Edition, Version 2
47 "Taylor Swift Recruits Phoebe Bridgers For New Song 'Nothing New (Taylor's Version),'" Genius, November 12, 2021

48 "Sugarland Reveal How a Taylor Swift Song Landed on Their Upcoming 'Bigger' Album," PopCulture.com, April 16, 2018
49 Interview clip shared on Twitter by WKLB (102.5 FM)
50 Red (Taylor's Version) Alexa Skill commentary, Amazon Music, 2021
51 Red (Taylor's Version) Alexa Skill commentary, Amazon Music, 2021
52 Red (Taylor's Version) Alexa Skill commentary, Amazon Music, 2021
53 Ed Sheeran interview, Capital FM, September 10, 2021
54 Red (Taylor's Version) Alexa Skill commentary, Amazon Music, 2021
55 Good Morning America interview, October 22, 2012
56 "Jake Gyllenhaal Reconsiders," Esquire, February 17, 2022
57 "'Ronan' Finds a Home on Taylor Swift's Re-Recorded 'Red' Album," Billboard, July 30, 2021
58 "Taylor Swift Talks About Her Hunger to Contribute to 'The Hunger Games'—Exclusive!," RAM Country on Yahoo Music, March 12, 2012
59 "Taylor Swift, Arcade Fire Talk 'Hunger Games,'" Rolling Stone, March 29, 2012
60 RAM Country on Yahoo Music, March 12, 2012

CHAPTER 5: 1989 ERA

1   "Taylor Swift Dismisses the Haters, Dances With Fans for New Song 'Shake it Off,'" Rolling Stone, August 18, 2014
2   "Taylor Swift: Reacts to being named the voice of her generation," Global News, December 29, 2014
3   "Taylor Swift talks about 'Welcome to New York,'" YouTube video, October 2014
4   YouTube video, October 2014
5   "Blank Space" (Commentary) – 1989 (Big Machine Radio Release Special), 2014
6   "Blank Space" (Commentary) – 1989 (Big Machine Radio Release Special), 2014
7   "Taylor Swift Breaks Down 'Style' | On Air with Ryan Seacrest," YouTube video, October 31, 2014
8   On Air with Ryan Seacrest, YouTube video, October 31, 2014
9   "The Oral History of Taylor Swift's '1989,'" The Recording Academy on Cuepoint, February 12, 2016
10 The Recording Academy on Cuepoint, February 12, 2016
11 On Air with Ryan Seacrest, YouTube video, October 31, 2014
12 "Taylor Swift: Reacts to being named the voice of her generation," Global News, December 29, 2014
13 Global News, December 29, 2014
14 On Air with Ryan Seacrest," YouTube video, October 31, 2014
15 USA Today, October 14, 2014
16 Taylor Swift, "NOW Listening Session with Taylor- Part 3," Grammy Museum, YouTube video, October 12, 2014
17 "The Reinvention of Taylor Swift," Rolling Stone, September 8, 2014
18 "'Out of the Woods' Exclusive: Taylor Swift Says New Song Is About 'Fragility' of Relationships," ABC News, October 13, 2014
19 "'Anything That Connects': A Conversation With Taylor Swift," NPR's All Things Considered, October 31, 2014
20 "Harry Styles' New Direction," Rolling Stone, April 18, 2017
21 "All You Had to Do Was Stay" (Commentary) – 1989 (Big Machine Radio Release Special), 2014

22 "All You Had to Do Was Stay" (Commentary) – 1989 (Big Machine Radio Release Special), 2014
23 Rolling Stone, August 18, 2014
24 NPR's All Things Considered, October 31, 2014
25 Taylor Swift, "NOW Listening Session with Taylor- Part 3," Grammy Museum, YouTube video, October 12, 2014
26 Grammy Museum, YouTube video, October 12, 2014
27 "I Wish You Would" (Voice Memo), 1989 (Deluxe Edition)
28 "I Wish You Would" (Voice Memo), 1989 (Deluxe Edition)
29 "I Wish You Would" (Commentary) – 1989 (Big Machine Radio Release Special), 2014
30 "I Wish You Would" (Voice Memo), 1989 (Deluxe Edition)
31 Rolling Stone, September 8, 2014
32 Rolling Stone, September 8, 2014
33 Rolling Stone, September 8, 2014
34 "Katy Perry confirms Taylor Swift beef: 'She started it,'" NME, May 23, 2017
35 NPR's All Things Considered, October 31, 2014
36 NPR's All Things Considered, October 31, 2014
37 "Wildest Dreams" (Commentary) – 1989 (Big Machine Radio Release Special), 2014
38 "Wildest Dreams" (Commentary) --1989 (Big Machine Radio Release Special), 2014
39 "Taylor Swift on "How You Get the Girl," radio.com, October 29, 2014
40 radio.com, October 29, 2014
41 "This Love" (Commentary) – 1989 (Big Machine Radio Release Special), 2014
42 "This Love" (Commentary) – 1989 (Big Machine Radio Release Special), 2014
43 "I Know Places" (Voice Memo), 1989 (Deluxe Edition)
44 Taylor Swift, "NOW Listening Session with Taylor- Part 3," Grammy Museum, YouTube video, October 12, 2014
45 "Taylor Swift Has No Regrets," Elle, May 7, 2015
46 Elle, May 7, 2015
47 "Taylor Swift Dishes on Inspiration for 'Sweeter Than Fiction' at 'One Chance' Premiere," Taste of Country, September 10, 2013
48 "Slut!" voice memo, Tumblr
49 "Slut!" voice memo, Tumblr
50 "Taylor Swift and Diane Warren Wrote 'Say Don't Go' 9 Years Ago. She Still Thinks It's a 'F-cking Hit,'" Rolling Stone, October 27, 2023
51 Rolling Stone, October 27, 2023
52 "Diane Warren On Working With Taylor Swift," E! News, December 8, 2023
53 "Now That We Don't Talk" voice memo, Tumblr
54 "Now That We Don't Talk" voice memo, Tumblr
55 "Is It Over Now?" voice memo, Tumblr
56 "Taylor Swift Revealed the Really Cool Reason She Had All Those Special Guests on Her '1989' Tour," Seventeen, December 15, 2015 (quoting a Beats 1 interview)
57 Seventeen, December 15, 2015 (quoting a Beats 1 interview)

CHAPTER 6: THE REPUTATION ERA

1 "2023 Person of the Year: Taylor Swift," Time, December 6, 2023
2 "9 Taylor Swift Moments That Didn't Fit in Our Cover Story," Rolling Stone, September 30, 2019
3 "Taylor Swift Previews New Song 'Ready for It': Listen," Pitchfork, September 2, 2017
4 iHeartRadio reputation Album Release Party with Taylor Swift Presented by AT&T, November 10, 2017, YouTube video
5 iHeartRadio reputation Album Release Party
6 "'End Game' – Behind The Scenes," YouTube video, February 9, 2018
7 iHeartRadio reputation Album Release Party
8 iHeartRadio reputation Album Release Party
9 Rolling Stone, September 18, 2019
10 "Taylor Swift NOW: The Making Of A Song (Don't Blame Me)," YouTube video
11 Rolling Stone, September 18, 2019
12 iHeartRadio reputation Album Release Party
13 iHeartRadio reputation Album Release Party
14 iHeartRadio reputation Album Release Party
15 "Five Years Ago She Screamed '1, 2, 3, Let's Go, Bitch' During Taylor Swift's Performance Of 'Delicate.' Millions Of Fans Are Now Shouting It During the Eras Tour," Buzzfeed, March 30, 2023.
16 "People Are Spamming Taylor Swift's Instagram With The Snake Emoji," Buzzfeed, July 14, 2016
17 "The Full Taylor Swift–Kanye Phone Call Leaked, And Everyone Owes Taylor Swift An Apology," Buzzfeed, March 21, 2020
18 "Taylor Swift fans are hissing at Kim Kardashian with snake emojis. Here's why," The Los Angeles Times, December 8, 2023
19 "Taylor Swift Finally Addressed the Whole Snake Thing at a Concert," Time, May 9, 2018
20 "Right Said Fred Are 'Very Pleased' With Taylor Swift's Interpolation Of 'I'm Too Sexy'," The Fader, August 25, 2017
21 iHeartRadio reputation Album Release Party 22 "Taylor Swift reveals how Game of Thrones (and Arya's kill list) inspired reputation," Entertainment Weekly, May 9, 2019
23 "Calvin Harris Regrets Going Off on Taylor Swift After Their Breakup: 'I Snapped,'", Popsugar, June 30, 2017
24 "The Full Taylor Swift–Kanye Phone Call Leaked, And Everyone Owes Taylor Swift An Apology," Buzzfeed, March 21, 2020
25 "What Do Britney Spears, Katy Perry, Troye Sivan & Taylor Swift All Have In Common? Oscar Görres," Grammys.com, August 29, 2020
26 Grammys.com, August 29, 2020
27 Billboard
28 https://twitter.com/SwiftNYC/tatus/921229691507286017
29 "From Taylor Swift To Lorde, This Woman Is Sculpting The Sound Of Pop," Forbes, May 17, 2018
30 Entertainment Weekly, May 9, 2019
31 iHeartRadio reputation Album Release Party
32 iHeartRadio reputation Album Release Party
33 iHeartRadio reputation Album Release Party
34 "Vogue Visited Taylor Swift's Muse, Loie Fuller, at Home in 1913," Vogue, August 8, 2019
35 iHeartRadio reputation Album Release Party
36 iHeartRadio reputation Album Release Party
37 "Jack Antonoff Shares Some Insight Into the Making of Taylor Swift's 'Call It What You Want'," Billboard, November 5, 2017
38 Billboard, November 5, 2017
39 iHeartRadio reputation Album Release Party
40 iHeartRadio reputation Album Release Party
41 "Taylor Swift: The Rolling Stone Interview," Rolling Stone, September 18, 2019
42 Elvis Duran and the Morning Show interview, as quoted in "Zayn

Explains How Taylor Swift Jumped On His 'Fifty Shades Darker' Song," MTV News, December 14, 2016

CHAPTER 7: THE LOVER ERA

1. "Taylor Swift on Sexism, Scrutiny, and Standing Up for Herself," Vogue, August 8, 2019
2. "Taylor Swift: The Rolling Stone Interview," Rolling Stone, September 18, 2019
3. iHeartRadio Lover Album Release Party and Secret Session, August 23, 2019
4. Rolling Stone, September 18, 2019
5. "Taylor Swift on 'Cruel Summer' Becoming a Single Four Years After Its Release: 'No One Understands How This Is Happening,'" Billboard, June 17, 2023
6. iHeartRadio Lover Album Release Party and Secret Session, August 23, 2019
7. iHeartRadio Lover Album Release Party and Secret Session, August 23, 2019
8. "Taylor Swift Tells Us How She Wrote 'Lover' | Diary of a Song," New York Times, YouTube, December 24, 2019
9. New York Times, YouTube, December 24, 2019
10. New York Times, YouTube, December 24, 2019
11. iHeartRadio Lover Album Release Party and Secret Session, August 23, 2019
12. iHeartRadio Lover Album Release Party and Secret Session, August 23, 2019
13. Vogue, August 8, 2019
14. iHeartRadio Lover Album Release Party and Secret Session, August 23, 2019
15. iHeartRadio Lover Album Release Party and Secret Session, August 23, 2019
16. "2023 Person of the Year: Taylor Swift," Time, December 6, 2023
17. Vogue, August 8, 2019
18. "Taylor Swift Discusses 'The Man' & 'It's Nice To Have a Friend' In Cover Story Outtakes," Billboard, December 12, 2019
19. Instagram Live, "The Archer" announcement, July 23rd 2019
20. BBC Radio 1 – Taylor Swift live, BBC Radio 1, August 29, 2019
21. BBC Radio 1, August 29, 2019
22. iHeartRadio Lover Album Release Party and Secret Session, August 23, 2019
23. iHeartRadio Lover Album Release Party and Secret Session, August 23, 2019
24. "30 Things I Learned Before Turning 30," Elle, March 6, 2019
25. Rolling Stone, September 18, 2019
26. iHeartRadio Lover Album Release Party and Secret Session, August 23, 2019
27. iHeartRadio Lover Album Release Party and Secret Session, August 23, 2019
28. iHeartRadio Lover Album Release Party and Secret Session, August 23, 2019
29. "Taylor Swift's Former Cornelia Street Rental Lists for $18 Million," Architectural Digest, May 30, 2023
30. "Taylor Swift Tells the Stories Behind 'Lover' | Elvis Duran Show," YouTube, August 23, 2019
31. "Taylor Swift: NPR Music Tiny Desk Concert," YouTube, October 28, 2019
32. NPR Music Tiny Desk Concert
33. "Taylor Swift Calls Rom-Com Inspiration Behind 'Lover' Song the 'Most Meta Thing That's Ever Happened to Me,'" Billboard, August 23, 2019
34. Instagram post from Jennifer Kaytin Robinson, August 23, 2019
35. NPR Music Tiny Desk Concert
36. iHeartRadio Lover Album Release Party and Secret Session, August 23, 2019
37. BBC Radio 1, August 29, 2019
38. Elle, March 6, 2019
39. "Taylor Swift: No Longer 'Polite at All Costs,'" Variety, January 21, 2020
40. Variety, January 21, 2020
41. "Westboro Baptist Church to picket Taylor Swift concert for 'singing about fornication,'" The Line of Best Fit, June 30, 2013
42. Vogue, August 8, 2019
43. Vogue, August 8, 2019
44. Vogue, August 8, 2019
45. "ME! Behind The Scenes: The Story of Benjamin Button," YouTube, April 30, 2019
46. "Taylor Swift releases a new song, 'ME!', with Brendon Urie," ABC News, April 26, 2019
47. "Taylor Swift Teases More Clues About #TS7 Album, Dishes on Wango Tango | On Air With Ryan Seacrest," YouTube, August 30, 2019
48. Elvis Duran Show, YouTube, August 23, 2019
49. "Toronto music school's new funding model finds swift support," Globe and Mail, August 27, 2019
50. Billboard, December 12, 2019
51. Billboard, December 12, 2019
52. Billboard, December 12, 2019
53. iHeartRadio Lover Album Release Party and Secret Session, August 23, 2019
54. iHeartRadio Lover Album Release Party and Secret Session, August 23, 2019
55. iHeartRadio Lover Album Release Party and Secret Session, August 23, 2019
56. "The ESQ&A: Taylor Swift, In Between Eras (Published 2014)," Esquire, November 2014
57. "Taylor Swift – The Making Of 'Christmas Tree Farm'," YouTube, December 23, 2019
58. "The Importance of 'Cats,' in Taylor Swift's Own Words," Billboard, November 16, 2019
59. "Andrew Lloyd Webber Says Writing a Song With Taylor Swift Was the Only Enjoyable Part of 'Cats' Movie," Variety, October 21, 2021
60. Variety, October 21, 2021
61. "How Midterm Elections Inspired Taylor Swift's New Song, 'Only the Young,'" Variety, January 21, 2020
62. Variety, January 21, 2020

CHAPTER 8: THE FOLKLORE ERA

1. "Taylor Swift Dropped a New Album at Midnight, and Everyone Is Losing It," Vogue, July 24, 2020
2. "The National's Aaron Dessner Talks Taylor Swift's New Album folklore," Pitchfork, July 24, 2020
3. Taylor Swift's Cowriter Aaron Dessner Recalls Her 'Cooking Ev-

eryone Breakfast and Dinner' at Her Home (Exclusive)," People, December 5, 2023
4 folklore: the long pond studio sessions Documentary, Disney+, November 25, 2020
5 Pitchfork, July 24, 2020
6 "The Story Behind Every Song on Taylor Swift's folklore," Vulture, July 27, 2020
7 BBC Radio 1 interview, July 24, 2020
8 Swift comments on the YouTube premiere of the "cardigan" music video, as quoted in "Taylor Swift's teenage love triangle songs on folklore explained," Entertainment Weekly, July 29, 2020
9 Swift comments on the YouTube premiere of the "cardigan" music video
10 folklore: the long pond studio sessions Documentary 11 "The Outrageous Life of Rebekah Harkness, Taylor Swift's High-Society Muse," Vogue, July 29, 2020
12 "Taylor Swift broke all her rules with folklore—and gave herself a much-needed escape," Entertainment Weekly, December 8, 2020
13 Entertainment Weekly, December 8, 2020
14 Vulture, July 27, 2020
15 "'Is There A Chic Way To Go?'" The New York Times, May 22, 1988
16 "Taylor Swift Reveals the Empowering Story Behind the Folklore Lyric That Makes Her 'Really Proud,'" People, March 3, 2021
17 "Former St. Louisan Becomes Composer," St. LouisPost-Dispatch, May 23, 1955
18 "exile" voice memo
19 Entertainment Weekly, December 8, 2020
20 folklore: the long pond studio sessions Documentary
21 Swift comments on the YouTube premiere of the"cardigan" music video
22 Vulture, July 27, 2020
23 folklore: the long pond studio sessions Documentary
24 Entertainment Weekly, December 8, 2020
25 folklore: the long pond studio sessions Documentary
26 folklore: the long pond studio sessions Documentary
27 folklore: the long pond studio sessions Documentary
28 Entertainment Weekly, December 8, 2020
29 Entertainment Weekly, December 8, 2020
30 Entertainment Weekly, December 8, 2020
31 folklore: the long pond studio sessions Documentary
32 Vulture, July 27, 2020
33 Vulture, July 27, 2020
34 Vulture, July 27, 2020
35 folklore: the long pond studio sessions Documentary
36 folklore: the long pond studio sessions Documentary
37 Entertainment Weekly, December 8, 2020
38 Entertainment Weekly, December 8, 2020
39 Entertainment Weekly, December 8, 2020
40 folklore: the long pond studio sessions Documentary
41 folklore: the long pond studio sessions Documentary
42 Vulture, July 27, 2020
43 Pitchfork, July 24, 2020
44 Pitchfork, July 24, 2020
45 "Musicians on Musicians: Taylor Swift & Paul McCartney," Rolling Stone, November 14, 2020
46 Entertainment Weekly, December 8, 2020
47 Vulture, July 27, 2020
48 folklore: the long pond studio sessions Documentary
49 folklore: the long pond studio sessions Documentary
50 Vulture, July 27, 2020
51 folklore: the long pond studio sessions Documentary
52 folklore: the long pond studio sessions Documentary
53 folklore: the long pond studio sessions Documentary

CHAPTER 9: THE EVERMORE ERA

1 "Aaron Dessner on the 'Weird Avalanche' That Resulted in Taylor Swift's 'Evermore,'" Billboard, December 18, 2020
2 "Taylor Swift's Cowriter Aaron Dessner Recalls Her 'Cooking Everyone Breakfast and Dinner' at Her Home (Exclusive)," People, December 5, 2023
3 Swift comments during "willow" music video premiere, December 11, 2020
4 "Taylor Swift's Songwriting Process on 'evermore,'" Apple Music, December 15, 2020
5 Apple Music, December 15, 2020
6 Swift comments during "willow" music video premiere, December 11, 2020
7 Apple Music, December 15, 2020
8 Apple Music, December 15, 2020
9 "willow" music video premiere
10 Taylor Swift note alongside evermore release, Twitter, December 11, 2020
11 "Aaron Dessner on How His Collaborative Chemistry With Taylor Swift Led to 'Evermore,'" Rolling Stone, December 18, 2020
12 Rolling Stone, December 18, 2020
13 Rolling Stone, December 18, 2020
14 Apple Music, December 15, 2020
15 Apple Music, December 15, 2020
16 "willow" music video premiere
17 Rolling Stone, December 18, 2020
18 "willow" music video premiere
19 Rolling Stone, December 18, 2020
20 Billboard, December 18, 2020
21 "willow" music video premiere
22 Rolling Stone, December 18, 2020
23 Rolling Stone, December 18, 2020
24 Rolling Stone, December 18, 2020
25 Taylor Swift note alongside evermore release, Twitter, December 11, 2020
26 Apple Music, December 15, 2020
27 Apple Music, December 15, 2020
28 Rolling Stone, December 18, 2020
29 Rolling Stone, December 18, 2020
30 Rolling Stone, December 18, 2020
31 Rolling Stone, December 18, 2020
32 Apple Music, December 15, 2020
33 Apple Music, December 15, 2020
34 Apple Music, December 15, 2020
35 Rolling Stone, December 18, 2020
36 Taylor Swift tweet, January 8, 2021
37 Taylor Swift tweet, January 8, 2021
38 Aaron Dessner tweet, January 8, 2021
39 The Tonight Show Starring Jimmy Fallon appearance, quoted in "'SNL' Writers Say Taylor Swift Was 'Immediately' on Board With

313

'Three Sad Virgins' Sketch," US Weekly, November 8, 2023

CHAPTER 10: THE MIDNIGHTS ERA

1. Taylor Swift Instagram post, August 29, 2022
2. Taylor Swift Instagram post, October 21, 2022
3. Taylor Swift Instagram post, October 6, 2022
4. Instagram post, October 6, 2022
5. "'Midnights' Co-Producer Sounwave Says 'Karma' Was a 'Last-Minute Hail Mary' He Sent Taylor Swift," Rolling Stone, October 26, 2022
6. "How Did a D.C. Jazz Musician End Up on Taylor Swift's New Album?" District Fray, October 31, 2022
7. Rolling Stone, October 26, 2022
8. Rolling Stone, October 26, 2022
9. Taylor Swift Instagram post, October 3, 2022
10. Taylor Swift Instagram post, October 3, 2022
11. Taylor Swift Instagram post, October 3, 2022
12. Taylor Swift Instagram post, October 11, 2022
13. Instagram post, October 11, 2022
14. "Taylor Swift Spills on Record-Breaking Midnights Album and Teases a Potential Tour," The Tonight Show Starring Jimmy Fallon, October 24, 2022
15. Interview with choreographer Mandy Moore, November 2023
16. Midnights iHeartRadio Album Premiere, YouTube, October 21, 2022
17. Midnights iHeartRadio Album Premiere, YouTube, October 21, 2022
18. Midnights iHeartRadio Album Premiere, YouTube, October 21, 2022
19. Rolling Stone, October 26, 2022
20. Rolling Stone, October 26, 2022
21. Midnights iHeartRadio Album Premiere, YouTube, October 21, 2022
22. "Taylor Swift and Joe Alwyn Break Up After Six Years of Dating (Exclusive)," Entertainment Tonight, April 8, 2023
23. "Taylor Swift reveals how Game of Thrones (and Arya's kill list) inspired reputation," Entertainment Weekly, May 9, 2019
24. "2023 Person of the Year: Taylor Swift," Time, December 6, 2023
25. Midnights iHeartRadio Album Premiere, YouTube, October 21, 2022
26. Taylor Swift Instagram post, March 22, 2022
27. Taylor Swift Instagram post, June 24, 2022
28. Taylor Swift Instagram post, June 24, 2022
29. Jack Antonoff Instagram story, November 29, 2023, as published in "Why Swifties Think Taylor Swift and Ex Joe Alwyn's Relationship Issues Trace Back to 2021," E! Online, November 29, 2023
30. The American Heart Association Instagram, November 30, 2023
31. Taylor Swift live, Jamboree In The Hills Country Festival, July 19, 2007
32. There is some question whether Swift co-wrote this song. The album's liner notes don't list her, but other online places do.
33. "Our Interview with Taylor Swift," Channel Guide, November 2, 2008.

CHAPTER 11: THE TORTURED POETS DEPARTMENT ERA

1. "Taylor Swift announces TTPD (The Bolter edition) at The Eras Tour - Melbourne N1," YouTube.
2. iHeartRadio's The Tortured Poets Department Album Premiere With Taylor Swift, April 19, 2024
3. iHeartRadio's The Tortured Poets Department Album Premiere
4. iHeartRadio's The Tortured Poets Department Album Premiere
5. Social media
6. Taylor Swift Twitter post, April 19, 2024
7. Taylor Swift Twitter post, April 19, 2024
8. iHeartRadio's The Tortured Poets Department Album Premiere
9. iHeartRadio's The Tortured Poets Department Album Premiere
10. iHeartRadio's The Tortured Poets Department Album Premiere
11. iHeartRadio's The Tortured Poets Department Album Premiere
12. Voice memo introducing the Apple Music playlist "I Can Do It With a Broken Heart"
13. iHeartRadio's The Tortured Poets Department Album Premiere
14. iHeartRadio's The Tortured Poets Department Album Premiere
15. Sodomsky, Sam. "The 1975's Matty Healy Dissects Every Song on A Brief Inquiry Into Online Relationships." Pitchfork, November 27, 2018
16. Amazon Music, "Taylor Swift Track by Track," April 22, 2024
17. Amazon Music, "Taylor Swift Track by Track," April 22, 2024
18. Voice memo introducing the Apple Music playlist "I Love You, It's Ruining My Life"
19. Voice memo introducing the Apple Music playlist "Old Habits Die Screaming"
20. Voice memo introducing the Apple Music playlist "You Don't Get to Tell Me About Sad"
21. Amazon Music, "Taylor Swift Track by Track," April 22, 2024
22. Amazon Music, "Taylor Swift Track by Track," April 22, 2024
23. Amazon Music, "Taylor Swift Track by Track," April 22, 2024
24. Gibson, Kelsie. "Clara Bow's Family Share Their Thoughts on Taylor Swift's Song Named for the Star: 'Hauntingly Beautiful' (Exclusive)." People, April 19, 2024
25. Taylor Swift Twitter post, April 19, 2024
26. Taylor Swift Twitter post, April 19, 2024
27. Moore, Julia. "Kim Kardashian Is 'Over' Taylor Swift Feud and Wants Singer to 'Move On' After 'thanK you aIMee' Release: Source." People, April 23, 2024
28. Voice memo introducing the Apple Music playlist "Old Habits Die Screaming"
29. Voice memo introducing the Apple Music playlist "Am I Allowed to Cry?"
30. Voice memo introducing the Apple Music playlist "Am I Allowed to Cry?"
31. Taylor Swift Twitter post, April 19, 2024
32. Taylor Swift Twitter post, April 19, 2024

Credits

The publishers would like to thank the following sources for their kind permission to reproduce the pictures in this book.

ALAMY

Evan Agostini/Invision/Associated Press 72; James Arnold/PA Images 81; Associated Press 251; Alessandro Bosio 90; Cinematic 51; Doug DuKane/Associated Press 87; Everett Collection Inc 171, 189; Mark Humphrey/Associated Press 6; Sam Kovak 106; Shanna Madison/Chicago Tribune/TNS 155; Frank Micelotta/Invision/ Associated Press 56, 111; Chris Pizzello/Invision/Associated Press 167, 192; Hazel Plater 239; Jordan Strauss/Invision/Associated Press 197; TCD/Prod.DB 170; George Walker IV/Associated Press 154; WENN Rights Ltd 88; Terry Wyatt/UPI 48

GETTY IMAGES

Don Arnold 82; Bryan Bedder 47; Skip Bolen/WireImage 57; Frederick Breedon IV/WireImage 9, 74; Isaac Brekken 78, 125; Vince Bucci 35; Michael Buckner 21; Larry Busacca 26, 71, 120, 126; Gareth Cattermole/TAS 140, 142; Michael Caulfield/ WireImage 60; Tom Cooper/TAS 211; Rick Diamond 42, 79; Rick Diamond/WireImage 28, 32, 36; Kevork Djansezian 65; Scott Dudelson 234; Stephen Dunn 18; Scott Eisen/TAS 219; Marcelo Endelli/TAS 84; Steve Exum/TAS 117; Patrick T Fallon/AFP 248; C Flanigan/FilmMagic 95, 101; Rich Fury 150; Erica Goldring/WireImage 242; Steve Granitz/WireImage 112, 131; Scott Gries 33; Raymond Hall/GC Images 147; Zhang Hengwei/China News Service/VCG 153; Taylor Hill 98; Dave J Hogan 193; Dave Hogan/ ABA 158, 168; Robert Kamau/GC Images 201; Dimitrios Kambouris 102, 152, 159, 176; Kevin Kane 76; Kevin Kane/WireImage 160; Jason Kempin 29; John Kobal Foundation 245; Jeff Kravitz/ FilmMagic 40, 66, 116, 213, 214; Jeff Kravitz/TAS 129; Krissy Krummenacker/MediaNews Group/Reading Eagle 23; Fernando Leon/TAS 148, 194; Michael Loccisano/FilmMagic 43; Michael Loccisano/WireImage 80; Kevin Mazur 165, 179; Kevin Mazur/ TAS 85, 145, 221, 235, 238, 244, 246, 253; Kevin Mazur/WireImage 17, 31, 41, 62, 63, 69, 105, 115, 118, 122, 124, 130, 223; Jamie McCarthy 110, 151, 217; Emma McIntyre 134; Emma McIntyre/ TAS 180; Patrick McMullan 30; Buda Mendes/TAS 5, 174, 175, 183, 187, 195, 199; Al Messerschmidt 11; Ethan Miller 20, 61, 64; Jack Mitchell 177; George Napolitano/FilmMagic 25; Cooper Neill 162; Christopher Polk 92, 97, 108, 109, 113, 135; Mark Ralston/ AFP 119; Andreas Rentz 89; Rusty Russell 15; Jun Sato/TAS 144; John Shearer 121, 164, 208; John Shearer/TAS 58, 138, 146, 157; John Shearer/WireImage 10; Mindy Small/FilmMagic 46; Patrick Smith 220; Jason Squires/WireImage 22; Gus Stewart/Redferns 178; Amy Sussman 227; TAS 163, 186, 190, 196, 204, 215; Michael Tran/FilmMagic 83; Omar Vega/TAS 207; Rob Verhorst/Redferns 52; Hector Vivas/TAS 49, 231; Theo Wargo/WireImage 12, 37, 59; Anna Webber 93; Matt Winkelmeyer/TAS 132, 137, 139; Kevin Winter 8, 114, 232; Kevin Winter/TAS 55, 86, 123, 127, 172, 198, 205, 225; Terry Wyatt 212

SHUTTERSTOCK

Blitz Pictures 161; Caroline Brehman/EPA-EFE 206; Ray Garbo 34

Acknowledgements

Delving into Taylor's songwriting world has been an absolute dream. Thank you to Joe Cottington, Russell Knowles and everyone at Welbeck for the dedication and care while bringing this book to life.

泰勒絲

聽她訴說歌曲背後的故事，看她引領新時代音樂傳奇

作　　者	安妮·扎勒斯基（Annie Zaleski）
譯　　者	林為正
發 行 人	林敬彬
主　　編	楊安瑜
編　　輯	林佳伶
助理編輯	許珉瑄
封面設計	柯俊仰
內頁編排	李偉涵
行銷經理	林子揚
行銷企劃	徐巧靜
編輯協力	陳于雯、高家宏
出　　版	大都會文化事業有限公司
發　　行	大都會文化事業有限公司
	11051 台北市信義區基隆路一段 432 號 4 樓之 9
	讀者服務專線：（02）27235216
	讀者服務傳真：（02）27235220
	電子郵件信箱：metro@ms21.hinet.net
	網　　　址：www.metrobook.com.tw
郵政劃撥	14050529 大都會文化事業有限公司
出版日期	2025 年 01 月初版一刷
定　　價	660 元
Ｉ Ｓ Ｂ Ｎ	978-626-98991-8-0
書　　號	98033

Metropolitan Culture Enterprise Co., Ltd.
4F-9, Double Hero Bldg., 432, Keelung Rd., Sec. 1, Taipei 11051, Taiwan
Tel: +886-2-2723-5216　　Fax: +886-2-2723-5220
Web-site: www.metrobook.com.tw
E-mail: metro@ms21.hinet.net

First published in UK under the title Taylor Swift: The Stories Behind the Songs by Welbeck an imprint of HEADLINE PUBLISHING GROUP LIMITED.
Text © 2024 Annie Zaleski
Traditional Chinese translation rights arranged with Welbeck an imprint of HEADLINE PUBLISHING GROUP LIMITED. through The PaiSha Agency.
Traditional Chinese translation rights © 2025 by Metropolitan Culture Enterprise Co., Ltd.
Printed in Taiwan. All rights reserved.

國家圖書館出版品預行編目（CIP）資料

泰勒絲 / 安妮 . 扎勒斯基 (Annie Zaleski) 著；林為正譯 -- 初版 -- 臺北市：大都會文化事業有限公司, 2025.01
320 面； 17×23 公分 . -- (98033)
ISBN 978-626-98991-8-0(平裝)
譯自：Taylor Swift : the stories behind the songs.

1. 人物傳記 2. 西洋音樂

785.28　　　　　　　　　　　　　　　　　113017048

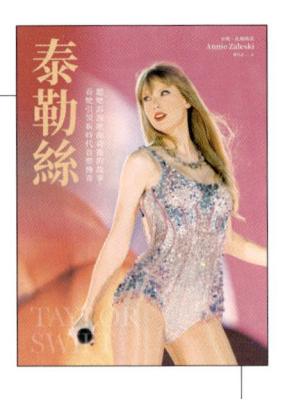